COLLECTION DE TEXTES

POUR SERVIR A L'ÉTUDE ET A L'ENSEIGNEMENT DE L'HISTOIRE

TEXTES RELATIFS

AUX

INSTITUTIONS PRIVÉES ET PUBLIQUES

AUX ÉPOQUES

MÉROVINGIENNE ET CAROLINGIENNE

PUBLIÉS PAR

Marcel THÉVENIN

INSTITUTIONS PRIVÉES

PARIS

ALPHONSE PICARD, ÉDITEUR

Libraire des Archives nationales et de la Société de l'École des Chartes

82, RUE BONAPARTE, 82

1887

COLLECTION DE TEXTES

POUR SERVIR A L'ÉTUDE ET A L'ENSEIGNEMENT DE L'HISTOIRE

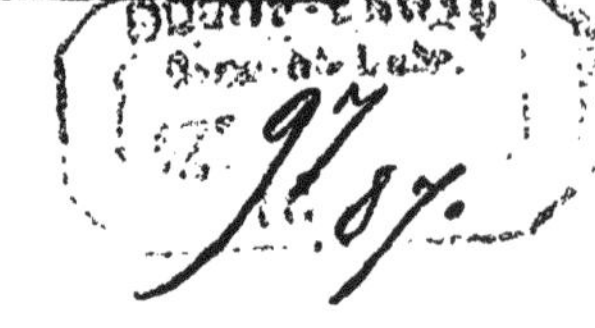

TEXTES RELATIFS

AUX

INSTITUTIONS PRIVÉES ET PUBLIQUES

AUX ÉPOQUES

MÉROVINGIENNE ET CAROLINGIENNE

PUBLIÉS PAR

Marcel THÉVENIN

INSTITUTIONS PRIVÉES

PARIS

ALPHONSE PICARD, ÉDITEUR

Libraire des Archives nationales et de la Société de l'École des Chartes

82, RUE BONAPARTE, 82

1887

ADDITIONS ET CORRECTIONS.

Page 3, note 3, lisez : *Selle de femme pour chevaucher (Viollet-Le-Duc, Dictionn. du mobilier, 4, 315).*

P. 3, n. 5, ajoutez : *Ces « territoires » deviendront, plus tard, des « pôtés » (potestates). Sur le « territoire » d'un laïque, voyez p. 16, n. 3.*

P. 5, ligne 4 (d'en bas), au lieu de : *au double du prix*, lis. *au double de leur valeur améliorée.*

P. 7, l. 8 (d'en bas)... *vel principale negotio a été traduit par « service du roi » (W. Sickel, die Enstehung des Schœffengerichts, p. 25 dans Zeitschrift für Rechtsg. Bd. VI. Germ. Abthl.) ; je propose de le traduire par « affaires concernant (plus spécialement) le comte » c.-à-d. affaires laïques (par opposition aux affaires d'intérêt ecclésiastique, udilitate ecclesiae qui sont proprement l'objet de l'office du comte. Princeps (loci) désigne d'ailleurs, parfois, à l'époque mérovingienne et dans cette région, le comte, voy. par ex. Form. Turon, 28, qui est précisément encore une « appennis » : ut si ci inanica necesse fuerit, in presentia regis aut principis loci sit proferenda.*

P. 11, n. 2, ajout. : *note 2 et p. 3, n. 5.*

P. 29, l. 5 (d'en bas), au lieu de : *cognitores*, lis. *cognitores*[1].

P. 39, n. 1, au lieu de : *t. II*, lis. *fascicule 2.*

P. 59, l. 1 (d'en haut) : *« amont » signifie libérés de la puissance (ou tutelle) d'autrui, c.-à-d. affranchis (a mundio).*

P. 75, l. 12 (d'en haut), au lieu de : *abbé contre abbé*, lis. *laïque contre ecclésiastique (abbé). Procès immobilier.*

P. 195, l. 2 (d'en haut), au lieu de : *juridiction séculaire*, lis. *juridiction séculière.*

P. 200, n. 3, au lieu de : *à Turin*, lis. *à Pavie.*

P. 218 : *La note 2 s'applique à Raginaldus et la note 3 à Geraldus.*

P. 240, n. 1, l. 3, au lieu de : *je la retrouve*, lis. *je le retrouve.*

P. 240, n. 3, au lieu de : *p. 29*, lis. *p. 19. avec Heusler, j'incline à voir dans tanodono, tandono une altération de tantum donum, donation par le mari à la femme en compensation (tantum) de l'apport de cette dernière dans la communauté (Gegenleistung der Aussteuer, suivant A. Heusler, Inst. des deutsch. Privat R. 1886. II, 295, 306). Remarquez toutefois que dans les nᵒˢ 17 et 174 tanodo désigne bien la dot et non la donation ci-dessus, laquelle a pu d'ailleurs, dans bien des cas, entrer comme un élément de la « dot », puis, plus tard, du « douaire », car, d'après ces chartes, la femme ne fait aucun apport.*

N. B. — *Les nᵒˢ précédés d'une astérisque (°174 et suiv.) sont des pièces ajoutées pendant la composition de l'ouvrage.*

PRÉFACE

Ce recueil offre au lecteur un ensemble assez complet de textes relatifs aux institutions privées pendant les périodes mérovingienne et carolingienne ; les institutions politiques, aux mêmes époques, seront l'objet d'un autre travail.

Il a été formé de la réunion de pièces lentement choisies dans la masse documentaire et soumises à un patient examen, durant plusieurs années d'enseignement pratique à l'École des Hautes-Études.

Il est présenté, avec déférence, à MM. les professeurs d'histoire — au sens large du mot — dans l'espérance qu'ils y trouveront un instrument utile et commode. Composé comme il est, il me paraît se prêter, en effet, aux explications assez générales, destinées à donner à l'apprenti historien, sur la vie économique et sociale de ces époques, les notions nécessaires et suffisantes aussi bien qu'aux explications pénétrantes et aux divers exercices que comporte la matière, pour celui qu'intéresse particulièrement l'histoire du droit.

Il est destiné spécialement aux étudiants, auxquels il épargnera certaines fatigues, inutiles, des débuts et ces tâtonnements, plus ou moins longs, trop souvent suivis de dégoûts. Mon désir serait que, pour sa petite part, il les amenât, par l'étude aux sources mêmes de la connaissance historique, à penser par eux-mêmes et à se former, sans précipitation, sur chaque question, une opinion personnelle. L'enseignement théorique, d'ailleurs malaisé à donner en cette matière et pour ces périodes, laisse, le plus souvent, l'étudiant passif, ou du moins ne suffit pas à éveiller les facultés actives de son esprit.

Enfin — puisque l'occasion se présente d'exprimer des désirs — je voudrais, par cette publication et celle qui suivra, contribuer à réunir sur un terrain commun les étudiants en histoire et les étudiants en droit. A ce rapprochement les uns et les autres ont beaucoup à gagner ; leur intérêt est certain, évident à mes yeux. Cette vérité, à peu près admise en théorie, ne paraît pas, dans la pratique, avoir fait son chemin. Les étudiants en droit comprendront de mieux en mieux, espérons-le, que, comme l'a justement écrit un maître[1], sans la connaissance du développement historique, le droit n'est qu'une sorte de scolastique.

Dans mon travail, je me suis aidé des recueils, estimés en Allemagne, de M. Gengler et de MM. Loersch et Schroeder[2] ; du dernier surtout, excellent, ou peu s'en faut, à mon avis, bien que j'aie cru devoir m'imposer une tâche sensiblement différente par le plan, l'exécution et, je crois aussi, les tendances.

Les pièces sont présentées, entières, à leur date aussi exacte que possible, à l'exception des *formules* assez largement représentées[3] ; il serait imprudent encore d'assigner une date certaine à ces *formules* ou plutôt à chacun des groupes dont elles font partie[4].

---

1. *Préface de M. E. Lavisse dans les « Documents sur les relations de la royauté avec les villes, etc. », publiés par A. Giry (p. vi).*

2. *Gengler, « Germanische Rechtsdenkmäler » (Erlangen, 1875). — Lœrsch et Schrœder « Urkunden zur Geschichte des deutschen Privatrechts » (2ᵉ édit. Bonn, 1882).*

3. *J'estime, avec M. Ad. Tardif, que les formulaires d'actes publics ou privés sont les sources les plus importantes du droit des deux premières races.*

4. *Sur les dates des divers formulaires, d'Anjou (Andecavenses), d'Au-*

Elles ont été reproduites, avec la seule prétention de mettre sous les yeux du lecteur un texte *historique* bien venu et bien établi, d'après le *Recueil général des formules* de M. de Rozière, surtout d'après la consciencieuse édition des *Monumenta* et dans leur ordre, rétabli par M. Zeumer. Pour les pièces documentaires proprement dites, j'ai adopté l'ordre chronologique qui est le plus commode, à la condition de dresser une table méthodique. Prises dans les diverses régions de l'empire frank[1], en majeure partie, naturellement, dans la région française, elles sont empruntées à des ouvrages dont quelques-uns coûtent cher ou ne se trouvent pas facilement dans les bibliothèques. Le n° 59, seul, est inédit; c'est la concession nécessaire au goût exagéré et indiscret de l'érudition de notre temps pour « l'inédit »; elle est suffisante, les quelques textes, non encore publiés, que j'ai recueillis n'ayant pas, pour un motif ou un autre, la valeur de ceux qui sont connus depuis longtemps, bien que souvent encore mal compris; on peut être assuré, en outre, de ne pas rencontrer, dans les dépôts d'archives ou autres, de document qui, sur les institutions de cette époque, apporte quelque chose de vraiment nouveau.

Je ne me suis pas fait scrupule de dépasser un peu la période carolingienne, lorsque cette reconnaissance poussée en pays voisin et ami permettait de

vergne, etc., il faut lire les savantes recherches de M. Zeumer dans les préfaces de chacun de ces formulaires (*Monumenta Germaniae historica, Legum sectio V*, 1882 et 1886) et aussi le résumé de M. Tardif dans la *Biblioth. de l'École des Chartes* (1883, p. 852 et suiv.) — Avec lui, suivant l'opinion courante, je place, sans plus hésiter, la rédaction du formulaire de Marculfe entre 650 et 660, et non pas, avec M. Zeumer, au commencement du viii° siècle. (*Voy. l'excellente étude de M. Ad. Tardif sur la date de ce formulaire dans la Nouv. Rev. hist. de Droit franç.*, 1884.)

1. *Pour la région italienne, quelques pièces ont été empruntées au bon recueil de M. Kohler « Beiträge zur Germ. Privatrechts-Gesch. » Würzburg, 1883, fasc. 1 et 2.*

mieux connaître une institution. C'est ainsi que le *Liber de servis* de Marmoutiers assure à la fois ce que l'on sait et supplée à ce qu'on ignore de l'institution du servage, sous les deux premières races.

Les notes qu'on trouvera au bas des pages sont, bien entendu, loin d'être complètes, à les considérer soit dans leur ensemble, soit à propos de chaque pièce ; elles indiquent, à titre d'exemple seulement, et sans l'imposer, la manière dont j'expliquerais le texte pour en tirer tout ce qu'il contient. On trouvera, de même, de très rares indications bibliographiques ; leur place est dans un manuel destiné à présenter les acquisitions de la science historique, dans ce domaine et à un moment déterminé. Mon attention et mes soins se sont portés sur le résumé précédant chaque pièce, que j'ai fait aussi court et substantiel que possible.

Un index géographique permet de comparer entre elles quelques institutions communes à certaines régions et de remarquer celles qui sont propres à certaines autres ; une table méthodique, classant les pièces par matières, fait disparaître la confusion due à l'ordre chronologique suivi. La division relative à l'organisation judiciaire serait mieux à sa place dans le recueil des institutions publiques ; j'ai dû néanmoins la faire figurer ici, parce que les pièces qui la forment concernent aussi le droit privé.

L'index et la table ont été dressés, sous ma direction, par un de mes élèves, M. E. Taillade, licencié en droit.

En marquant ainsi ce que j'ai voulu faire, j'indique d'avance les points sur lesquels la critique pourra utilement s'exercer.

PÉRIODES
MÉROVINGIENNE ET CAROLINGIENNE

—

PREMIÈRE PARTIE

INSTITUTIONS PRIVÉES

Nº 1. *Enregistrement, à la curie, d'un contrat (ici, constitution de dot). — Mandat. Formes.*

(Z. 1 a) Form. Andec. (R. G. 260).

Hic est iesta.

Annum quarto regnum domni nostri Childeberto reges[1], quod fecit minsus ille, dies tantus, cum iuxta consuetudinem Andicavis civetate curia puplica resedere[t] in foro, ibique vir magnificus illi prosecutor[2] dixit : « Rogo te, vir laudabilis illi defensor, illi curator, illi magister[3] militum, vel reliquam curia puplica, utique coticis puplici patere iobentis, qua[a] habeo, quid apud acta prosequere debiam ». Deffensor, principalis simul et omnis curia puplica dixerunt : « Patent tibi cotecis puplici ; prosequere que optas ». « Oboedire illa per mandato suo pagina mihi iniunexit, ut

a) *Lis.* quia.

1. *Suivant qu'il s'agit, ici, de Ch. I ou de Ch. III, cette formule est de 514-515 ou de 698, voy. Introduction aux form. d'Angers dans l'Essai sur le Droit français au moyen âge de Giraud, II, p. 429 et suiv. et Zeumer, p. 2 et Addenda, p. 726. Elle a été composée d'après un « instrument » particulier; il a suffi d'écarter les noms et les traits personnels.*

2. *Celui qui poursuit, c'est-à-dire veut obtenir, pour son mandant, l'enregistrement à la curie.*

3. *Je pense avec Savigny que ce sont là trois titres de dignité entre lesquels le choix était laissé à l'intéressé par le rédacteur.*

prosecutor exsistere deberit[1], qualiter mandatum, quam in dulcissimo iocali[b] meo illo fici pro omnis causacionis suas, tam in paco quam et in palacio seu in qualibet loca, accidere faciat, illas porciones meas, quem ex alote[2] parentum meorum aei legibus obvenit vel obvenire debit, aut iustissimo aei est reddebetum, aecontra parentis suis vel contra cuius-libet hominem accidere vel admallare seu et liticare[c] facias, inspecto illo mandato, quem in dulcissemo iocali meo illo habere dicis, accipiat vir venerabilis illi diaconus et amanuensis[3] ». Illi prosecutor dixit : « Rogo domno meis omnibus puplicis, ut sicut mandatum istum legebus cognovistis esse factum, ut dotem, quem per manebus tenio, vobis presentibus in foro puplico iobeatis recitare ». Curia vero dixerunt : « Dotem, quem te dicis per manibus retenire, illi diaconus et amanuensis Andecavis civetate nobis presen. tibus accipiat relegendum ». Quo accepto dixit :

(Z. 1 b) Incipit mandatus (R. G. 260).

« Domno mihi iocali meo illo. Rogo adque supplico dulcissima gracia vestra, ut ad vicem meam omnis causacionis nostras, tam in pago quam et in palacio[4] seo in qualibet loqua, accidere faciatis, et illas porciones[5] nostras, quaem ex alote parentum meorum mihi legibus obvenisse vel obvenire debit, aut iustissime nobis est redebitum, haec contra parentis meus vel contra cuiuslibit hominum accidere vel

---

b) *Pour* lugall, *époux.* — c) *Lis.* elitîcare, ou, comme plus bas, adlitîcare.

1. *Dans la déclaration de mandat, confusion de personnes due, soit au rédacteur, soit au mandataire.*

2. *Ici, héritage.*

3. *Rédacteur de formules (dictaro) ou notaire résidant à Angers, qui, ici, est un diacre : rien n'indique que ce soit un notaire officiel, (du comte).*

4. *Tribunal du pagus ou district du comte, et tribunal du roi.*

5. *Les lots ou parts d'héritage qu'il peut avoir dans divers lieux.*

admallare seu adliticare faciatis; et quicquid exinde ad vicem nostram egeris, feceris gesserisve, etenim me abiturum esse cognuscas ratum.

Iuratum mandatum Andecavis civetate, curia puplica.

(Z. 1 c) Incipit cessio (R. G. 222).

« Dulcissima et cum integra amore diligenda sponsa mea, filia illius, nomen illa, ego illi. Et qua[d], propicio Domeno, iuxta consuetudinem una cum voluntate parentum tuorum spunsavi, proinde cido tibi de rem paupertatis meae, tam pro sponsaliciae quam pro largitate tuae, hoc est casa cum curte circumcincte, mobile et inmobile, vineas, silvas, pratas, pascuas, aquas aquarumvae decursibus, iunctis et subiunctis, et in omnia superius nominata, dulcissima sponsa mea, ad diae filicissimo nupciarum tibi per hanc cessione dileco adque transfundo, ut in tuae iure hoc recepere debias. Cido tibi bracile[1] valente soledis tantus, tonecas tantas, lectario[2] ad lecto vestito valente soledis tantus, inaures aureas valente soledus tantis, annolus valentus soledus tantus. Cido tibi caballus cum sambuca[3] et omnia stratura sua, boves tantus, vaccas cum sequentes tantas, ovis tantus, sodis[4] tantis. Haec omnia subscripta rem in tuae iure et dominacione hoc recipere debias, vel posteris suis[e], [si] inter nus procreati fuerunt, derelinquentis, salvi iure sancti illius, cuius terre esse videtur[5]. Et [si] fuerit

---

d) *Lis.* quia. — e) *Lis.* tuis. — f) *Les.* repetito.

1. *Pour brachile ou brachiale, bracelet et non ceinture* (Ducange).
2. *Couverture ou peut-être objets de literie.*
3. *Voiture servant aux femmes nobles.*
4. *Etables à porcs, d'après L. Sal. 16, 4; ici, plutôt porcs, (tant de têtes) et ailleurs, Cart. Senon 25 : ovis capita tanta, sudes capita tantas.*
5. *Ceci n'indique pas que le saint (c.-à-d. l'église du saint) fût propriétaire des biens-fonds constitués en dot, mais que ces biens étaient situés sur le « territoire » de ce saint.*

ullumquam tempore, qui contra hanc cessione ista, quem
ego in te bona volumtate conscribere rogavi, aut ego ipsi,
aut ullus de heredibus meis vel propinquis meis, aut qualibet
homo vel extranea aut emissa persona, venire voluerit, aut
agere vel repetire presumpserit, ante lite ingressus duplet
tibi tantum et alio tantum, quantum cessio ista contenit, aut
eo tempore meliorata voluerit, et repeticione sua non opte-
niat effectum, et haec cessio ista adque volomtas nostra
omni tempore firma permaneat ».

Post haec curia ait : « Se adhuc aliquid abis ex hac
causa aut agere debias, dicitu in precente ». Illi prosecutor
dixit : « Gracias agere magnitudine vestrae, quod dotem
sua scripta quem prosequio gestis municipalibus, ut abuit
karetas vestra, alegassetis. It fecisse vobis ex more cons-
cripse ».

N° 2. Purgation par serment d'une accusation de vol. Formes.

(Z. 15) Form. Andec. (R. G. 496).

Breve sacramenti, qualiter et quos presentibus ingressus
est homo, nomen illi, Andecavis civitate, die illo, quod
fecit minsus illi, dies taxtus, in basileca domne illius. Iuratus
dixit : Per hunc loco sancto et divina omnia que hic aguntur,
que hic Deo plenius offeruntur, unde mihi homo, nomen
illi, interpellabat eo quod caballo suo furassit[a], aut in taxato
post me abuissit[1], hoc coniurare[b] quod caballo suo, quem
mihi reputabat, numquam furavi, nec consciens[2] ad ipso
furandum numquam fuisset, nec post me in taxata ipso
caballo numquam habui, nec alio tibi exinde non redobio[3],

a) Style indirect repris par le notaire ; lire furassim, abuissim. —
b) Suppl. deberem.

1. Gardé, chez moi, frauduleusement (t. pour texaga.)
2. Complice.
3. « Je ne t'en dois pas autre (chose) que ce juste serment ».

nisi isto edonio sacramento, quem iudicatum habui[1] et legibus transihi. Id sunt qui hunc sacramento audierunt, manibus eorum subter firmaverunt.

Nᵒ 3. *Notice de « plait gardé ». Preuve non reçue par le demandeur, dont acte.*

(Z. 16) Form. Andec. (R. G. 490).

Noticia qualiter vel quibus praesentibus illi et illi placitum[2] eorum adtenderunt, Andecavis civetate, in basileca domne illius[3], per iudicio illo preposito[4], unde aliqua femena, nomen illa, abuit interpellatus pro illa rem. Qui illi et germanus suos illi ad ipso placito advenerunt, et homines suos hic presentaverunt, ut ipso sacramento excusare deberunt; nam ipsa illa femena ad ipso placito adfuit, et ipso sacramento menime recipere voluit. Qui illi et germano suo illi placitum eorum legibus custodierunt et solsadierunt[5]. Propterea necessarium fuit ut ex hoc noticia accipere deberunt, quod ita et fecimus.

Nᵒ 4. *Vente, par un homme et sa femme libres, de leurs personnes, enfants, pécule et biens immeubles: — Clause pénale fixée au double du prix. Charte,*

(Z. 25) Form. Andec. (R. G. 46).

Incipit vindicio, qui se ipsum vindit.

Domino magnifico fratri illo necnon et coniux sua illa nus

1. « Que j'ai eu (obtenu) par jugement et que j'ai légalement acquitté ».
2. Ici, non pas le plait au sens technique de « mallum », mais le jour, fixé par jugement, où la preuve doit être fournie.
3. De tel saint et non de tel propriétaire. Voy. Thévenin, Et. propriété M. A., I, p. 10, note 1.
4. Sur cette juridiction du prévôt, voy. Waitz V. C., II², p. 487.
5. Ils attendirent jusqu'au coucher du soleil, suivant la loi.

enim illi et cogive sua illa. Constat nus vindedisse, et ita vindedimus a vobis estatus nostros cum omni peculiare, quod habemus aut locare [1] poteieremus, manso et terra, vel viniolas, quantumcumquae ad die praesente possedire vidimur in fundo illa villa in se [2], super terra ecclesiae Andicavis, vel ubique abire visi summus. Unde accipimus de vobis precium, quod nobis conplacuit, hoc est in auro valente soledos tantus [3], ut post hunc diae memorati emptores, quicquid de nus ipsis vel de heredis nostris facere voluerit, licenciam abeant potestatem faciendi. Si quis vero, si fuerit aut nus ipsus aut qualibet persona, qui contra hanc vindicione ista, quem ego bona volumtate fieri rogavimus, venire voluirit, dupplet tantum quantum stati nostri cum res nostras eo tempore meliorata valuerit, et quod repetit vindicare non valeat, et haec vindicio ista firma permaneat.

N° 5. *Convention (de colonage partiaire) alléguée par un demandeur qui demande à être mis en possession, sans s'offrir à prouver l'existence du contrat. Défendeur admis à prouver, par serment avec cojureurs, la non-existence de la convention. Juridiction d'un abbé. Notice du jugement.*

(Z. 30) Form. Andec. (R. G. 488).

Incipit item iudicius.

Veniens illi ante illo abbate vel reliquis, qui cum eum aderaut, interpellabat alico homine nomen illo, quasi vineas suas, quae erunt illius, condam illi ad parciaricias ei dedissit, ut, quamdiu ipsi illi se aptificavit, ipsas vinias aput ipsas fuerant [a], anon. Taliter ipsi locutus fuit, quod illas conve-

---

a) *Texte altéré. D'après la phrase qui suit, je lis :* ipsas convenencias aput ipso *(le demandeur)* fuerant, annon.

1. *Gagner en louant ses services.*

2. *Faut-il lire* insuper *ou supprimer* in se? In fundo illa villa *me paraît désigner le village comme circonscription économique sur le territoire de l'église d'Angers.*

3. *En or (non monnayé) jusqu'à concurrence de tant de sous. L'expression « n'avoir pas un sou vaillant » (pour valant), signifie ne pas posséder « la valeur » d'un sou.*

nencias, quod ipsi illi dicebat, aput ipso numquam habuit.
Visum fuit ipsius abbate, ut dum hoc denegabit, quod ipsas
convenencias numquam habuit, ut aput homines tantus ipsi
illi in basileca domni illius excusare deberet, quod ipsas
convenencias inter se numquam habuissent. Se hoc facere
potebat, precium, quod de ipso illo acciperet, aei reddere
debiat; sin autem non potuerunt, contra ipso emendare
stodiat.

N° 6. *Titres et pièces perdus ou détruits par cas de force majeure. Procédure à suivre pour parer aux dommages qui ré-
sultent de cette perte. Notice.*

(Z. 32) Form. Andec. (R. G. 407).

Incipit item appennis[1].

Quicumquae ad latruncolus, sceleratorebus, sediciosis seu
incendiariis, in qua provincia vi aut damnum pertullerit,
oportit hoc eidem rectores civium seu curialis provinciae, in
qua perpetratum fuerit perhibitur, palam ostendere et puplica
denonciacionem manifestare. Igitur cum pro udilitate ecclesiae vel principale negucio apostolecus vir domnus illi episcopus nec non et inlustro vir illi comus in civetate Ande-
cave cum reliquis venerabilibus atquae magnificis rei puplici
viris resedissit, ibique veniens homo, nomen illi, palam
suggerent, eo quod male homines per cecata[2] nocte ad casa
sua, in loco noncupante illo, advenissent, et ostia sua frigis-
sent, vel res suas, aurum, argentum, species, vestimentum,
fabricaturas[3] suas, vasa herea vel reliquis res quampluris

---

1. *On rencontre ailleurs :* incipit noticia ad appenno firmare. *C'était
des « affiches publiques ». Voir fin de la présente formule :* in foro puplico suspenditur et facto appendi, *« fait afficher ». Voy. Zeumer
« Ueber den Ersatz verlorener Urkunden » (Zeitschr. Savigny, I Germ.
Abth. p. 89 et suiv.).*
2. *Nuit aveugle, noire.*
3. *Objets mobiliers.*

cum strumenta cartarum vindicionis, caucionis, cessionis, donacionis, dotis, composcionalis [1], contulacionis, pactis, commutacionis, convenienciis, securitatis, vacuaturiis, iudicius et noticias, oblecacionis [2] vel reliquas res quamplures, quod longum est per singula minustre [3], ad furtis causis deportassent, unde per ipsas cartas pluras terras post se dicere vinditum; et in crastenum locale accessione una cum bonas et straneas personas vicinis circa manentis in ipso loco manibus eorum roboratus accessisse. Et ob hoc cognita relacionem ante suprascriptus senioris presentabant ad relegendam, per quem ipsum seniores cognoverunt quod ipsa causa taliter acta vel perpetrata fuisset. Dum taliter diligencia inquirere viditur, sublectum fuit ad ipsas bonas stranias personas vicinis circa manentis, qui bene optime ex hoc conperti aderunt, quid exinde cognuscibant veraciter enerrare deberent. Sed ipsi homo taliter prebuerunt testimonium, ut inspecta illa epistola, quem illi presentabat, sua denonciacionem veraciter concordabant. Dum sic in omnibus devolgata claruit, sic suprascriptis pontifex et ipsi comus vel qui cum eo aderant denunciaverunt ipsius illi ut quicquid per annorum spacia de eo tempore usque nunc recti et legaliter possederat, in antea obsolve principale negocio, recto tramite testata lege, servit res suas ipsi, aut heredi sui tenire et possedire faciant. Et pro presente et futura tempora convenit, ut hanc carthola, qui vocatur appennis, prefatorum seniorum vel reliquorum civium eorum manebus roboratas accipere et adfirmare deberet; quod ita et fecit, ita ut

1. *En général, chartes de composition, spécialement, carta ou epistola par laquelle le mari ravisseur de sa femme, payant la composition de son crime, légitimait son mariage en constituant à cette dernière une dot.*

2. *Chartes par lesquelles on disposait de sa propriété, on la « déléguait ». Ne pas tenir compte du mot allegationes, d'abord proposé par Z., p. 15, note 1, puis abandonné, avec raison par lui, p. 726, l. 15.*

3. *De Roz. corrige à tort memorare; m. est pour minustare, minutare, décrire par le menu « minuter, minute » en style de notaire, bien qu'avec un sens un peu différent.*

duo appennis quoequalis ex hoc adfirmatus accipiat, unum, quem ipsi aput se reteniat, et alium, quem in foro puplico suspenditur.

Facto apendi.

N° 7. *Engagement partiel et à temps, de sa liberté, par un débiteur. La charte d'engagement (caucio) devra lui être rendue, une fois la dette payée. Peine fixée au double du montant du prêt. La caucio pourra être cédée à un tiers.*

(Z. 38) Form. Andec. (*R. G.* 371).

Incipit caucio de homine.

Domino magnifico fratri illi ego illi. Constat me accipisse, et ita acepi de vobis per hanc caucione ad pristetum beneficium hoc est in argento uncias tantas. In loco pignoris emitto vobis statum meum medietatem, ut in unaquisque septem [a] ad dies tantis, qualecumque operem legitema mihi luncxris [b], facere debiammus. Que annus tantus conpliti fuerint, res vestras redere debias [c], et caucionem meam recipere faciam [d]. Et si exinde de ipsa opera aut de ipsas res ad ipso placito [1] neoligens aut tardus fuero, aut volumtate vestra exinde non abuero, tunc me constat res vestras in dupplum debiam esse rediturus, aut vobis, aut cui caucione ista dederis ad exagenda.

N° 8. *Divorce par consentement mutuel. Déclaration en présence de témoins. Libre disposition de sa personne assurée, par lettre, à chacun des époux par l'autre. Clause pénale.*

(Z. 57) Form. Andec. (*R. G.* 114).

Domeno non dulcissemo, sed amarissimo et exsufflantis-

---

a) *Lis.* septemaua. — b) *Lis.* luiuaxeris. — c) *Lis.* debiam. — d) *Lis.* facias.

1. *Ici, le terme fixé par la convention.*

simo iocali meo illo illa. Dum non est [incognitum], qualiter, faciente inimico[1] et interticente[2] Deo, ut insimul esse
non potemmus, proinde convenit nobis ante bonis hominibus, ut ad vicem nos relaxare deberemus; quod ita et
fecimus. Ubicumque iocalis meus muliere volueret, licenciam habiat potestatem faciendi; similiter et illa convenit,
ut, ubicumque ipsa femena superius nominata sibi marito
accipere voluerit, licenciam habiat potestatem faciendi. Et
se fueret post tunc diae unus ex nus ipsis, qui contra hanc
episthola ista agere aut repetire presumpserit, soledus tantus
ad pare suo[3] conponat una cum iudice intercidentem et quod
repetit nihil valeat vindecare, et hec epistola omni tempore
firma permaneat[4].

N° **9.** *Donation sous condition,* a die présente, *des deux tiers de
ses biens meubles et immeubles, par un père à son fils; le
dernier tiers est réservé aux proches héritiers.*

(*Z.* 58) Form. Andec. (*R. G.* 358).

Incipit cessio.

Lex Romana etdocet, consuetudo pacem[a] consentit, et
regalis potestis[b] non proibit, ut unusquis de rem suam,
quem in presente diae possedit, faciat quod voluerit. Icirco
ego quidem in Dei nomen illi, qui commaneo illa villa, quia
pertractavi circa animus meus, ut omnis res meas, quem in
presente seculo habire videor, ad filio meo duas partes per
hanc epistola cessione ad die presente trado ad possedendo,
tam casas, domibus, edificiis, mancipiis, campis, viniis,

a) pagi nostri (pacI n], *Z.*). — b) *Lis.* potestas.

1. *L'ennemi (du genre humain),* le diable.
2. *Pour* interdicente.
3. *Le mari et la femme ont la même situation dans ce contrat; d'où
la qualification de pair.*
4 *La peine sera exigée en justice; l'autorité, civile ou ecclésiastique,
n'intervient pas au divorce. Il n'y a pas « in mallo ante comitem ». Les
b. hom. sont les témoins légaux qui reçoivent la déclaration de divorce.*

pratis, pascuis, aquis aquarumvae decursibus, iunctis et subiunctis, movelibus et immovelibus, omni rem meam, pro assidua servicia sua vel benevolentia ei, sicut dixi, partia duas diligo adquae transfundo ad diae presente, tercia vero [c] parte ad heredis propinquis reservans, ea tamen condicione, ut, dum advixero, mihi in omnibus, tam de victo quam et de vestito, soniare [1] mihi debiat, et ipsa terra prosolvere faciat [2], et quicquid de ipsis duas partes facere voluerit, abendi, tenendi, donandi, vindendi seu commutandi, absquae preiudicio sancti illius, cuius terre esse videtur, liberam in omnibus abeas potestatem faciendi. Si quis vero, quod fieri esse non credo, si fuerit ullumquam tempore aut ego ipsi aut ullus de heredibus meis vel qualibet homo aut extranea persona, qui contra hanc epistola cessione ista venire aut agere fortasse presumpserit, imprimetus [d] Dei incurrat iudicium et sanctorum loca efficiatur extraneus, et insuper inter tibi et agente sancti illius tantus conponat, et quod repetat nullo congenio evindecare non valeat, et haec cartola omni tempore firma permaneat.

N° 10. *Maître d'un serf concédant la liberté aux enfants à naître d'une femme libre qui épouse ce serf. La femme elle-même restera libre. Clause pénale. Charte [3].*

(Z. 59) Form. Andec. (R. G. 104).

Nos enim illi et coniux mea illa. Dum non est incognitum,

c) *Lis.* vero. — d) *Lis.* imprimis.

1. *Soigner.*

2. « *Et il paiera (à ma place) pour la terre* », *Il me paraît impossible de déterminer la nature et le titre juridique de cette redevance, d'après cette seule formule. Ces biens-fonds ou « terre » sont en territoire d'église; on pourrait peut-être aller jusqu'à dire que (l'église de) ce saint en a le « domaine éminent »; cf. n° 4.*

3. *Ces chartes étaient nommées* cartae *ou* epistolae condulcatoriae *de* culcare, Franç. « coucher ». *C'était des permissions d'habiter avec leurs maris, que devaient obtenir les femmes libres unies à des serfs, pour que cette cohabitation ne portât point préjudice à leur*

qualiter aliqua femena nomine illa servo nostro nomen illo ad coiugium copulavit, et modo nos bona volumtate convenit, ut, quamdiu quidam in coiugio sunt copolati, ipsa femena per nos non debiat esse declinatam in servicio, et agnacio, se ex ipsis procreata fuerit, ad ingenuetatem capitis eorum debiant permanere ingenui; si quoque, ut se eis necessitas fuerit, ad servicio caput eorum inclinatur, non ei detur licencia nisi ad nos, ad heredis nostris propinquioris; et peculiare, quod stante coniugio laborare potuerit, ipsa femena tercia parte exinde habeat absque nostra repeticione vel eredum nostrorum. Deinde in hanc epistola nobis intimare convenit, se nos ipsi aut heredis vel propinqui nostri seu quislibet opposita persona, quis ad traditis convenencias ipsa femena commodolare voluerit aut contra epistola hec agere, cui timptator fuerit, soledus tantus conponat, et nihil vindicit et quod repetit, et hec epistola omni tempore firma permaneat.

N° **11.** *Affranchissement, dans l'église de Clermont, suivant la loi romaine. Souvenirs du droit classique. Elément coutumier. Charte.*

(Z. 3) Form. Arvern. (R. G. 64).

Libertatem.

In Dei nomen ego ille. Metuens casum fragilitatis, et dum fragilitas humanum genus pertimescit, ultimum vite temporibus ventura, oportet, ut non inveniat unumquemque inparatum, ne sine aliquis operis bonum respectum, nisi homo, dum suum iure et potestatem [consistit], prepararet sibi viam

liberté et à celle de leurs enfants. Coucher a toi, en effet, le sens d'habiter, d'être domicilié légalement, comme on le voit par la form. Sal. Merkel, 31 : ut secura esso una cum ipso illo lovet atque conculcet. Ces derniers mots conduisent à l'expression juridique « levant et couchant » employée par Beaumanoir et les coutumiers du XIII° siècle pour désigner l'habitant, le domicilié. Voy. (R. G.) p. 129, n. a.

salutis, per quem ad eternam beatitudinem valeat pervenire. Propterea vindictam habuit liberare ancilla mea nomen illa una cum infantes suos illus et illus, quem de alode[1] visi sumus habere, de omni iugo servitutis meis pro peccatis meis minuandis. Ipsus precipimus esse bene ingenuus et absolutus in puplico, nam non in secreto, Arvernis civitatis, domum matris aecclesie sancto illo, ubi Christi nomen ille episcopus pontifex tunc tempore preesse dignoscatur, ante cornum altaris, in presentia presbiteris, diaconibus, clericis, vel in presentia plurimarum personarum, qui ipsa mano propria subter firmaverunt, de iugum servitutis meis, pro peccatis meis manuandis, sicut iam diximus. Quicquid persona aut religiosi de eorum mancipia, data libertate, conferre voluerit, secundum legem Romanam hoc facere potest, id est Latina, dolitia[a] et cives Romana. Meliore statum habet, testamentum condere, testimonium perhibere, emere, vindere, donare, commutare habeat potestatem, sicut et alii cives Romani; ut nullum nullevel heredum ac proheredum nihil debeant servicio, nec letimonium nec honus patronati nec ulla obedientia ipsius non requiratur, nisi hiant et maneant ubicumque voluerint, porte aperte, cives Romanae se esse cognuscant. Defensionem vero tam aecclesia vel omnem Deum timentium ubicumque expetire voluerint, licentiae tribuimus ad faciendum in omnibus quiquid voluerint. Et si de ipsus aliquid generatum fuerit, inieiunii permaneant. Sane si quis.

N° **12.** *Débiteur insolvable. Pour s'acquitter envers un individu qui l'a délivré de prison, en payant sa dette, il aliéne sa liberté au profit de cet individu. Charte.*

(Z. 5) Form. Arvern. (*R. G.* 51).

Redemturia.

Domino illi. A pluris est cognitum, qualiter ante hos

a) *Lis.* deditia *pour* dedititia.

1. *Par héritage.*

dies, investigante parte adversus, neglegentia, pro culpa mea in custodia traditus sum ; et nullam habeo substantia, unde me redimere debeam, nisi tantum formam et statum meum, quem libero et inienuo videor habere et in servitio vestro pro hac causa debeam inclinare; et vos pietas Domini imperavit, ut pro ac causa me redemisti; ego vobis carta patrociniale de statum meum, quem ingenuum habeo, in vos conscribere vel adfirmare rogavi, ut post ac diebus vite meae ex iure in servitio vestro debeam et consistere. Unde me spondo vel subter firmavi, ut contra presente cartola patrociniale neque ego neque de heredibus meis nec quis-libet ulla opposita persona prae ac die ambulare non debea-mus; quod quid^a fecerit, conponat vobis socianto fisco auri untia una, et quod petit, nihil valead vindicare; et ubicumque deinvenire potueritis, sicut et reliquos servos vestros, ita et me in vestro servitio faciatis revocare absque ullo contra-dicente. Stibulant stibulatur^b in omnibus sum.

N° 13. *Représentation de petit-fils, dans l'hérédité d'un grand-père, non reconnue par le droit, établie par charte de dispo-sition. Rapport de la donation propter nuptias à la masse à partager. Charte.*

(Z. 10) Form. Marc. II (*R. G.* 132).

Epistola, cum in loco filiorum nepotes instituentur ab avo.

Dulcissimis nepotibus meis illis illi. Dum et, peccatis meis facientibus, genetrix vestra, filia mea illa, quod non obta-veram, temporae nature suae complentae, ab hac lucae dis-cessit, ego vero pensans consanguinitatis causa, dum et per lege cum ceteris filiis meis, abuncolis vestris, in alode mea accedere minime potueratis : ideo per hanc epistolam vos,

a) *Lis.* — b) *Lis.* stipulans stipulatus

dulcissime nepotis mei, volo, ut in omni alode mea post meum discessum, si mihi suprestetis fueretis, hoc est tam in terris, domibus, accolabus, mancipiis, viniis, silvis, campis, pratis, pascuis, aquis aquaerumvae decursibus, movilibus et inmovilibus, peculium[1] utriusquae sexus, maiorae vel minore, omnique suppellectile domus, in quocumque dici potest, quicquid suprascribta genetrix vestra, si mihi suprestis fuisset, de alode mea recipere potuerat, vos contra abunculos vestros, filius meus, prefato portione recipere faciatis. Et dum ipsius filiae meae, genetricae vestrae, quando eam nuptum tradedi, in aliquid de rebus meis movilibus drappos et fabricaturas vel aliqua mancipia in soledos tantos tradedi, vos hoc in partae vestra supputare contra[2] filiis meis faciatis; et si amplius vobis insuper de presidio nostro obvenerit, tunc cum filiis meis, abunculis vestris, porcionem vobis ex hoc debita recipeatis; et quicquid exinde de omnia superius conscribta facire volueretis, liberam habeatis in omnibus potestatem. Si quis vero, quod futurum esse non credimus, aliquis de heredibus vel proheredibus meis vel qualibet persona contra hanc epistolam venire temtaverit aut eam infrangere voluerit, inferat vobis tantum, et quod repetit nullatenus valeat vindicare, sed presens epistola omni tempore firma permaneat, stipulatione subnexa. Actum illo.

N° 14. *Coutume excluant les filles de la succession de la « terre patrimoniale » écartée par une charte de disposition.*

(Z. 12) Form. Marc. II (R. G. 136).

Carta ut filia cum fratres in paterna succedat alode.

Dulcissima filia mea illa illi. Diuturna, sed impia inter nos

---

1. *Non pas pécule, évidemment, mais bétail de toute espèce.*
2. *Au regard de, vis-à-vis.*

consuetudo[1] tenetur, ut de terra paterna sorores cum fratribus porcionem non habeant; sed ego perpendens hanc impietate, sicut mihi a Deo aequales donati estis filii, ita et a me setis aequaliter diligendi et de res meas, post meum discessum aequaliter gratuletis. Ideoque per hanc epistolam te, dulcissima filia mea, contra germanos tuos, filios meos illos, in omni hereditate mea aequalem et legitimam esse constituo heredem, ut tam de alode paterna quam de comparatum vel mancipia aut presidium nostrum, vel quodcumque morientes relinquaeremus[a], equo lante[b] cum filiis meis, germanis tuis, dividere vel exequare debias et in nullo poenitus porcionem minorem quam ipse non accipias, sed omnia vel ex omnibus inter vos dividere vel exaequare aequaliter debeatis. Si quis vero *et quod sequitur.*

No **15.** *Adoption. Conditions du contrat. Charte.*

(Z. 13) Form. Marc. II (*R. G.* 117).

Si quis extranio[2] homine in loco filiorum adoptaverit. Domino fratri illo illi. Dum, peccatis meis fatientibus, diu orbatus a filiis, et mihi paupertas et infirmitas afficere videtur, et te, iuxta quod inter nos bonae pacis placuit atque convenit, in loco filiorum meorum visus sum adobtasse, ita ut, dum advixero, victum et vestimentum, tam in dorso quam in lecto, seu calciamentum mihi in omnibus sufficienter impercias et procures; et omnes res meas, quiscunique habere videor, tam manso, vinea, prata, peculio seu reliqua suppellectile domus mei; salvo iure illo[3], me vivente,

a) *Var.* moriens reliquero. — b) *Lis.* aequa lance.

1. *Lex Salic.* 59, 5. *Voy. Waitz, V. G.* I[s], p. 64.
2. *Etranger à la famille.*
3. *Illo me paraît désigner un grand propriétaire laïque, une* « potens » *sur le territoire duquel sont sises ces « res ».* Cf. no 9.

in tua potestate recipere debias : propterea tibi hanc epistolam fieri decrevi, ut neque ego nec ullus de heredibus meis aut quicumque hanc convenentia inter nos facta emutare non possit ; sed, sicut superius contenetur, mea necessitate, dum advixero, debias procurare, et omnes res meas et ad praesens et post meum discessum in tua potestate permaneant, et quod tibi exinde placuerit faciendi liberam habeas potestatem. Quod si aliquis hoc quoque tempore emutare voluerit, inferat tibi tantum, et quod repetit vindicare non valeat, sed presens epistola omni tempore firma permaneat.

N° 10. *Partage d'une hérédité. Déclaration de ce partage confirmée par le fétu. Titre de propriété (charte de partage) délivré à chacun des copartageants. Clause pénale.*

(Z. 14) Marc. Form. II (*R. G.* 124).

Pactum inter parentes de hereditate eorum.

Quicquid enim inter propinquos de alode[1] parentum, non a iudiciaria potestate coacti, sed sponte, manente caritate, iusti debita unicuique portio[2] terminatur, non de rebus detrimentum, sed augmentum potius potest esse censendum; et ideo necesse est, inter se eorum facta scripturarum series alligare[3], ne ab aliquibus in posterum valeat refragari. Ideoque dum inter illo et germano suo illo de alode genitoribus eorum illis bonae pacis placuit adque convenit, ut eam inter se, manente caritate, dividere vel exequari debaerint; quod ita et fecerunt. Accepit itaque illi villas nuncupantes illas, sitas ibi, cum mancipia tanta illas. Similiter et illi accepit econtra in conpensatione alias villas nuncupantes illas, sitas ibi, cum mancipia tanta illas. De presidio[4] vero,

1. Ici, hérédité.
2. Ici, part (d'héritage).
3. Ici, fixer par écrit.
4. Mobilier.

droppus seu fabricaturas vel omne subpellectile domus, quicquid dici aut nominare potest, aequa lentia[1] inter se visi sunt divisisse vel exequasse, et hoc invicem pars parte tradedisse et per festuca[2] omnia partitum esse dixisse. Propterea presentis epistolas duas uno tenore conscribtas locum pacionis inter se visi sunt conscribsisse, ut nullus deinceps contra pare[3] suo, nisi[4] quod ad presens accepit, de ipsa alode genetore eorum amplius requirendi pontefitium habere non dibiat. Quod si aliquando aliquis ex ipsis aut heredis eorum hoc emutare voluerint, aut amplius requirere quam accepit voluerit aut adsumere, inferat pari suo, ista tota servante, auri liberas tantas, argenti pondo tantum, et quod repetit, vindicare non valeat, sed presens pactio omni tempore firmus permaneat, stipulatione subnexa.

Actum.

N° 17. *Charte de composition pour crime de rapt servant de charte ou « livret » de dot.*

(Z. 16) Marc. Form. 11 (*H. G.* 243).

Si aliquis puella invita traxerit.

Dulcissima coniuge mea illa ille. Dum et te per[a] volontatem parentum tuorum habui disponsatam, et absque tua vel parentum tuorum volontate rapto scelere mea coniugio sociavi, *item :* Dum et te, fatiente coturno[b], contra voluntate

---

a) *Lis*, sine ou contra, ou encore, avec *Zeumer :* Dum nec te per; d'après ce qui suit, il faut traduire : attendu que je l'ai épousée sans (ou contre) la volonté de tes parents. — b) *Lis*, contubernio. Dans un sens étroit, « peloton » de dix hommes, généralement troupe d'hommes, armés ou non, pour un coup de main. Voy. *Waitz, V. G. R,* p. 489 et suiv.

1. Également.

2. En droit frank, la f. a un rôle important; je ne vois guère que fantaisie ou confusion dans *Viollet, Précis* 2,505 et s., 519 et *Beaune, Droit coutum.* (Biens), 92 et s.

3. Ici, par marque l'égalité des contractants, comme tels, et non leur égalité politique ou sociale; cf. n° 8, n. 3.

4. Sauf, outre ce qu'il a reçu.

parentum tuorum rapto scelere coniugium sociavi, unde
vitae periculum incurrere debui, sed, intervenientes sacer-
dotes vel bonis hominibus, vitam obtenui, sic tamen, ut
quod tibi in tapodo¹ vel in dotis titulum ante die nupciarum,
si te disponsatam habuissem, conferre debueram, per hanc
epistolam conposcionalem, *aut, si convenit,* cessionem,
firmare deberim ; quod ita et feci. Ideoque dono tibi locello
nuncupante illo, situm in pago illo, cum domibus ad manen-
dum condignis, vel omnia intrinsecus utensilia necessaria,
cum terris, accolabus, mancipia tanta, viniis, silvis, pratis,
pascuis vel reliquis quibuscumque beneficiis², caballos
tantos, boves tantus, grege equorum, grege armentorum,
grege porcorum, grege ovium, inter aurum, argentum,
fabricaturas, drappus in soledos tantos. Haec omnia superius
conprehensa a die presente in tua tradedi potestate et
dominatione possedendum ; habendi tenendi vel quicquid
exinde elegeris faciendi liberam habeas potestatem. Si quis
vero *et cetera.*

Nº 18. *Testament. Enregistrement à la curie. Formes romaines
conservées.*

(Z. 17) Marc. Form. II (R. G. 129)

Qualiter in unum volumine testamento persone condatur.

Regnante in perpetuo domino nostro Jesu Christo, qualibet
anno illo regnante rege illo sub diae illo, ego illi et coniux mea
illa, sana mentae integroque consilio, metuentis casus humanae
fragilitatis, testamentum nostrum condedimus, quem illius
notario scribendum comisemus, ut, quomodo dies legitimos
post transitum nostrum advenerit, recognitis segillis, inciso

---

1. On trouve aussi les formes tandono, tingdo, etc. *Signifie* dot *et*
« livret » de dot (libellum dotis).
2. Biens, au sens économique, et non pas « bénéfices ».

lino, ut Romanae legis decrevit auctoritas [1], per inlustris viros illos, quos in hanc pagina testamenti nostri legatarios instituimus, gestis rei publicae municipalibus titulis eorum prosecutione ab ipsis muniatur. Igitur cum, iubente Domino, de istius vitae cursum migraveremus, tunc quicquid in omnibus pridie quam moriamur tenere videmur, quicquid ex proprietatae paraentum vel proprio laborae seu ex munificentia piis principibus percipere meruimus vel de quibuslibet titulis atquae contractis, vinditionibus, cessiones, donationes vel undique, Domino adiuvante, ad nostram iuxta quod ipsas epistolas continent, ad sepulchra nostra tam ipsi quam prolis eorum implere studiant. Et cuius aliquid de facultate nostra contulimus, singulariter in hoc testamentum nostrum inserere curavimus. In reliquo vero, qualiscumquae et a quemcumquae epistolas de nomine nostro, manos nostras firmatas, ostensas fuerint et ante hunc testamentum prenotatas, quas hic non commemoravimus, excepto de ingenuitatis, quas pro animae nostrae remedium fecimus aut adhuc facire volueremus, vacuas permaneant. Et qui ex nobis pare suo suprestis fuerit, et per qualemcumquae instrumentum de suprascribta facultate in cuiuslibet persona vel bene meritis nostros munerae aliquid contuleremus, in quantum lex permittit, firma stabilitate dibeat perdurare; reliquas vero epistolas vacuas et inanis permaneant. Et sicut nobis pariter convenit, si tu mihi, dulcissima coniux, suprestis fueris et ad alio marito, quod tibi Deus non permittat, transire volueris, omnem facultatem meam, quod ad usufructu possidere tibi concessimus, vel quod a die presentae depotavimus, habere potueras, hoc presentaliter heredes nostri recipiant inter se dividendum. Itemque ego illa, ancilla sua, domine et iogalis meus ille in hoc testamentum prumptissima voluntatae scribere perpetua conver

[...]

satione rogavi, ut, si tu domne et iogalis meus, mihi suprestis
fueris, omni corpore facultatis meae, quantumcumque ex
successione parentum habere videor, vel in tuo servitio
pariter laboravimus, et quod in tercia mea accepi, in intae-
grum, quicquid exinde facire elegeris aut pro animae remedium in pauperaes dispensare aut ad vassos vestros vel
bene meretis nostris, absque repetitionem heredum meorum,
quod tua decreverit volontas faciendi liberam habeas potestatem, et post discessum vestrum quod non fuerit dispen-
satum ad legitimos nostros revertatur heredes. Hanc quoque
paginam testamenti et manus nostrae propriae subscriptionibus, quod ex consuetudine habuemus, subscripsimus et
per personas reliquas studuemus subscriptionibus roborari;
et ut haec pagina huius testamenti in disceptatione venire
non possit, si quid liturae, caraxaturae, adiecciones super-
diccionesvae facte sunt, nos eas fecimus vel facire iussimus,
dum testamentum nostrum sepius recurrimus vel emenda-
vimus. Si quis nostram volontatem resistere aut testamentum
nostrum cuiuslibet calliditas conatus fuerit casu aliquo
refragare, id implorantis Domine, divini nominis maiestatem
obtestamur, ut pro nostrorum omnium criminum peccatorum
obnoxius in die iudicii teneatur, expers ecclesiae catolicae
communionem et pacis, ante tribunal Christi pro violata
defuncti volontate conpellatur subire negutio, atque in eum
Dominus suam ultionem, quam promisit iniustis, cum venerit
seculum iudicare, per ignem fereatur, et accipiat in conspectu
pervenit dominationem, tu tunc, dulcissima coniux mea illa,
vosque, dulcissimi filii mei illi, heredes quoque meos vos
esse volo : hereditatem meam habituti ; reliqui vero heredis
exheredis sint ergo, excepto quod unicuique per hunc testamentum dedero darequae iussero. Id ut fiat, detur, pres-
titur, impleatur, te, omnipotens Deus, testem committo.
Villas vero illas et illas, sitas in pagus illos, filius noster ille
recipiat. Similiter villas illas filius noster, *vel* filia illa, sitas
in pago illo, recipiat. Villas illas baselica illa, *vel* monas-
teria, sitas ibi, recipiant. Id ut fiat, detur, prestetur, te

omnipotens Deus, ad defensandum committo. Licet de
omnibus, dum advivimus, nostrum reservavimus usum, sed
dum in villas aliquas, quas superius nominavimus, quas ad
loca sanctorum vel heredes nostris depotavimus, quod
pariter, stante coniugio, adquaesivimus, praedicta cohiux
nostra tertia habere potuerat, propter ipsa vero tertia villas
nuncupantes illas, sitas in pagos illos, in integritatae, si
nobis suprestis fuerit, in conpensatione recipiat, et quid‑
quid exinde pro commune mercede vel in pauperibus aut
bene meretis nostris facire decreverit, licenciam habeat, vel
post eius discessu, si aliquid intestatum remanserit, heredes
nostri recipiant. Liberos, liberas, quos quasque pro animae
remedium fecimus aut in antea facire volueremus, et eis
epistolas manu nostra firmatas dederemus, obsequium
filiorum nostrorum habere cognuscant et oblata vel lumi‑
naria, eius damnacionem perpetua, quam suscepit Judas,
traditur Domini. Illud namque intimare voluimus, ut, si
aliquis de heredis vel proheredes nostros seu qualibet
persona contra hunc testamenti pagina, quem plena et
integra volontate fieri rogavimus, venire aut aliquid pulsare
voluerit, inferat ei, contra quem repetit, tantum et alium
tantum, quantum in hunc testamentum contenetur scrib‑
tum, et insuper sociato fisco auri liberas tantas, argenti
tantum, et quod repetit vindicare non valeat. . . . . . .

*N° 19. Charte de vente d'un serf, par son maître. Indication de
certaines qualités. Vente et tradition simultanées. Clause
pénale.*

(Z. 22) Form. Marc. II (*R. G.* 290).

Vindicio de servo aut ancilla.

Domino fratri illo, illi. Constat me vobis vindedisse et ita
vindedi servo iuris mei aut ancilla, nomen illa, non furo,

non fugitivo neque cadivo [1], sed mente et omne corpore
sano [2], pro quo accepi a vobis in pretio, iuxta quod mihi
complacuit, auri solidos probus adque pensantes numero
tantos, et ipso servo vobis presentaliter tradidi possedendum : ita ut ab hac die habendi, tenendi, vel quicquid
exinde creveris [a], faciendi liberum potiaris arbitrium. Si
quis vero, quod futurum esse non credimus, si ego ipse, aut
aliquis de heredibus meis, seu qualibet persona, contra hanc
vindicionem venire temptaverit, aut eam infrangere voluerit,
inferat tibi cum cogenti fisco auri tantum, vel quantum
servus ipse eo tempore melioratus valuerit, et haec vinditio
omni tempore firma permaneat, stipulatione subnexa.

Actum [loco] illo, sub die illo, anno illo.

N°. 20.   *Charte d'affranchissement. Conditions.*

(Z. 34) Marc. Form. II (*R. G.* 379).

Item alia adhuc alio modo [3].

Si aliquos ex servientibus nostris a iugum servitutis absolvimus, mercedem in futurum nobis ab hoc retribuere confi-
dimus. Igitur ego ille propter nomen Domini et retributione
aeterna te illi ab omni vinculum servitutis absolvimus, ita ut
ab ac die vitam ducas ingenuam, tanquam si ab ingenuis
parentibus fuisses procreatus, et nulli heredum ac proheredum meorum vel cuicumque servitium inpendas, nisi sub
integra ingenuitate defensione, cui te ex meis heredibus
elegeris, habere debeas et oblata mea, ubi meum requiescit
corpusculum, vel luminaria annis singulis debeas procurare,

a) *Lis.* decreveris.

1. *Chétif* et non « *captif* ».
2. *Cette mention des qualités est empruntée du Droit romain, Voy.
Zeum., p. 90, n. 1.*
3. *Il y en avait en effet « a die praesente » et « post discessum » et
aussi à diverses conditions, au gré de l'affranchissant.*

peculiare concesso, quod habes aut elaborare potueris, aut si convenit : defensionem ecclesiae illius et vitam semper ducas ingenuam. Si quis vero.

N° 21. *Donation avec ou sans réserve. Prestations (à remarquer). Charte.*

(Z. 36) Marc Form. II (*R. G.* 161).

Si aliquis servo aut gasindo[1] suo aliquid concedere voluerit.

Iustissimis nostris sublevantur muneribus, qui nobis fideliter et instanti famulantur officio. Ego in Dei nomen ille fideli nostro illo. Pro respectu[2] fidei et servitii tui, quia circa nos impendere non desistis, prumtissima voluntate cedimus tibi a die presente locello nuncupante illo, *aut* manso illo, infra termino villa nostra illa, cum omni adiacentia ad ipso locello, *aut* mansello, aspicientem terris, domibus, mancipiis, vineis, pratella, silvola vel reliquis beneficiis[3] ibidem aspicientibus; ita ut ab hoc die ipso iure proprietario — *si ita convenit, aut* sub reditus terre — in tua revoces potestate, et nulla functione[4] aut reditus terrae vel pascuario aut agrario, carropera[5], *aut quadcumque dici potest*, exinde solvere nec tu nec tua posteritas nobis nec heredibus nostris, nec quicumque post nos ipsa villa possederit, non debeatis, nisi tantum, *si ita vult*, riga[6], sed ipsum

1. *Allem. gesinde, est opposé à servus; c'est un homme libre (fidelis) en droit, mais en fait, dépendant. Désigné, en latin, par les mots amicus, susceptus, sperans, homb.*
2. *Par considération pour, d'où le nom de « carta respectualis ».*
3. *Biens, au sens économique et non « bénéfices ».*
4. *Prestation (dont il ait à « s'acquitter »).*
5. *Charrois (journées de charrois.)*
6. *Corvée qui consiste à creuser des fossés (anc. fr. roye ou raie) ou faire des laboues, voy. aussi Guérard Polypt., I, p. 637-644.*

omnibus diebus vite tuae aut haeredis tui emaniter[1] debeatis possedere, vel quicquid exinde facire decreveris liberam habeas potestatem. Si quis vero, quod futurum esse non credimus, aliquis de heredibus nostris vel quicumque contra hanc cessionem nostram agire aut ipsa rem tibi auferre conaverit, inferat tibi cum cogente fisco auri tantum, et hanc epistola firma permaneat, stipulatione subnexa.

N° 22. *Fonds vendu, mais laissé en jouissance au vendeur qui, en retour de cet usufruit, « oblige » à son acheteur (ou aux ayant droit de ce dernier), u n[2] autre fonds qui sera pris, de plein droit, à sa mort, dans son hérédité. Clause pénale. Charte. Deux exemplaires.*

(Z. 6) Form. Turon. (R. G. 332).

Oblegatio.

Domino venerabile illo ego in Dei nomine ille. Dum et omnibus habetur percognitum, qualiter, vestro accepto pretio, rem proprietatis meae sitam in pago illo, in condita illa, in loco nuncupante illo, cum omni integritate, vel quicquid a me presenti tempore inibi fuit possessum, vobis per vinditionis titulum distraxi; sed postea mea fuit petitio et vestra decrevit voluntas, ut mihi ipsam rem usufructuario ordine conservare iuberitis; quod ita et fecistis : et ego pro huius meriti beneficii oblego vobis rem proprietatis meae sitam in pago illo, in condita illa, in loco nuncupante illo, cum omni integritate, vel quicquid ibidem praesenti tempore a me videtur esse possessum; ea vero ratione, ut, quamdiu in caput advixero, utrisque partibus sub vestro pretexto[2] tenere et usurpare debeam, et mihi exinde non liceat aliubi nec vin-

1. *Ici, en pleine et entière propriété.*
2. *Littéralement, couvert (Vorwand), c'est-à-dire que le destinataire de la charte aura, désormais, le domaine éminent de ce second fonds, l'auteur de la charte en conservant le domaine utile ou usufruit.*

dere nec donare nec in nullo modo distrahere nec ipsos usus in alterius manus transferre, sed post meum quoque discessum, absque ullius expectata traditione vel iudicum consignatione, absque diminutione rerum vel mancipiarum, cum omni supraposito, vel quicquid in ipsa loca aspicere vel pertinere videtur, vos heredesque vestri, vel cui a vobis permissum fuerit, in eorum faciant revocare potestatem vel dominationem. Et si fuerit aut ego ipse aut ullus ex heredibus meis vel quislibet persona, qui contra has oblegationes aliquam calumniam vel repetitionem aut contemptum generare presumpserit, illud quod repetit non vindicet, et insuper contra cui litem intulerit solidos 200 conponat, et has oblegationes uno tenore conscriptas firmas permaneant.

N° 23. *Divorce par consentement mutuel. Témoins. Lettres. Clause pénale.*

(Z. 19) Form. Turon. (R. G. 110).

Libellum repudii.

« Certis rebus et probatis causis inter maritum et uxorem repudiandi locus patet [1] ». Idcirco, dum inter illo et coniuge sua illa non caritas secundum Deum sed discordia regnat, et illorum nulla est voluntas pariter conversandi, placuit utrisque voluntatibus, ut se a consortio coniugali separare deberent; quod ita et fecerunt. Propterea has epistolas uno tenore conscriptas [2] inter se fieri et adfirmare decreverunt, ut, quicquid unusquis ex ipsis de semet ipso facere voluerit [3], absque repetitione socii sui liberam habeat potestatem, et nullam requisitionem neque ipsi in caput neque ulla quis

---

1. *Voy. Lex. Rom. Visig. Cod. Theod. III, 16, 1. Interpret.*
2. *On délivrait à chacun des divorcés un « double ».*
3. *C'est-à-dire, comme on le sait par des formules analogues, qu'il pourra se remarier (copolam matrimonii sociare) ou se consacrer à Dieu (ad servitium Dei in monasterio).*

libet persona exinde habere non pertimescat. Quod qui
contra pari suo vel contra alium quemcumque hominem
ullam repetitionem exinde facere conaverit, partibus illius,
contra cui litem intulerit, solidos tantos conponat, et sua
repetitio nullum obtineat effectum, sed unusquis ex ipsis
per hunc libellum repudii eorum manibus roboratum omnique tempore quieti valeant[1] residere.

N° 24. *Homicide commis en cas de légitime défense. Disculpation sur le lieu même et transport du iudex. Jugement.
Preuve à fournir. Témoins et cojureurs. Notice.*

(Z. 30) Form. Turon. (R. G. 491, § 1).

Relatio cum iudicio.

Auctoritate legis preceptum est, ut in toto litis terminum
requiratur, per quem orta est contentio; et si quis ad
rapinam faciendam adgreditur aut iter agentem insidiaverit
aut domum alterius nocturnus spoliaverit, mors anime ipsius
ne requiratur[2]. Igitur ego in Dei nomine ille iudex veniens
in loco nuncupante illo sub die illo una cum bonis hominibus ad locum accessionis[3], ubi aliquis homo nomine ille
quondam interfectus iacebat, requirens, pro qua re ibidem
interfectus fuisset. Sed venientes homines ibidem comma-
nentes, qui in initio litis ibidem fuerunt vel qui ad ipsos
huccos[4] cucurrerunt, quando iam dictus homo ibidem interfectus fuit, taliter testimonium probuerunt, ut, dum aliquis
homo nomine ille sollemniter sibi ambulabat, sic iam dictus
ille quondam ipsum adsallivit vel insidiavit et res suas ei
contradixit atque violenter super ipsum evaginato gladio

1. *Puissent.*
2. *L. Rom. Visigoth. Cod. Theod. IX, 11; 2 Interpr.*
3. *Sur le lieu de l'homicide Cf. Lex. Sal. (Hessels) tit. xxiv, p. 408 :
.....sic debet iudex, hoc est comis aut grafio ad locum accedere.....*
4. *Cria (anc. franç. hucher).*

venit, unde livores vel capulaturas[1] atque colaphis manifeste apparent. Ideo etenim, dum sic veritas conprobaretur, veniens iam dictus ille adprehensam manum vel arma predicti iudicis, sicut mos est, apud homines 12, manu sua tertia decima, dextratus[2] vel coniuratus dixit, quod, dum ipse sollemniter sibi ambulabat, iam dictus ille quondam eum malo ordine adsallivit et evaginato gladio super eum venit et super ipsum livores vel capulationes misit et res suas illas ei diripere voluit ; et postquam istas presentes livores recepit, necessitate conpulsus ipsum placavit[3], per quem mortuus iacet ; et in sua orta contentione vel in sua movita[4] atque per suas culpas ibidem interfectus fuit ; et sic est veritas absque ulla fraude vel conludio, et in sua culpa secundum legem ipsum ferrobattudo[5] fecit. Proinde oportunum fuit ipsius illi, ut hanc notitiam ad instar relationis exinde accipere deberet ; quod ita et fecit. Sed postea vero taliter in iam dicto loco ipsius illi iudicatum fuit, ut in noctes 40 apud homines 36, manu sua trigesima septima, iam dicto illo quondam in ecclesia illa, in loco nuncupante illo, coniurare debeat apud homines visores et cognitores, eo quod ille quondam male ordine super eum venisset et res suas ei contendisset vel primitus ipsum placasset vel livorasset et ipsum in via adsullisset vel insidiasset, et in sua movita vel in sua culpa ibidem interfectus fuisset[6]. Et si hoc facere potuerit, de ipsa morte quietus valeat residere.

1. *Meurtrissures (resté dans le mot chappelures).*
2. *De la main gauche il touche l'épée ou le vêtement du judex et, suivant Gengler, Germ. Denkm., p. 740, note 22, il donne la main droite à l'un des « cojureurs » qui tient aussi les autres par la main. Il me paraît plus exact de comprendre dextratus, soit dans le sens du « cum dextera armata » de la L. Rib. xxxiii, 1, c.-à-d. « tenant son arme dans la droite » soit, plus simplement, avec le sens de « étendant la droite » et jurant.*
3. *Pour plagavit (plaie).*
4. *Dans sa propre attaque (noverc, fr. meute).*
5. *Sur « forbattu », voir n° 32.*
6. *Le jugement (et aussi le « rapport », relatio) reproduit la déclaration de l'inculpé, thème de la preuve à fournir.*

Thème de la preuve et formule du serment.

(Z. 31) Form. Tur. (R. G. 491, § 2).

Breve sacramenti.

Breve sacramenti, qualiter ingressus est ille in loco nuncupante illo, in ecclesia illa, sub presentia illius iudicis vel bonorum virorum, qui subter tenentur inserti, ad placitum suum custodiendum, unde retroactis diebus quadraginta relationem de morte illius per iudicium bonorum virorum accepit. Iuratus dixit : « Per hunc locum sanctum et Dei reverentiam. Dum .ego sollemniter mihi ambulabam, iam dictus ille quondam in loco nuncupante illo mihi malo ordine adsallivit vel livoravit et colaphis super me posuit et ad rapinam vel ad insidiam super me faciendam adstetit et res meas mihi malo ordine diripere vel tollere temptavit; et ego in sua orta contentione vel in sua movita atque per sua culpa in ipso loco ipsum interfici. Per reverentiam istius sancti et Deo altissimo. » Similiter testes sibi similes [1], visores et cognitores, secundum quod ei iudicatum fuit, post ipsum iuraverunt, ut, quicquid iam dictus ille de hoc causa iuravit, verum et idoneum sacramentum dedit.

Id sunt qui hunc sacramentum exciperunt manibusque eorum subter firmaverunt.

---

1. *De même condition que lui.*
2. *Il me semble bien que la formule fait, ici, confusion. Ces témoins « qui ont vu et connu le fait » ne confirment pas, par serment, leur propre déclaration, mais, comme le feraient des cojureurs, jurent « que le serment de l'inculpé est vrai et juste (légalement valable) ». De plus le nombre est fixé par la loi quand il s'agit de cojureurs; il ne peut l'être quand il s'agit de témoins.*

N° 25. *Juridiction d'un abbé. Formes du droit séculier. Revendication immobilière. Possession trentenaire invoquée par le défendeur. Preuve par serment et cojureurs adjugée au défendeur. Formule des serments.*

(Z. 39) Form. Turon. (R. G. 484, § 1).

Judicium, iuxta quod causa continet.

Veniens ille die illo, quod fecit mensis ille dies tantos, in loco nuncupante illo ante venerabilem virum illum suisque auditoribus vel reliquis viris, qui ibidem aderant vel subter firmaverunt. Ibique interpellabat aliquem hominem nomine illum, dum diceret, eo quod hereditatem suam in loco nuncupante illo, quae ei erat debita, post se[1] retineret vel ei malo ordine contradiceret iniuste. Interrogatus ille ante ipsos viros taliter dedit in responsis, quod ipsam heredítatem, quam ipse contra eum repetebat, genitor suus, *vel quilibet parens*, ipsam ei moriens dereliquerat, et de annis 30 inter[2] ipsum et parentes suos, qui ipsam ei dereliquerant, ipsam tenuissent, et secundum legem ei sit debita[3]. Dum sic intenderent, sic ipsi viri memorato homine decreverunt iudicium, ut in noctes tantas, quod evenit die illo, apud[4] homines tantos, sua manu tanta, in basilica sancti illius, in loco nuncupante illo, taliter debeat coniurare, quod ipsam hereditatem, quam ipse homo contra ipsum repetebat, per annos 30 inter ipsum et memoratos parentes suos, qui ipsam hereditatem morientes ei dereliquerant, semper ipsam tenuissent, et per ipsos annos 30 secundum legem plus sit ipsa hereditas ei habendi debita quam ipso homini reddendi. Si hoc ad eum placitum[5] coniurare potuerit, ipsam heredi-

---

1. *Par devers lui (nach sich).*
2. *Tant lui que ses parents (leur possession et la sienne s'ajoutent).*
3. *Voir Lex. Rom. Vis. Cod. Theod. IV, 12, 1; Cap. Leg. I, 7, c. 8, p. 16; 8, c. 8, p. 19.*
4. *Avec.*
5. *Ici, à ce terme fixé, et non pas plaid (tribunal).*

tatem absque repetitione ipsius hominis omni tempore habeat elitigatam atque evindicatam; sin autem non potuerit, hoc legibus emendare studeat.

Ilis presentibus actum fuit.

(Z. 40) Form. Turon. (R. G. 484, § 2).

Breve sacramentum secundum ipsum iudicium.

Breve sacramentorum, qualiter ingressus est ille die illo in loco nuncupante illo, in basilica sancti illius, iuxta quod iudicium[1] suum loquitur, apud homines tantos, sua manu tanta. Positis manibus super sancto altare, iuratus dixit: « Per hunc locum sanctum et reverentiam istius sancti. Quia, unde mihi ille interpellavit, quasi hereditatem suam, quae ei esset debita, in loco nuncupante illo post me retinerem vel ei malo ordine contradicerem injustae, ipsam hereditatem parentes mei mihi morientes dereliquerunt, et inter me vel ipsos parentes de annis 30 semper exinde vestiti[2] fuimus, et secundum legem plus est mihi debita habendi quam ipsius homini reddendi. Per Deum et reverentiam ipsius sancti iuro. » Similiter venientes testes sui per singula[3] iurati dixerunt : « Quicquid isto de hace causa iuravit, verum, et idoneum sacramentum exinde iuravit. »

Ilii sunt, qui subter firmaverunt.

N° **26.**   *Recommandation.*

(Z. 43) Form. Turon. (R. G. 43).

Qui se in alterius potestate commendat.

Domino magnifico illo ego enim ille. Dum et omnibus habetur percognitum, qualiter ego minime habeo unde me pascere vel vestire debeam, ideo petii pietati vestrae, et

---

1. *C'est ici, la pièce judiciaire ci-dessus et non le jugement.*
2. *Non pas investis, mais vêtus, c.-à-d., en possession.*
3. *L'un après l'autre.*

mihi decrevit voluntas, ut me in vestrum mundoburdum tradere vel commendare deberem; quod ita et feci; eo videlicet modo, ut me tam de victu quam et de vestimento, iuxta quod vobis servire et promereri potuero, adiuvare vel consolare debeas, et dum ego in capud advixero, ingenuili ordine tibi servicium vel obsequium inpendere debeam et de vestra potestate vel mundoburdo tempore vitae meae potestatem non habeam subtrahendi, nisi sub vestra potestate vel defensione diebus vitae meae debeam permanere. Unde convenit, ut, si unus ex nobis de has convenentiis se emutare voluerit, solidos tantos pari suo conponat, et ipsa convenentia firma permaneat; unde convenit, ut duas epistolas uno tenore conscriptas ex hoc inter se facere vel firmare deberent; quod ita et fecerunt.

Nº 27. *Affranchissement d'après la loi romaine.*

(Z. 9) Form. Bitur. (R. G. 62).

Ingenuitas.

In nomine Domini. Quod fecit mensis ille dies tantos, in anno illo, sub illo principe. Ego in Dei nomen ille, pertractans casu humani hominum futuri fragilitatis seculi, ut, quando de hac luce migravero, anima mea ante tribunal Christi veniam merear accipere, introiens in ecclesia sancti Sthefani Bitoricas in civitate, ante cornum altaris, in presencia sacerdotum ac venerabilibus adque magnificis vires, quorum numero[a] subter tenentur adnexa[b], — vindictaque liberare servos meos his nominibus, illos et illos, de die presente de iugum servitutis mei sub constitucione bone memoriae Constantine legum imperatoris[1] qua sanxum est, ut omnes, qui sub oculis episcoporum, presbiterorum seo, et

---

a) *Lis.* nomina. — b) *Ici, mots omis. De Ros.* supplée habui manumittere; *Je préfère, avec Zeum.* manumittere voluntatem habui.

1. *Voy. L. Rom. Vis. Cod. Theod., IV, 7.*

diaconibus manumittuntur, se in ecclesia sancta catholica[c].
Ita ego illi predictus servus meus, animae[d] eorum pro animae
meae de meis peccatis liberandum, ipsos eos precipio ab
hac die esse bene ingenuos et absolutos, ut, sive[e] vivant,
sive agant, in eorum iure et mente consistant, maneant ubi
elegerint, ambulent ubi voluerint, et nulle nulleve heredum
hac proheredum meorum post hanc die nullum quicquam
debeant servitium nec litimunium, nec libertinitatis aut patrocinatus obsequium eorum nec ad posteritate ipsorum non
requiratur. Dum lex Romana declarat, ut, quicumque de
servis suis in eis libertatem conferrae voluerit, hoc per
tribus modis facire potest[1], ego ille in ipsos servos meos
superius nominatos meliorem libertatem in ipsos pro anime
peccatis meis minuandis adfirmare vellio, quia civis Romanus ipsos eos esse precipio, et secundum legum auctoritatis
testamentum condere, ex testamentum sub quibuscumque
personis succidere valeant, ut civis Romani porte aperte
vivant ingenui. Et quicquid de ipsos procreatum aut natum
fuerit, sicut et ipsi ita et illi vivant ingenui et bene obsoluti.
Si quis vero, si ullus de heredis aut quoheredibus meis vel
quislibet ulla opposita persona ullumquam tempore, qui
contra hanc ingenuitate, quem ego plenissima volontate mea
sana mente pro peccatis meis minuandis scribere vel manu
mea adfirmavi et adfirmare rogavi, ullla causacione vel
calumnia aut per qualibet modo lite aut tergiversacione
generare praesumpserit, inprimitus ira Dei, caelestis Trinitatis, incurrat et a liminibus ecclesiarum, a consorcio chris-

c) *Mota omis. De Ros. sup.* defendant. *S'appuyant sur Cart. Sen.
App. 8, Zeum.* supplée ad civitatem Romanam pertinenut et ob ecclesia
defendantur. — d) *De Ros.* lit à tort nomine. *Il faut peut-être, avec Z.
comprendre comme s'il était écrit:* animas eorum liberans pro anima mea
liberanda, *ou encore* servos meos animam... eorum pro animam meam
liberahdam. — e) *De Ros. corr.* sibi; *pas nécessaire, avec* sive, *sens
acceptable.*

1. *Voy. L. Rom. Vis. Lib. Gai. 1, La form. Arvern. 8 qui peut être
rapproché de celle-ci ajoute:* Id est Latina, dolitia (dolitia = dodititia)
et cives Romana.

tiannorum extranius et excommunus appareat et cum Dathan et Abiron in profundum inferni dimergatur, et quod petit non vindecit, sed insuper inferat parti cui adtemptat una cum fisco auri soledos tantos conponat, et presens ingenuitas omni tempore firma permaneat cum stipulatione firmitatis connexa.

N° **28**. *Exemple d'engagement. Services hebdomadaires à temps représentant les intérêts du capital prêté. Peine du double de ce capital assurée, de plein droit, au créancier par la main-mise sur son débiteur et son maintien au service du créancier.*

(Z. 3) Cartae Senon. (*R. G.* 372).

Caucione.

Domno fratri illo ille. Ad petitione mea mihi non denegasti, nisi ut in summa necessitate mea argento vel amacto[1] tuo valente solidos tantus in manu mea ad pristitum beneficium mihi prestitisti. Et ego pro hoc tale caucione in te fiere et adfirmare rogavi, ut usque ad annos tantos in quisque [heb]domata dies tantos opera tua, quale mihi iniuncxeris et ratio praestat, facere debeam. Quod si minimo fecero, aut neglegens aut tardus exinde apparuero, aut ante ipso placito me inmutare presumpsero, tunc spondeo, me per huius vinculum cautionem, ubi et ubi me invenire potueris, sine ullo iudice interpellationis pro duplum satisfactione me reteneor[a] debitore. Et quomodo ipse anni transacti fuerint, debito tuo tibi reddeo, cautionem meam per manibus recipiam. Stipulatione.

a) *Var.* reteneas.

1. *Suivant Bignon, Lindenbrog* amacto *pour* amictum, amicto (*vétement*), *ce qui est très douteux. Suivant Zeumer* (*N. Arch. VI, p.* 72, *n.* 1) « argent frappé, monnayé ». *Sur l'étymologie voir Diez WB. I, au mot* « macco ».

N° **29.** *Notice de tradition d'un immeuble vendu. Mise en possession ou investiture (herbe, terre) opérée sur l'immeuble même. Délaissement, confirmé par le fétu, ou déguerpissement.*

(Z. 7) Cartae Senon. (*R. G.* 286).

Tradetoria de terra.

Veniens homo alicus, nomine illo, in pago illo, in loco que dicitur ille, ante bonis hominibus qui subter firmaverunt, terra illa, id est tam mansis —, totum et ad integrum, quem ante os dies hominem alico, nomine illo, per vindictionis titulum accepto vero pretio visus fuit vendidisset, ante ipsius bonis hominibus, ad integrum, ut quicquid praedicta vindictione ei vendidi, per manibus partibus ipsius lue vel herba vel terra visus fuit tradidisset, et per suum fistucuin contra ipso illo exinde exitum fecit, ut [quicquid] ipse ille de ipsa terra ad die praesente facere voluerit, liberam et firmissimam in omnibus habeat potestatem faciendi. Id sunt.

N° **30.** *Notice de tradition d'un immeuble vendu à une église qui est mise en possession, sur l'immeuble même, par un délégué du vendeur.*

(Z. 8) Cartae Senon. (*R. G.* 287).

Tradituria de venditione.

Notitia qualiter et quibus praesentibus veniens homo alicus, nomine illo, missus inluster vir ille, super fluvio illo, in loco qui dicitur illo, ad illo manso vel illa terra, quem ille homo hominibus illo ante os dies vel ad casa sancto illo paginse[1] per cartam cessionis visus fuit vendidisse, partibus

1. *Eglise rurale.*

ipso illo per illo ostio vel anaticula[1] de ipsa casa, per herba
vel terra, ipso manso vel quicquid ad ipso manso aspicet,
sicut in ipsa cessione est insertum, ad parte illa ecclesia
visus fuit tradidisset atque consignasset. Id sunt quis praesentibus.

N° 31. *Vente publique et en présence de témoins d'un serf par
un marchand. Paiement du prix et tradition. — Notice, ici,
instrument de disposition et de preuve de translation de propriété.*

(*Z.* 9) Cartae Senonicae (*R. G.* 297).

Notitia de servo.

Notitia, qualiter et quibus presentibus veniens homo
alicus nomine ille in pago illo, in loco que dicitur ille, *seo
in mercado vel in quacumque loco*, ante bonis hominibus,
qui subter firmaverunt, datum suum pretium ad homine
negotiante solidus tantus, servo suo nomen illo visus est
comparasset[a]. Et ipse negotiens ipso servo superius nominato per manibus partibus ipsius luc visus est tradidisset,
non fraudo sed in publico, ut, quicquid exinde ad die presente facere volueris, liberam et firmissimam in omnibus
habeas potestatem faciendi.

Id sunt.

N° 32. *Homme « forbattu ». Disculpation et preuve par serment et cojureurs. Notice.*

(*Z.* 17) Cart. Senon. (*R. G.* 492).

Notitia de homine forbatudo.

Noticia, qualiter et quibus presentibus veniens homo
alicus nomen ille in pago illo, in loco que dicitur ille, in

---

a) *Lis.* comparasse (*acheter*) et, *plus bas*, tradidisse.

1. *Huis et gond.*

mallo publico ante ipso comite vel aliis bonis hominibus, qui subter firmaverunt, positam manum suam super sacrosancto altario sancto illo, sic iuratus dixit : « Hic iuro per hunc loco sancto et Deo altissimo et virtutis sancto illo : homo alicus nomen ille, ira factus, apud arma sua super me venit et colappus super me misit ; et sic mihi Deus directum [1] dedit, ego ipso de arma mea percussi, talis colappus ei dedi, per quid ipse mortuus est ; et quod feci super me [2] feci. Et ego hodie ipso facio [in] frodanno et ferbatudo [3] infra noctis 42, sicut lex et nostra consuetudo est, apud tria aloarius [4] et 12 conlaudantes. » Iuraverunt et de linguas eorum legibus direxerunt [5].

Id sunt, qui presentibus fuerunt.

1. *Droit.*

2. *Ce que j'ai fait, je l'ai fait (en le prenant) sur moi.*

3. *Le sens de ce mot est fixé par L. Rib. 77 et Decret. Childeb. II a. 596, c. 4 Leg. Capit. I, p. 16 :* Iudex... ipsum raptorem occidat, et iaceat ferbatutus, *où il signifie :* absque compositione iaceat. *Quant au mot* frodanno, *il ne se rencontre pas ailleurs ; il paraît mis, ici, pour* fredo : *il faudrait donc lire siue* fredo. *L'individu tué en cas de légitime défense* « gît sans amende et sans composition ». *Voy. Zeumer, p. 192 note 2.*

4. *Pardessus, Loi Sal. p. 625, note 1, y voit le mot* alodarius ; *ce serait donc trois hommes possédant des alleux ; explication peu satisfaisante. Il est préférable de rapprocher de ce mot le latin* adlaudare « allouer, aloer » *c.-à-d.* approbare *ou mieux « s'aleier », se purgare per sacramentum (Dupuis et Laboulaye, Gloss., p. 16). Il resterait à déterminer en quoi les aloarii diffèrent des conlaudantes. Voy. Zeumer, ib.*

5. *Gengler, Germ. Rechtsdenk, p. 719, note 31, lit à tort* dixerunt *et traduit « et d'après la déclaration des* ᶜcojureurs, *les jugeurs dirent (trouvèrent) le jugement, suivant la loi », ce qui me paraît faux. — Zeumer, p. 192, note 4, propose :* diliguas d. *en rapprochant ce passage de Placit. Theud. III a. 679 D. I. M. 49, mais il n'explique pas le mot :* « vox diliguas adhuc non intelligenda », *dit-il. A mon avis, c'est le plait ci-dessus qui présente la leçon fautive* diliguas, *et non la formule dont le texte doit être maintenu :* Iuraverunt et de linguas eorum direxerunt, *ceci parce que : 1° il se retrouve dans Cart. Senon., nᵒˢ 21 et 23 ; 2° de, ici, comme dans de nombreux exemples, n'a pas un sens partitif ; donc, lire* de linguas, *comme s'il y avait simplement* linguas : « ils dirigèrent leurs langues (parlèrent) dans les formes légales »

N° 33. *Quittance remise à un débiteur pour tenir lieu d'une cautio perdue. Si la cautio se retrouvait, cette quittance l'annulerait de plein droit.*

(Z. 24) Cartae Senon. (*R. G.* 380).

Evacuatoria.

Fratri illo ille. Omnibus non habetur incognitum, que ego ad petitione tua solidos tantos ad praestitum beneficium in manu tua tibi praestiti, et tu pro hoc tale epistula cautione in me adfirmasti, ut usque annos tantos in quisque ebdomada dies tantos opera mea facere deberis ; quod ita et fecisti ; ad placito [1] ipso debito meo mihi reddere deberis ; quod ita et fecisti. Et ego ipsa cautione minime invenire posso. Propterea tale epistola evacuaturia in te fieri et adfirmare rogavi, ut, se ipsa cautio ullumquam tempore inventa aut reperta fuerit, nullum obteneat effectum et evacuaturia [a] inanis permaneat ; et nec ego ipse nec ullus de heredibus meis vel quislibet de parte mea ipso debito superius nominato neque in ipsa cautione nec per ipsa cautione nec per nullis modis nullumquam tempore tibi ex hoc nullas calumnias nec repediciones agere nec repetere non debeamus ; quod si ademptaverimus, ista tota servante una cum sotio fisco auri untias tantas esse multando, et presens evacuaturia omni tempore firma permaneat, stipulatione.

N° 34. *Affranchissement d'après la loi romaine modifiée. Rôle du diacre. Charte-notice.*

(Z. 3) Cart. Senonic. Appendix (*R. G.* 63).

..... secundum lege Romana nullatenus revocetur. Sub

a) *Lis.* vacua et.
1. *Au terme.*

die illo, anno illo regnum domni nostri illius regis, inditionum ille, vir venerabilis ille diaconus testatur eis qui as[a] tabolas subscripturi sunt, manomittere in ecclesia illa vendictaque liberare famulo illo suum nomen illo, bene sibi merito, secundum constitutionem bene memore[b] Constantine legis, que sanxum est, ut omnis, qui sub oculis episcoporum, presbiterorum seu diaconorum in ecclesia manumittantur, a civitate pertinere et ab ecclesia defensatur, et vult eum iusta consuetudinem, cuius commemoratio subpra vida[c] est, ad civitate pertinere Romana; ea tamen conditionum : eas ubique volueris, partem quam [elegeris] pergas, tanquam si ab ingenuis parentibus fuisses natus vel procreatus, et nulli heredum hac proheredum meorum minime quicquam debeat servitutis nec libertinitatis gratia nec patronatus obsequium, sicut dixi, sub integra et legitima ingenuitate debeat permanere ingenuus atque securus et semper ad civitate debeat pertinere Romana, testamentum etiam liberam in omnibus habeat potestatem. Si quis vero.

N° **35** a. *Hérédité entière conférée à des enfants naturels. Moyen employé par l'instituant pour qu'on n'oppose pas à ses enfants leur illégitimité, résultant de ce que leur mère, de son vivant, n'avait pas été dotée par leur père[1]. Mélange de droit coutumier romain (altéré) et de droit barbare.*

(Z. 1 a) Cart. Senonic. Appendix (*R. G.* 130).

Donatio ad filios. Gesta.

Lex[2] et consuetudo exposcit, ut, quicumque personas[d]

a) *Lis.* has. — b) *Lis.* bone memorie. — c) videnda? — d) *Lis.* quaecumque persona.

1. *Suivant Viollet, Précis, t. II, p.* 396, *cette formule « se rattache incontestablement » au mode romain de légitimation par oblation à la curie. C'est une erreur. Ici, il n'y a ni oblation ni légitimation.*

2. *Lex n'indique pas ici, comme dans d'autres formules et chartes*

naturales filios habuerit[1], si eos in sua voluerit instituere
hereditate, qualiter in suum potius arbitrium ad faciendi de
id pater hoc, quod in eos voluerit, liberam habeat potestatem. Ideoque ego ille, dum non est incognitum, ut femina
aliqua nomen illa bene ingenua ad coniugium sociavi uxore,
sed qualis causas vel tempora mihi oppresserunt, ut cartolam
libellis dotis ad ea, sicut lex declarat, minime excessit facere,
unde ipsi filii mei secundum lege naturalis appellant[b], et
filios in ea generavi, cuius baptismum[c] nomima posuimus
illos et illos : propterea volo, ut[d] predicti filii mei omni
corpore facultatis meis in pago illo, in loca denominantes
illos et illos, in legitimam successionem 'debeatis addere ad-
patuere[e]; hoc est tam terris, mansis, una cum super positis
domibus, aedeficiis, utriusque generis sexus peculiis, mancipiis ibidem commanentis, tam ibidem[e] quam et aliunde
tranlatus, sicut dixi, quod nostra est possessio et haec[f] suc-
cessionum parentum nobis obvenit, tam de alodo quam de
conparado vel de qualibet adtractum adnoscitur pervenisset,
ad die presente nostra est possessio vel dominatio, cum
omni iure et merito et omnem rem inexquisita, quandoquidem moriens dereliquero, in vestra debeatis revocare
potestate, dominatione et faciatis exinde iuro proprietario
quod volueritis, et nullus vobis de omne hereditate mea
repudiare non debeat nec facere possit. Stipulatione
subnixa.

b) *Lis.* appellantur. — c) *Lis.* quibus baptismo. — d) *Suppl.* vos. —
e) *De Roz.* *corrige :* adire vel adprehendere. *Peut-être faut-il lire, avec
Zeumer :* accedere et potiri. — e) *De Roz.* *supp.* oriundis (?). — f) *Lis.*
ex successione.

*du temps, un texte positif, car très souvent les « leges Romanae » y
apparaissent altérées, défigurées ou même faussées. Voy. Zeum., p. 208,
note 1.*

1. *Avec ces enfants naturels, cet individu n'en a pas d'autres
(légitimes).*

N° 35 *b*. *Mandat d'enregistrement de ce contrat à la curie*.

(Z. 1 *b*) Ibidem (*R. G.* 261, § 2).

Mandatum.

Dulcissimo amico meo illo ego ille. Rogo atque iniungo caritate sua, ut hias[g] ad vicem meam ad civitate illa ad illo defensore et illo professore vel curia publica ipsius civitatis et haec epistola, quam ego in filios meos illos in totius hereditatis meae in legitima successione eos adhesere[h] et legitimus filius meus sicut in ipsa aepistola textus contenebatur, conscribere[i], ea gestis monicipalibus, ut mos et lex est, iuxta more et consuetudinem alegare atque firmare facias; ad prosecutionem caelebrata, quod tibi rogo, mihi rescribere pigrum non greveris. Stipulatione.

N° 35 *c*.   *Enregistrement de ce contrat. Formes*.

(Z. 1 *c*) Ibidem (*R. G.* 261, § 1).

Eredituria de ereditate.

In nomine Domini. Anno illo domni nostri illius regis, menso illo, gesta habita apud laudabile vir illo defensore et illo professore vel curia publica ipsius civitate, ille ait: « Queso vobis, optime defensor, ut mihi codices publicis [patere iubeatis], que habeo, que gestorum elegationis[k] cupio roborari. » Memorati defensor et ordo curia dixerunt: « Patent tibi codices publicis; prosequere que optas. » Ille dixit: « Amicus meus ille mihi ineunxit[l] per suum mandatum sollempne roboratum, ad laudabilitatem vestra adrescere[m] deberem et haec epistola, quem ipse, sicut lex declarat, in predictos filios suos illos pro eo, quod in bene ingenua femina illa ipsius generavit et tunc cartola libellum dotis ei

g) eas. — h) *Lis.* accedere. — i) *Suppl.* volui *ou* feci *vel* rogavi. — k) *Lis.* allegatione. — l) *Lis.* iniunxit. — m) *Lis.* adcessero *pour* accedere.

secundum lege non adfirmavit, propterea iam dicti filii mei naturalis appellant; ita antedictus pater eorum ei conplacuit, ut ipsos secundum lege Romana in ipsa civitate ante curia publica debeat in legitima totius hereditatis sue instituere hereditate; ita et feci ⁿ; dum in probis nec legitimis infantes non habuerit, ipsa ᵒ in legitima hereditate pro legitimis filios in omnes causas recepit; ut predicta epistola iuxta morem et consuetudinem gestis monicipalibus alegare atque firmare debeant. » Superscriptus defensor una cum suis curialibus vel subscriptionibus instituerunt vel inobodierunt ᵖ sub signaculis. Et haec gesta, quomodo est conscripta, manus eorum roborata ei visi fuimus tradidisse, stipulatione subnixa.

Actum.

N° **35** *d.*   *Compte rendu du mandat.*

(*Z.* 1 *d*) Ibidem (*R. G.* 261, § 3).

Magnifico amico meo illo ego ille. Cognoscas, iusta iniunctione tua, ut per tuum mandatum mihi rogasti, ad illa civitate, ad illo defensore vel curia publica ipsius civitatis accessisse, et haec cartola, quem infantes tuos, quod naturalis sunt, in legitima hereditate secundum lege instituisse, sicut in ipsam [carto]la tam de rebus quam et de ipsa numera ad ipsius infantes conscriberetur, gestis monicipalibus iusta more et consuetudinem allegasse atque firmasse cognoscas; et de persecutio caelebrata, quod mihi rogasti, rescribere vel prosequere mihi pigrum non fuit.

Stipulatione subxina.

ⁿ) fecit. — ᵒ) *Lis.* ipsos. — ᵖ) *Texte altéré: je ne vois pas le mot qui conviendrait ici.*

N° **36.** *Revendication d'un serf, au tribunal public, par le mandataire d'un abbé. Preuve par le demandeur.*

(Z. 3) Form. Senon. recent. (*R. G.* 472).

Notitia de servo.

Notitia, qualiter vel quibus presentibus veniens ille in causa monasterio sancti illius civitatis illius pontifici ad vicem venerabile viro illo abbate de predicto monasterio die illo illius civitatis[a] in mallo publico ante inluster viro illo comite et ante illo episcopo vel aliis plures magnificis viris, qui ibidem resedebant, homine alico nomen illo ibidem interpellabat. Dixit eo quod servus monasterii sancti illius de capud suum[1] aderat, et colonus ipsius sancti illius nomen ille de Franco homine conparasset[2], et malo ordine[3] ipso servitio partibus monasterii sancti illius effugiebat vel intendebat. Interrogatum fuit ipsius servo, se ipsa causa vera erat, anon; sed ipsi servus in omnibus hoc fortiter denegavit. Et ipse abba vel suus avocatus contra predicto servo intendebant et taliter dixerunt, quod testimonia homines Francos presentare potebant, qui hic adstabant, quod[b] ipse colonus ipso conparaverat, et in suum servitium eum viderant deservire, et per lege[4] servus sancti illo esse debet; et ipsa ora[c] ipse abba vel ipse avocatus sua testimonia hominis septem,! his nominibus illo et illo, adcharmerunt[5], ut in

---

a) *Lis.* monasterio illius civitatis, die illo. — b) *Lis.* quum. — c) *Lis.* hora.

1. *Chef, la tête représente, en droit, la personne, ici, un serf. Le serf est appelé ailleurs (Form. Bign. 7) cavalis, qui paraît bien avoir le même sens que « cavaticarius », c.-à-d. qui paie la capitation « cavaticum ».*

2. *Acheter.*

3. *Injustement (et le sachant).*

4. *Par droit, et non de par un texte positif de loi.*

5. *Anc. franç. arramir = promettre solennellement en justice (voy. Nouv. Revue histor. de Droit 2 (1878), 212, 220; j'abandonne le sens de « tirer à soi » (an sich ziehen), attirer » que j'avais essayé de justifier, d'après l'étymologie de Scherrer (ouv. cité).*

crastinum die illos ibidem praesentare deberent; quod ita et fecerunt. Et ipsi homines sic testimoniaverunt, quod per lege servus sancti illius aderat debitus, et quomodo[1] hoc testimoniaverunt super altario sancti illius in illa capella, que est in curte fisci, ubi reliqua sacramenta soluta sunt, iurati dixerunt. Dinuo ipsius servo fuit interrogatum, si ipsa causa recognoscebat, si sic erat veritas; sed ipse servus in omnibus ac[d] causa recognovit et ad servitium sibi reversus fuit. Et ipsi abba per iuditium ad[2] ipsas personas per iussionem illius comite de manu illo vicario exceptum ibidem pro servo sancti illius evindicabat[3].

His presentibus.

N° 37. *Gardien infidèle ou coupable adjugé comme serf.*

(Z. 14) Form. Salic. Bignon (*R. G.* 403).

Cautione de clavis.

Dum et perpluribus hominibus est patefactum, qualiter in Dei nomen ille, veniens in placita ante quam bonis vel quampluris bonis hominibus adversus hominem nomen illum, repetebat ei, dum diceret, eo quod cellaria vel camara et granica, quicquid in ea habuit reposita, hoc est aurum, argentum, drapalia, arma, vinum, anona vel vitalia sua, per suas claves commendasset[4] ad custodiendum vel ad salvandum, et ipsam rem in naufragium vel in damnum posuit; sed ipsi illi de praesente adstabat et hac causa nullatenus potuit denegare, sed taliter ei fuit professus, quot ipsam rem superius denominatam per suum neglectum et per suo facinus

---

d) *Lis.* hac = hanc.

1. *Que.*

2. *Par (le) jugement « à » ces personnes, c.-à-d. !par (le) jugement « de » ces personnes. On dit encore, dans le peuple : la maison, l'idée, etc., « à » Auguste (région du Nord).*

3. *Recouvrer (en justice).*

4. *La remise des clefs s'explique, ici, très naturellement. Peut-être faut-il y voir aussi une forme solennelle. V. Zeum., p. 233, note 3.*

fuit perduta vel naurata [1]. Tunc taliter ei iudicaverunt, ut ipsam rem ei transolvere vel emendare deberet; sed ipsi illi nullatenus habuit, unde ipsam rem transsolvere vel emendare deberet. Sed taliter ei fuit iudicatum, ut tale caucione de caput suum, manu sua vel bonorum hominum firmata, ei fieri vel conscribere rogasset; quod ita et fecit; ut, dum ipsam rem non habui precium, unde transsolvere vel emendare debuissem, ut, quamdiu advivam, in servicio publico [2], quem mihi iniungitis, vobis deservire debeam, et si neglectens aut tardus de ipso servicio aparoero, qualecumque disciplina alios servos tuos inpendis, talem super me potestatem habeas ad faciendum. Et si fuerit aut ego ipsi aut ullus de meis heredes, qui contra hanc cautionem istam venire aut reclamare...

N° **38**. *Individu convaincu de vol avec effraction. Insolvable, il se met, en qualité de serf, au service du volé, jusqu'à ce qu'il ait payé la composition [3]. Tradition symbolique. Notice.*

(Z. 27). Form. Salicae Bignon. (*R. G.* 464).

Cautio de infracturis.

Contigit quod cellarium vel spicarium vestrum infregi et exinde annonam vel aliam raupam in solidos tantos furavi. Dum et vos et advocatus vester exinde ante illum comitem interpellare fecisti, et ego hanc causam nullatenus potui denegare, sic ab ipsis racinburgiis fuit iudicatum, ut per

---

1. *Pour naufragata, endommagée, anc. franç. navrer?*
2. *Non pas « public »; on peut y voir le service « du dehors », de l'exploitation, par opposition au service « personnel », dans la maison. Pour moi, je traduirais : « Je rendrai (exécuterai) les services ordinaires (tels que les rendent tes autres serfs). »*
3. *C'est là, proprement, une obnoxiatio.*

wadium meum eam contra[1] vos componere vel satisfacere debeam, hoc est solidos tantos vel —. Sed dum ipsos solidos minime habui, unde transsolvere debeam, sic mihi aptificavit ut brachium in collum posui et per comam capitis mei coram praesentibus hominibus tradere feci[2], in ea ratione ut interim quod ipsos solidos vestros reddere potuero, et servitium vestrum et opera, qualecumque vos vel iuniores vestri iniunxeritis, facere et adimplere debeam, et si exinde negligens vel iactivus apparuero, spondeo me contra vos, ut talem disciplinam supra dorsum meum facere iubeatis, quam super reliquos servos vestros.

N° 39. *Plait présidé par le vicaire d'un comte. Terre revendiquée comme injustement prise du manse dont elle fait partie. Preuve (jugement de Dieu) par la croix. Notice.*

(Z. 13) Form. Salic. Bignon. (R. G. 502).

Noticia de cruce evindicata.

Dum et omnibus non est incognitum, qualiter veniens homo alicus nomen ille ante vigario[3] inluster vir illo comite nomen illo adversus homine alico nomen illo, repedebat ei, dum diceret, eo quot terra sua de suo maso uel de sua potestate malo ordine proprisisset; sed ipsi illi de praesente ādstare videbatur et hac causa fortiter denegavit, quod sua terra de suo maso malo ordine numquam proprisisset nec

1. *Au regard de vous, avec vous.*
2. *Je me suis livré.* Tradere feci *pour* tradidi.
3. *Cf. Form. Sal. Bign. (Z. 7 = R. G. 460):* cum resedisset ille vigarius inluster vir illo comite in illo mallo publico una cum ipsis scabinos qui in ipsum mallum resedebant ad causas audiendas vel recta iudicia terminanda. *Sous les Mérovingiens, je ne connais pas de texte présentant un tribunal ou un plait présidé par un vicaire; voy. par ex. Sohm R. u GV. I, p. 511, note 10. Le nom des scabins se rencontre pour la première fois, à ma connaissance, en 780 et 781, voy. Zeum., p. 227, n. 5.*

post se numquam retenuerit iniusti. Sed taliter ei fuit iudicatum in ipso placito ante ipso vigario vel ante ipsos pagensis, ut ad crucem ad iudicium Dei pro ipsa terra in noctis 42 in ipsa placita pro hoc deberent adstare ; quod ita et fecerunt. Sed venientes ad ipso placito, sicut eis fuit iudicatum, ante ipso vigario vel ante ipsos pagensis ad ipso iudicio vel ad ipsa cruce visus fuit cadisset[a]. Sed dum hac causa sic fuit inventa, quod ipsi illi, qui ad ipso iudicio vel ad ipsa cruce cadisset, solidos tantos ei transsolvere deberet, quod ita et fecit, et de ipsa terra ipso illo legibus revestire deberet, quod ita et fecit. Tum taliter ei iudicaverunt, ut ipsi illi de praesente die ipsa terra contra ipso illo vel heredis suis quam contra quemlibet hominem omneque tempore habeat evindicata adque elidiata, tam ipsi illi quam et posteritas sua de post hunc die praedicta terra quieto ordine valead possidere vel dominare, et ducti et securi exinde valeant resedere.

Facto iudicio in illo loco publiciter.

N° 40. *Donation entre époux dans la forme coutumière. Clause pénale. Charte.*

(Z. 16) Form. Salicae Merkel. (R. G. 252).

Item donatio inter virum et viram.

Dum omnis homo in hunc mundum vivere noscitur, quandoquidem mandatus a Domino evenerit, nullus se de morte abstrahere potest. Igitur ego in Dei nomine et coniux mea illa. Adsit nobis animus ! Dum pariter, stante coniugium, amabiliter vivimus, pertractavimus consilium, ut aliquid de rebus et de facultatibus nostris inter nos interdonare deberimus ; quod ita et fecimus. Ideo venientes pariter[1] illo mallo ante illum comitem vel reliquos racineburgis hoc

---

a) *Lis.* cadissc.

1. *Également, c.-à-d. l'un et l'autre.*

per illas epistolas interdonationes visi fuimus adfirmasse[1]. Dono tibi, dulcissima coniux mea illa, post meum quoque discessum, si mihi suprestis fueris, rem meam in loco nunccupante illo, in pago illo, in centena illa, quem ante hos dies de parte genetoris mei illius quondam mihi legibus obvenit; hoc est in iam dicta rem tam terris, domibus *et cetera*. Hoc per hanc interdonationem, si mihi suprestis fueris, conscripta re superius nominata, absque ulla contrarietate heredum meorum vel ullius contradictione in tuae habeas potestatem ad faciendum vel dominandum. Simili modo et ego illa, dulcissimae iugalis meus ille, dono tibi rem meam in loco nunccupante illo, in pago illo, in centena illa, que ante hos dies de parte generatoris mei illius quondam mihi legibus obvenit; hoc est in iam dicta re tam terris, domibus *et cetera*, quantumcumque in ipsa re superius nominata mea videtur esse possessio. Si mihi suprestis fueris, temporibus vitae tuae hoc habeas in potestatem ad dominandum vel faciendum quod volueris; ut hoc, quod diximus, post amborum nostrorum quoque discessum ad propinquos heredes nostros res revertantur. Et hoc nobis in hanc epistola interdonationis multa intimare rogavimus, ut, si fuerit aliqua pars ex nobis ipsis, qui contra hac parem suum hoc emutare voluerit, aut post nostrum quoque dicessum aliquis de rebus nostris hoc refragare presumpserit, solidos tantos contra parem suum, aut contra quem litem intulerit, discutiente fisco, multa conponat, et ille qui repetit in nullisque modis repetitione sua vindicare valeat, sed presens epistola interdonationes firma et inlibata valeat permanere.

1. *A remarquer, sur cette formule : 1º c'est là un contrat de donation, l'exécution (transfert de propriété) restant subordonnée à la survivance réciproque de l'un des époux à l'autre; 2º si les intéressés viennent « in mallo » c'est pour se procurer un titre fait en public, authentique, dont ils pourront plus sûrement poursuivre l'exécution et qu'ils pourront au besoin défendre, en appelant à leur aide le « cancellarius » et les témoins instrumentaires; 3º cette donation a un caractère germanique, voy. par ex. Lex Rib. LIX, 1 et 2 : ce que j'en dis,*

N° 41. *Divorce par consentement mutuel. Forme franque. Lettres. Clause pénale. Charte-notice.*

(Z. 18) Form. Salic. Merkel (*R. G.* 113).

Libellum repudii.

Dum inter illo et coniugem suam illam non caritas secundum Deum, sed discordia inter eos regnat, et ob hoc ad invicem sibi adversantur et minime possunt se habere; ideo venientes pariter illo mallo ante illum comitem vel[1] reliquis bonis ominibus placuit utriusque voluntates, ut se a consortio separare deberent; quod ita et fecerunt. Propterea presentes aepistolas uno tenore conscriptas inter se fieri et firmare decreverunt, ut unusquisque ex ipsis, si ad servitium Dei in monasterio aut copulum sociare voluerit, licentiam habeat faciendi, nulla requisitione ex hoc de parte proximi sui habere pertimescat. Sed si fuerit aliqua pars, qui hoc emutare voluerit, solidos tantos contra parem suum conponere studeant, sed in omnia vel in omnibus securi in eam, quam elegerint hoc tempore, partem[2] permaneant. Actum.

ici, s'applique à « l'antique vente in mallo » de M. Viollet, *Précis II,* p. 520 ; rien n'indique « le consentement de la tribu » (*Ib.,* p. 516), ni que le consentement de « cette tribu » ait été nécessaire soit à la vente, soit à la donation « primitive ». J'ajoute que les « quelques témoins, rigides représentants pétrifiés de la tribu ou du village » de M. Viollet (*Ib.,* p. 517) ne m'inspirent aucune confiance.

1. *Et.* — *Rappr. n° 8. Bien qu'il y ait ici,* mallo a. o., *le divorce n'est pas obtenu par voie judiciaire* (im Wege gerichtlichen Verfahrens) *comme l'écrit* Sohm, Deutsch. Eheschl., p. 7, note 13. *Les intéressés viennent au tribunal pour assurer la publicité à leur déclaration et l'authenticité à leurs « epistolae ». Comte et « bons hommes » sont témoins* (Solemnitätszeugen, *dit* E. Löning, KirchenR. 2,627, n. 1). *Je ne vois pas là, proprement, de juridiction gracieuse, le divorce étant l'effet du seul accord des parties; « solennellement » exprimé.*

2. *Qu'ils demeurent dans la condition (le parti) qu'ils auront choisi.*

4

N° 42. *Contrat de fiançailles (Coutume franque). Dot constituée par le fiancé avec l'assentiment des parents et amis des parties. Exécution du contrat, mariage. — Formes. Sou et denier. Fétu et gantelet. Charte ou livret de dot. — Effets 1ᵃ des fiançailles, 2° du mariage, à l'égard des fiancés, puis époux, entre eux et vis-à-vis des tiers.*

(Z. 7) Form. Sal. Lind. (*R. G.* 228).

Libellum dotis.

Dulcissima atque amantissima sponsa mea nomine illa ego in Dei nomine ille. Igitur dum taliter apud pares vel parentibus nostris utrisque partibus conplacuit atque convenit, ut ego tibi solido et denario secundum legem Salicam sponsare deberem [1]; quod ita et feci. Similiter conplacuit nobis atque convenit, ut de rebus proprietatis meae tibi aliquid in dotis titulum condonare deberem ; quod ita et feci. Idcirco per hanc cartolam, libellum dotis, sive per fistucam atque per andelangum dono tibi et donatum in perpetuo esse volo, id est in pago illo, in loco nuncupante illo, super fluvio illo, hoc est mansos tantos cum hominibus [2] ibidem commanentibus vel aspicientibus his nominibus illos vel illas, cum terris, tam cultis quam et incultis, silvis, campis, pratis, pascuis, aquis aquarumve decursibus, mobile et immobilibus, presidiis, peculiis, pecoribus, vineis, farinariis, vel quicquid in ipso loco mea videtur esse possessio vel dominatio, rem inexquisitam [3], totum et ad integrum, sicut superius dixi, dono, trado tibi atque transfirmo. Insuper etiam dono tibi in pecoribus, id est inter boves et

1. *Cf. Greg. Tur. Histor. Franc.* cap. 18 : Legati (*Chlodovei*) offerentes solidum et denarium, ut mos erat Francorum, eam (*Chrotechildem*) partibus Chlodovei sponsant.

2. *Non pas « hommes » mais individus, personnes.*

3. *Non pas « inculte » mais, à mon avis, « hors d'enquête », c.-à-d. ma propriété et chose non douteuse et certaine.*

waccas, inter porcos et vervices capita tanta; dono siquidem tibi in fabricaturis, id est inter auro vel argento solidos tantos valente; in ea vero ratione, ut hec omnia superius nominata, quandoquidem dies nuptiarum evenerit, et nos Deus insimul coniunxerit, tu, dulcissima sponsa mea nomine illa, ab ipso die hoc habeas, teneas atque possedeas, vel quicquid exinde facere volueris, liberam hac firmissimam in omnibus habeas potestate. Et si quis deinceps contra hanc cartolam, libellum dotis, quod fiendum esse non credo, venire aut eam temerare praesumpserit, si se exinde non correxerit, illum, qui ab inicio masculum et feminam condidit, contra se ultorem sentiat, et insuper cui litem intulerit auro uncias tantas, argento libras tantas coactus exsolvat, et quod repetit nullatenus evindicare praevaleat, sed praesens haec epistola tam a me quam ab heredibus meis defensata omni tempore firma et stabilis permaneat, stipulatione interposita, diuturno tempore maneat inconvulsa.

Actum.

N° **43**. *Réclamation de leurs usages de bois, de pâture, etc., par des « paysans » contre un monastère. Enquête et procédure. Règlement de droits et délimitation du territoire où ils pourront s'exercer. — Formule rédigée d'après une notice.*

(*Z.* 9) Form. Sangall. (*R. G.* 401).

In noticia.

Notum sit omnibus scire volentibus quod ad destruendam diutissimorum iurgiorum litem factus est conventus procerum vel mediocrium inter locum sancto illo vel illo sacratum, nomine illo vel illo nuncupatum, et reliquos eorundem locorum pagenses [1], pro quadam silva vel potius

---

1. *Voir l'explication des termes embarrassants de cette formule-notice dans mes Études sur la prop. M. A. II. « Les Communia.» (Mél. Renier, 1886), p. 139 et suiv., ou 21 et suiv., tirage à part.*

saltu latissimo longissimoque, utrum et ceteri cives in eodem lignorum materiarumque caesuram pastumque vel saginam animalium habere per suam auctoritatem, an ex eiusdem loci dominis precario deberent. Tunc iussu missorum imperatoris domini A., sacramento prius in sanctorum reliquis[a] peracto, decem primores de comitatu N. et alii septem de comitatu N. sexque alii de comitatu N., qui viciniores esse videbantur, diviserunt eundem saltum hoc modo, ut de fluvio loqui[b] dicitur N. sursum versus et alio qui dicitur N. et tertio qui nominatur N. sursum versus ad cellam sancti illius proprie pertinere deberent, et nullus in eisdem locis aliquem usum habeat, nisi ex permisso rectorum eiusdem sancti loci; deorsum versus autem supradictorum fluviolorum omnes illi pagenses similiter, sicut familia sancti illius, usum habeant cedendi ligna et materies saginamque porcorum vel pastum pecorum : eo tamen pacto ut forestarius sancti ipsius eos admoneat et conveniat, ne immoderate ruendo arbores glandiferas et sibi nocui et sancto loco inveniantur infesti; quod si non obaudierint, provisor eiusdem loci comitem aut vicarium eius cum reliquis proceribus in testimonium adhibeat, ut ipsorum auctoritate ad iustitiam distringantur; si uero neque illis consenseri[n]t, ad imperatoris iudicium venire compellantur.

Et hoc iuramentum vel divisionem peregerunt coram legatis imperatoris N. et N. et comite pagi illius, nomine N., *scribe quot volueris per nominativum casum*, testificatique sunt quod haec lex temporibus Hludovici imperatoris inter illum eiusdem loci dominum et reliquos esset pagenses.

a) *Lis.* reliquiis. — b) *Lis.* illo qui.

N° 44. *Délimitation de territoire entre des « paysans » et le fisc. Enquête. Coutume et mémoire d'homme. — Notice-formule. (An. 871, 19 mars).*

(*Z. Collect. Sang.* 10). Form. Alemann. (*R. G.* 402).

Notitia divisionis possessionum regalium vel popularium, episcopalium vel monasterialium.

Notum sit omnibus, tam praesentibus quam futuris, quod propter diuturnissimas lites reprimendas et perpetuam pacem conservandam factus est conventus principum et vulgarium in illo et in illo loco, ad dividendam marcham inter fiscum regis et populares possessiones in illo et in illo pago. Et habuerunt primi de utraque parte, et regis videlicet missi et seniores eius servi [1], et nobiliores eius popularium et natu provectiores; et secundum iusiurandum, quod utrique antea in reliquiis sanctorum commiserunt, diuturnissima retractione et ventilatissimis hinc et inde sermocinationibus iuxta memoriam et paternam relationem, prout iustissime poterant, deliberaverunt ut immunitas [2] regis a villa ad villam, a vico ad vicum, a monte ad montem, a colle ad collem, a flumine ad flumen N. singula per se sine ullius communione esse deberet, nisi forte precario cuilibet ibi et servitute [a] pro merito usus necessaria concederentur; si autem quis sine permissione praefecti vel procuratoris regis aut venationem ibi exercere vel ligna aut materiem cedere convictus fuerit, iuxta decretum senatorum provintie conponat. Et idem sequestri constituerunt iuxta leges priorum

a) *Texte altéré. Je ne sais quel mot lire.*

1. *Non pas serfs au sens propre, mais sujets fidèles.*
2. *Ne signifie pas, ici, « immunité » au sens technique, mais territoire particulier, possédé en propre et non soumis aux usages communs. Voy. Thévenin, « Les Communia », cit.*

ut a supradictis locis usque ad stagnum illud aut illud et
montes illos et illos, qui in aliorum quorumque pagensium
confinio sunt, omnia omnibus essent communia in lignis
cedendis et sagina porcorum et pastu pecorum, nisi forsitan
si aliquis civium eorundem vel manu consitum [b] vel semine
inspersum aut etiam in suo agro suo [c] permissione concretum
et ad ultimum a patre suo tibi nemus immune [1] vel aliquam
silviculam relictam habeat propriam vel cum suis cohere-
dibus communem.

Hi sunt ergo divisores, qui supradicta loca diremerunt [d],
N. illos; et hi sunt testes, qui de utrisque partibus in supradicta divisione praesentes affuerunt et eam iustissimam com-
probauerunt, N.

Actum est autem hoc in eodem loco.

Ego itaque N. scripsi et subscripsi, notavi diem, quintam
feriam, IV kal. aprilis, annum XXII regni III. regis Germanici, sub illo comite.

Haec carta sibi respondentem non quaerit.

N° 45. *Vente en public d'un objet meuble (serf). Quittance du
prix. — Charte et preuve de l'exécution du contrat de vente.*

(*Z. Merk.* 12). Form. cod. Vatic. A (*R. G.* 204).

Venditio.

Ego itaque ille. Constat me vendere et ita vendidi homine aliquo, nomine illo, servum iuris mei, nomine illum,
quem ante hos dies de homine aliquo, nomine illo, data
mea pecunia per venditionis titulum visus sum conparasse.
Et est in pretio taxato valente solidos tantos, et quod pretium mihi bene conplacuit vel aptificatum fuit, in praesente de manu emptoris in manu mea accepi et praedicto
servo nominato una cum carta venditionis ei publice adfir-

b) *Lis.* concisum. — c) *Lis.* sua. — d) *Lis.* diviserunt.

1. *Ici, libre de tous usages communs.*

mavi, ut de ab hac die habeat, teneat atque possedeat, suisque heredes aut cui voluerit ad possidendum derelinquat vel quicquid exinde facere decreverit, liberam in omnibus habeat potestatem faciendi. Si quis...

N° 46. *Déclaration des degrés de parenté dans un procès d'hérédité (XI° siècle).*

Formule sur Roth. 153. Liber Pap. (Boretius) Mon. Leg. IV, 317 et Lœrsch n° 93.

Petre, te appellat Martinus, quod tu tenes sibi malo ordine terram, quae iacet in loco tali. — Ipsa, terra, de qua tu dicis, mea propria est de parte Dominici parentis mei; et tibi, quid pertinet ad requirendum ? — De parte ipsius. — Tunc interroga ipsum qui tenet, quomodo fuit suus parens. — Marcoardus proavus suus fuit consobrinus de proavo meo, et fuerunt in tercio gradu; avus meus et avus illius in quarto; pater meus et pater illius in quinto, ego et ille in sexto. — Interroga similiter illum, qui pulsat. — Avus meus et avus suus fuerunt fratres, et fuerunt secundo gradu; pater meus et mater sua in tercio; ego et ille in quarto. Et cum fuerit nominata haec parentela, interroga eum qui tenet, si potest probare, quod plus proximus sit; si non potest probare, probet ipse qui appellat. Et si ipse non potuerit, iuret ipse qui appellatus est cum suis sacramentalibus, quod plus proximus sit, et habeat ipsam terram.

N° 47. *En légitime mariage la femme prend la loi du mari. Aliénations par une femme d'après le droit lombard et le droit « romain » (XI° siècle).*

Liutpr. 126 Formule Lib. Pap. (Boretius) Mon. Germ. Leg. IV, 481 et Lœrsch n° 95.

Petre, te appellat Maria cum Dominico suo tutore, quod tu tenes sibi malo ordine terram in tali loco. — Mea propria est per cartulam venditionis, quam tu michi fecisti cum marito tuo, qui est mortuus, et ecce cartula. — Ipsa cartula non michi nocet, quia eram Longobarda; non potui facere sine parentibus. — Maritus tuus fuit Romanus et fecit mundium de te. — Aut probet ipse qui habet cartulam, quod maritus fecit mundium, aut fiat vacua.

N° 48. *Fiançailles et mariage d'une veuve lombarde. Prix et don du matin. Launegild. (XI° siècle).*

Expositio Roth. 182 Lib. Pap. (Boretius) Mon. Germ. Leg. IV, 333 et Lœrsch n° 94.

Domne comes, Cristina cum Petro tutore suo dicit, quod pluribus vicibus in conspectu vestro lamentata est de Dominico mundoaldo suo, qui suam denegat voluntatem et eam marito Martino, quem elegit, tradere non vult; unde vos multotiens ex vestri parte nuntios ac epistolas misistis, ut ad vestrum placitum veniret et eidem Cristine iustitiam faceret, et ad iudicium habere non potuistis. — Dicis ita Cristina? — Sic dico. — Domne comes, recordamini ita? — Sic recordor. — Et vos iudices? — Sic recordamur. — Quo dicto dicant iudices, interrogante comite, quid inde lex precipiat. Iudices vero hanc legem dicant, que est: « Si quis filiam suam » usque ad « Et si mulier talis fuerit », aut sententiam eius dicant. Quo facto interrogetur mulier, utrum mundium suum ad parentes suos transire velit? Que confessa sponsetur: huc ad hoc venit Martinus, quod, si a Deo consensum est, vult sibi sponsare Cristinam, post Albertum relictam, et Andree filiam. — Interrogatur sponsus, an velit, et an sit paratus dare medietatem meto [1] heredibus Alberti, quondam Cristine mariti? — Quo respondente: Albertus quondam ei dedit in meta solidos 10, et ob hoc paratus sum dare medietatem inde, solidos 20, — si heredes Alberti affuerint, debent solidos 20 accipientes eam sponsare; si autem adesse noluerint, ad patrem redeat mun-

_____
1. *Meta,* dot lombarde.

dium. — Tunc dicatur sponso : da Andree wadium, quod tu Cristine filie sue omnium que modo habes aut inantea acquirere poteris, que sunt, portionem quartam facies, et, si te retraxeris, auri libras 100 compones. — Tunc wadio a fideiiassoribus accipiatur. Dehinc patri dicatur : Andrea, per hunc ensem et wantonem istum sponso Cristinam filiam tuam. — Ipso affirmante, dicatur sponso, ut eam accipiat. — Dehinc dicatur : Andrea, da wadiam Martino, quod filiam tuam ei trades uxorem, et eam sub mundio cum rebus ad eam pertinentibus mittes; et tu, da wadiam, quod tu eam accipies, et, si quis nostrum se subtraxerit, componat pars parti fidem servanti penam auri libras 10. — Antifacti et morgincaph cartule lecte sponse a sponso tradantur. Tunc pater, qui mundoaldus est, per manum dexteram tradet eam marito. — Tunc dicatur : Martinus hunc caballum, solidos 20 valentem, Andree dat pro mundio Cristine uxoris sue et Andree filie; — et pater caballum accipiat. — Et tu, Andrea, pro hoc caballo, 20 solidos valente, Cristinam, filiam tuam, cum rebus omnibus ad eam pertinentibus sub Martini mundio mitte, mundium et caballum tibi ad proprium trade. — Tunc Martinus patri mulieris launechild exsolvat, de quibus omnibus breve fieri rogetur, aut notitiam scribi a comite iubeatur.

N° 49. *Revendication mobilière. Procédure d'arrêt. Garantie du vendeur et limite de cette garantie (XI° siècle).*

Formule sur Roth. 232, Liber Papiens. Mon. Germ. Leg. IV, 358 et Lœrsch n° 93.

Petre, te appellat Martinus, quod ipse interciavit tibi unum suum caballum, qui valebat solidos 100. — Interciasti tu michi ipsum caballum, ecce caballus. — Quid tibi pertinet ? — Ego comparavi de Dominico de tali loco. — Iuret, quod ad certum warentem eum conducat. — Vendidisti tu michi ipsum caballum ? — Non feci. — Vis ei ardire '? — Volo. — Et tu, vis te defendere ? — Volo. — Wadiate pugnam. — Si dixerit : vendidi et volo stare in auctoritatem, det wadia, quod stet in auctoritatem ; et ipse det wadia de contradictore, et reddat precium et recipiat caballum. — Quid tibi pertinuit iste caballus ad vendendum ? — Ego comparavi de Donato. — Da vadia de auctore. — Et tibi, quid pertinet ? — Ego comparavi de Paulo. — Non vadat super tercium warentem. Aut iuret secundum usum, quod nec fur sit nec collega furonis, aut emendet sibi nonum.

Petre, te appellat Martinus, quod ipse interciavit tibi unum suum caballum, qui valebat libras 5. — Ego comparavi ipsum caballum de Martino de Roma. — Aut ducat warentem infra tercium comitatum, aut perdat caballum, et faciat supradictum sacramentum.

N° 50. *Affranchissement par la « tradition de la charte » avec remise du pécule, suivant les diverses lois d'origine (XI° siècle).*

Cartul. Langob. n° 8 Monum. Germ. Leg. IV, 596, 2.

Traditio cartulae libertatis.

Martine, trade per hanc pergamenam cartam libertatis et absolutionis ad Marcoardum qui est servus tui iuris, ut amodo a presenti die sit liber et absolutus ab omni vinculo servitutis iuxta legem pro animae tuae mercede, et habeat licentiam et potestatem de quattuor viis ambulare aut cohabitare ubi voluerit, et neque a te neque a tuis heredibus ullam habeat repetitionem nec conditionem servitutis sed in perpetuum permaneat in sua potestate et congrua libertate, et sicut illi qui in quadruvio in quarta manu traditi sunt et

____

1. *Combattre.*

amont [1] facti sunt vel sicut illi qui per manus sacerdotis circa sacrum altare ad liberos dimittendos deducti sunt pro animae tuae mercede; et insuper concede sibi ad gratiam suae libertatis omne suum conquistum, quod nunc habet aut inantea adquirere potuerit, ita ut faciat exinde a presenti die proprietario nomine quicquid voluerit pro animae tuae mercede. — Dicis ita ? — Dico. — Ita trade huic cartam libertatis et absolutionis, et huic notario ad scribendum. — Dic : « omnes vos rogo ». — Si est Salichus et caeteri [1], elevent atramentarium tantum super pergamenam de terra, si non tribuunt eis terram ; si vero tribuunt, tunc elevent cultellum et caetera, exceptis Baioariis et Gundebadis ; et adde : prohe-redes » et pone, « peculiare [2] »; et adde : « insuper mitte poenam stipulationis nomine, quae est mulcta auri optimi uncias quattuor, argenti vero pondera octo, quam inferatis ad illam partem contra quam exinde litem intulleritis, et quod repetieritis vendicare non valeatis, si hanc cartam libertatis pro quolibet ingenio frangere volueritis. Si est Romanus, adde illic ubi dicis « deducti sunt » : « cives Romani, portas apertas, eat ac pergat et, qua parte voluerit ambulare, discedat ». Similiter in Salicha et in omnibus aliis. Caetera vero sunt similia in omnibus.

N° **51.** *Enfants nés, en mariage légitime, de père et mère « aldii [3] » (condition servile) appartenant à des maîtres différents, suivent le père (XI° siècle).*

Liutpr. 125 (Formule) Monum. Germ. Leg. IV, 401, 1 (lignes 45-50) et Lœrsch n° 92.

Petre, hoc te appellat Martinus, quod tu tenes sibi Marcoardum suum aldium. — Meus proprius est. — Quomodo

1. *Voir* n° 52 : « si est Salichus... »
2. *Même sens, ici, que* conquistum.
3. *Pas de mot français équivalent.*

est tuus proprius ? — Unus meus aldius apprehendit Mariam tuam aldiam et fecit mundium de ea, et post ex ea fuit natus ille. — Approbet appellatus sic esse, aut perdat.

N° 52. *Aliénation d'immeubles par la tradition de la charte. Formes solennelles d'investiture et de déguerpissement, suivant les diverses lois d'origine (XI° siècle).*

Cartul. Langob. n° 2 Monum. Germ. Leg. (ed. Boretius) IV, 595, 1.

Traditio venditionis cum defensione.

Martine, trade per hanc pergamenam cartam venditionis sub dupla defensione de petia una de terra quae est tui iuris, que est in tali loco, que est per mensuram tantum et habet coherentias tales ad Iohannem, quod dehinc inantea a presenti die proprietario nomine faciat ipse et sui heredes aut cui ipsi dederint quicquid voluerint sine omni contradictione tua et tuorum heredum. Et insuper esponde te, vos ab omni homine defensare ; quodsi defendere non potueritis, aut si vos aliquid per quodvis ingenium subtrahere quaesieritis, tunc in duplum illis eandem venditionem restituatis, sicut pro tempore fuerit meliorata aut valuerit sub aestimatione in consimili loco. — Dicis ita ? — Dico. — Sic trade ei [1] ad proprium et huic notario ad scribendum. — Habes precium iuxta cartam ? — Habeo. — Dic : « totos vos rogo [2] tangere ». Si est Romanus, similiter dic : sed si est Salichus, si est Robourius, si est Francus, si est Gothus vel Alamannus venditor : « pone cartulam in terram, et super cartam mitte cultellum, festucam notatam, wantonem et wasonem terrae et ramum arboris et atramentarium » et in Alamanna wandilanc, et levet de terra, et eo cartam tenente

1. Suppl. cartam.
2. Partie du cérémonial nommée « rogatio testium ».

dic traditionem ut supra diximus. Et adde in istorum cap-
tulis et Baioariorum et Gundebadorum — nam in Baioaria
et Gundebada non ponitur insuper cultellum — : « prohe-
redes » et « repetitione » et tolle : « esponde te », et mitte :
« obliga te ». Et in omnium fine traditionis adde : et insuper
mitte pœnam stipulacionis nomine, que est multa auri
optimi uncias quattuor, argendi pondera octo, quam inferatis ad illam partem contra quam exinde litem intulleritis,
et quod repetieritis vindicare non valeatis »; et adde :
« warpi te », caetera sunt similia. Si vero fit per missum,
dic tantum in fine : « et ita trade ei per hunc missum et
huic notario ad scribendum ».

Nº 59. *Partage d'hérédité et transaction immobilière. Tierce
dotale. (An. 572).*

Bréquigny-Pard. nº **CLXXIX.**

Charta de divisione bonorum quarum partem Bethta, deo
sacrata, monasterio Cenomanensi sancti Vincentii vendi-
derat.

Dum cognitum est quod Bethta, Deo sacrata, portione
aliqua in locella nuncupantia Soliaco, Mansione, villam
Bariaco, seu et Briscino, quam filius suus Ermenfredus
quondam moriens dereliquit, et ad ipsam legibus obvenit,
per vinditionis titulum ad basilicam sancti Vincentii Ceno-
manis civitate vindicat, et accipit exinde in pretium quod et
bene complacuit atque convenit, hoc est auri solidos probos,
optimos atque pensantes, numero ducentos; quo veniens
venerabilis frater Patulnus praepositus de ipso monasterio,
una cum venditione ipsa, in privata conlatione, ipsa protulit
ad relegendum, dum inter se intenderent (hi sunt Bertho-
fridus, Dodo una cum conjuge sua Eridilano, vel Bertholanda, cum infantibus suis his nominibus, Ademora et

Johanne), chartam ambagibalem[1] ibidem praesentabant, quam Bethta ad ipsos infantes suos fecerat, ubi habebat insertum, dum advivebat, et in partes duas Leogisilo quondam conjuge suo, quam et suam tertiam ad usum tenuerit, et post suum discessum ad jam dictos infantes suos tam illas duas partes quam et suam tertiam in eorum reciperent dominatione, dum inter se intenderent, mediantibus bonis hominibus, ad pacis concordiam visi sunt eos revocasse. Convenit inter ipsos quod illa quarta parte quam Ermenfredo quondam in Mansiones debitum erat, memorati infantes Berthofredo, Dodo, una cum conjuge sua Eodilane vel Bertholanda, contra venerabile fratre Patuino praeposito, vel ipso monasterio, quantumcumque ibidem habere videntur, omni tempore habeant evindicatum; et reliquo vero, tam in Soliaco quam in Bariaco seu et in Briscino, quicquid Ermenfredo quondam obvenire debuit, vel quantum per vinditionis titulum memorata Bethta sive jam Noberta ad memorata basilica delegata, contra ipso Berthofredo et Dodone una cum conjuge sua Eodilane nec non et Bertholandane tam terris, casis, mancipiis, domibus, aedificiis, accolabus, pratis, pascuis, vincis, silvis, aquis aquarumve decursibus, mobile et immobile, junctis et subjunctis, vel omni suprapositon, quantuncunque in jam dicta locella Ermenfredo quondam habere debuerat, pars monasterii sancti Vincentii, vel ejus rectores, contra ipsos homines superius conmemoratis, aequali lance dividere debent. Unde convenit ut tres epistolas uno tenore conscriptas inter se fieri et accipere deberent; quod et ita fecerunt, ut nullus contra parem suum de istis convenientiis se remutare non posset. Quod qui hoc facere praesumpserit, partem suam a pare suo amittat, et insuper, fisco sociante, auri libras decem, argenti pondo viginti, coactus exsolvat, et nec sic quod repetit vindicare

---

1. *En note :* « *ambages controversiarum tollebat* ». *A mon avis, cette charte était, au contraire,* « *matière* » *à discussions, d'où la transaction qui suit.*

non valeat; et has epistolas, quas in invicem bona voluntate fecerunt, cum stipulatione intraposita firmas et inviolabiles omni tempore valeant perdurare. Actum Soliaco, in rem ipsam, in anno XI regni domni Theodorici [1] gloriosi regis, quod fecit praesens mensis Octobris Dies XII. Dodo subscripsit. S. Eodilane conjuge sua. Berthofredus subscripsit. S. Bertolandane germana eorum qui hanc epistolam fieri rogaverunt. (12 *noms*) subscripsit. Caldobertus recognovi et subscripsi.

F° **54.** *Donation avec réserve d'usufruit, la vie du donateur et celle de ses fils durant. Cens héréditaire. (An. 716-720).*

Wartmann Urkundb. Abtei S. Gallen I, 3 n° 3. (Lœrsch n° 24).

In Christi nomine. Ego Erfoinus et filii mei Teotarius atque Rotarius cogitavimus Dei intuitum vel divinam retributionem vel peccatis nostris veniam promereri. Propterea vernacula terra iuris mei in loco qui dicitur Openwilare tradimus sancto Galloni viginti iuchos, et in Eberingen unum iuchum de vinea, et de colonis meis Erfoinum cum uxore sua et cum omni apartinentia sua, cum casa, cum terra et cum omnibus ad eum pertinentibus, ut, dum adhuc vivimus ego et filii mei, in nostra permaneant potestate, et in anno reddamus carram de vino et carram de siligine et carram de feno et friskingam[2]. Et si filiis meis infantes nati fuerint, sicut superius diximus, ita solvant censum et habeant potestatem; si noluerint censum inde reddere, omnia, sicut superius diximus, sint concessa ad ecclesiam sancti Gallonis. Et si quis, quod non credimus, aliquis de heredibus nostris contra hunc factum nostrum ire vel irrum-

---

1. *Mabillon lit* Childeberti, *dont l'année* 572 *est la onzième année de règne.*
2. *Cochon de lait.*

pere voluerit, inprimis incurrat iudicium Dei et solvat auri libras 2 et hunc factum nostrum inlesum permaneat, stipulatione subnixa. Facta hec carta est in loco qui dicitur Anninchova, 17. Kalendas Februarii, sub regno domni nosti Elperici regis[1]. † S. Teotarii et Rotarii qui hanc cartam fieri rogaverunt. † Signum Siguini testis (*suivent huit noms*).

N° 55. *Dette reconnue par titre* (epistola cautionis). *Régisseurs de domaines.* (*An 721, juin*).

Brequigny-Pardessus Diplom. II, 330 n° 517.

Domno et seniore nostro viro apostolico Herlemundo, qui casam sancti Gervasii in regimen habere videtur, nos enim in Dei nomine Domnolenus, Bodoardus, Rogobertus, Bosolenus, Gembertus, Audobertus, Gundoaldus seu et Adobertus, iunioris Audranno agente de villa vestra sancti Gervasii nuncupante Arduno. Dum cognitum est qualiter et permissio ipsius Audranno illas inferendas vel omnia exactum, quod ex ipsa villa ad partem sancti Gervasii reddere debetur, de pagensis nostris unusquisque per manus nostras recipimus vel ad recipere habemus, unde apud Hadingan vicedomino partes exinde fecimus, et nobis de annunciata carta, quod fuit regnante Chilperico rege, de ipsa ferenda in integrum nobis iniunxit, quod ipsi page..ses nostri hoc reddebant vel nos cum ipsis, vel ipsos pagenses exinde convictos esse faciat. Propterea hanc epistolam cautionum nobis emittemus vel manu nostra affirmavimus ego Domnolenus, quod de ipsa annona redebeo solidos septuaginta et duo, et ego Bodoharius solidos septuaginta tres, et ego Rigobertus solidos 34, et ego Bosolenus solidos 40 et tres, et ego Audobertus solidos 38, similiter ego Gembertus solidos 82 et drachmas 2, et ego Gundoaldus solidos 36 et dimidio, et ego Adobertus solidos 21 et tremisso, sicut diximus. Nos enim iuniores Aidoranno hoc vobis per hanc epistolam cautionis

1. *Chilpéric II, juillet 715-720 (Loersch).*

spondemus, ut medio Julio ipsa inferenda quod superius est intimatum, quod unusquisque de sua parte reddere debet; sicut superius est insertum et apud nos cognitum est, quod exigere petimus, sicut diximus, medio mense Julii ipsa vobis in integrum transsolvere spondemus, ut gratiam vestram exinde adimplere debemus. Similiter et de illis fidefactis quod nostri pagenses qui hoc contemserunt, et vobis de ipsis vicis hoc vobis spopondimus, ut per unumquisque hominem de suo servitio, iuxta quod vobis quidem fecerunt et vester brevis loquitur, ipso die in integrum exinde apud nos satisfacere debeamus. Quod si hoc non fecerimus et voluntatem vestram exinde non adimpleverimus, per hanc epistolam cautione vobis spopondimus ut in postea, post ipso placito, totum in duplum vobis transsolvere spopondimus, quam postea epistolam cautione cum adstipulatione subnixam manus nostras subter firmavimus et adfirmare rogavimus. Actu Cenomannis civitatis, in mense Iunio, in anno I. regnum domni nostri Theoderici regis[1]. Signum Domnoleno[2]..... qui hanc epistolam cautionis affirmaverunt conscientes. Bertrannus rogitus subscripsi, Theobaldus subscripsi, Adebertus subscripsi, Odilus scripsi et subscripsi.

N° 56. *Bénéfice viager. Cens. Charte de « précaire ». Double. Exemption de renouvellement quinquennal. (An. 735.)*

Bréquigny-Pardessus Diplom. II, p. 368, n° 557.

Domno venerabili et in Christo patri Romano, abbati de monasterio quod vocatur Maurobaccus sive Vivarius-peregrinorum[3], in honore sancti Petri et sancte Marie et sancti Leudegarii ceterorumque sanctorum, una cum sancta con-

1. *Chilpéric II (juillet 715-720).*
2. *Suivent les « signes » des autres débiteurs.*
3. *Morbach en Alsace.*

gregacione vestra, quam de diversis provinciis ad peregri-
nandum propter nomen suum vobiscum Dominus coadunavit.
Ego Hildradus preco et suplico gracie vestre, ut michi in
usum beneficii rem ecclesie vestre in pago Alsacensi, in locis
nuncupatis in Mathinhaim et Annegis villa, quam vir illustris Eberhardus pro anime sue remedio vobis seu ad monasterium vestrum per suum instrumentum delegavit, concedere deberetis, quod ita et pro mercede vestra fecistis ; in
ea ratione ut, dum advivo, una cum gratia vestra ad usum
fructuarium ordine tenere debeam, et nullum preiudicium
vel diminucionem nostra possessio de ipsis rebus vobis vel
partibus ipsius monasterii nullumque[a] tempore aliquo generare possit, sed post nostrum quoque discessum cum omni
re emeliorata ad vestram vos vel successores vestros revocare
faciatis dominacionem. Et censuimus nos ad vos pro hac re
in luminaribus partibus monasterii vestri annis singulis,
octavo die ante diem natalem Domini, cera libras quinque reddere debeam. Et si de ipso censu negligens apparuero vel certe postea infra quadraginta dies ipsum non
reddidero, vos vel successores vestri ipsas res emelioratas,
absque ullius contradictione vel iudiciaria consignacione,
partibus ecclesie monasterii vestri revocare faciatis. Unde
placuit vobis ut duas precarias absque quinquenii renova-
cione facte fuissent, et nos unam de manu vestra firmatam
reciperemus et vos similiter de nostra, quod ita factum est;
coactus[b] precarias uno tenore conscriptas, anno quinto
decimo regnante Theuderico rege, sub die 9. Kalendas
Augusti, Avendo castro sive Romarico commorante monasterio, publice. † Romanus, spectator vocatus, abbas hac
precaria a me facta. † Signum Lintoni. † S. Guntfredi.
† S. Marchrati. † S. Wolframni. † S. Gerhardi. † S. Theudo-
fridi. † S. Cachihardi. Ego Ioannes lector hanc precariam
rogatus scripsi.

a) *A suppléer peut-être* detrimentum. — b) *Lis.* duabus (*pour* duas).

N° **57**. *Donation d'immeubles communs par un mari et sa femme à une abbaye. (An. 749, 11 mai.)*

Bordier. Du recueil des chartes mérovingiennes, p. 58.

Hortatur quemquem Christianorum eloquii divini eruditio consentire adversario suo dum it cum eo in via id est sermoni Dei dum manet in hac vita terrigena ne post modum ab adversario tradatur judici et a judice ministro cum suis nequissimis operibus a quo mittatur in carcerem ubi duras penas lugeat donec novissimum quadrantem, id est ultimum peccatum exsolvat. Huic itaque adversario ego in Dei nomine Baio et matrona mea Cylinia consentire cupientes, cogitamus propter timorem Dei vel veniam de peccatis nostris ut ante tribunal Christi aeterni judicis mereamur accipere, dare basilicae sacrosanctae Flaviniacensi in honore sancti Petri et sancti Praeiecti constructae, ubi venerabilis vir Garroinus abba cum suis monachis preesse videntur, aliquantulum de facultatibus nostris. Nihil enim melius nihil utilius esse prospicitur quam ut homo quantum quisque poterit de mundanis rebus comparet sibi paradisum et de terrena substantia transeat ad coelestia, ideoque nos propter hoc cedimus a die praesente cessumque in perpetuum esse volumus predictae basilicae Dei in pago Alinsenso, in villa quae dicitur Pulliniacus vel in ipsas fines Magnacensis, et Pruviniacum cum universis agris illic pertinentibus ex omni re nostra in integram partem tam terris, villaris, una cum superpositis aedificiis, mancipiis, libertis, ingenuis qui apud nos epistolas meruerunt accipere inspectas eorum ingenuitates, acolabus cum merito eorum vel omni re, peculium tam majore quam minore, vel quicquid dici aut nominari potest, campis, pratis, silvis, vineis, pomis, pascuis, aquis aquarumve decursibus, cum exo et regresso, cum rebus et corporibus, quicquid in jamdictas fines visi sumus possidere tam de proprio quam de comparato vel de quolibet adtracto aut undecumque ad nos pervenit aut in antea legibus devenire potest, cum ecclesia quae in ipsa villa aedificata est quae est in honore sancti Symphoriani cum vinea quae ad ipsam ecclesiam pertinet et dicitur Romerengias quam parentes mei ibidem in eorum eleemosina concesserunt una cum ipsis strumentis cartarum vel ipso atrio ubi ipsa ecclesia fundata est ad integrum et sicut diximus a die presente ad jam dictam basilicam sancti Petri et sancti Praeiecti cedimus, tradimus atque transfundimus ut quicquid exinde actores ipsius monasterii facere voluerint ut ibidem proficiat in augmentum liberam atque firmissimam habeant in omnibus potestatem perpetualiter ad possidendum. Si quis vero quod absit aut nos aut ullus de haeredibus nostris vel quislibet vel ulla emissa persona contra cessionem istam quam nos devoto animo et sincero consilio fieri vel firmare rogavimus repetere voluerit, vindicare non valeat, sed inferat partibus monasterii tantum quantum ipsae res melioratae valuerint et in fisci viribus auri uncias tres et haec cessio omni tempore firmo permaneat. Actum Flaviniaco castro publico et exaratum[1] a Ghylberto presbitero die dominico ante medium mensem maium. Anno VII Childerici regis : suggerente et deprecante imo confirmante eodem viro inlustri Baione una cum matrona sua Cylinia, his presentibus et conlaudantibus simulque stipulantibus :

Fulcobertus	Chyso
Gayribaldus	Addarius,
Adalgarius,	Adalgarius item,
Dodo	Ghyslebertus.

Nº **68.** *Donation de ses biens propres par une femme avec l'assentiment de son mari.* (*An.* 749, 16 *juin.*)

Bordier, Rec. ch. mérov., p. 60.

Procurandum est omni homini regenerato lavacro spiritus

---

1. *Rédigé.*

sancti ne sollicitudine et affectu terrenae substantiae salutem parvipendat animae suae sed potius illi Dominicae voti obedire studeat quae dicit : « Thesaurisate vobis thesauros in coelo ubi non furatur fur, nec erugo eruginat nec tinea corrumpit perversum namque nimium est semper in his spem ponere quae sub uno momento in se melius sperantes insperate solent relinquere. » Ob hoc igitur ego in nomine Dei Cyliana, filia Deodati, augere cupiens elemosinam quam senior ac sponsus meus inclytus Baio una mecum, hoc anno, mense maio, Flaviniaco contulit monasterio cedo eidem monasterio ubi vir venerabilis Gayroinus abba cum suis monachis praeesse et omnipotenti Deo deservire videtur cessumque consentiente et conlaudante predicto conjuge meo a die presenti et in perpetuum esse volumus propter remedium nostrae animae et celestes thesauros adquirendos, in pago Dusmensi, in villa quae dicitur Puteolis et Optemariaco et Cleriaco, quantumcumque in ipsis fines visa sum habere aut possidere aut genitor meus superius nominatus habuit, terram scilicet, villares cum ipsa casa indominicata, cum omnibus edificiis, una cum universis campis ibi pertinentibus, pratis, silvis, pomiferis, pascuis, aquis aquarumque decursibus, cum exitu et regressu, cum omnibus rebus atque corporibus servos et ancillas vel quantum in ipsa villa possidere videmur aut ibi aspicere videntur sicut dictum est, totum in integrum a die presente cedimus, tradimus atque transfundimus et de nostro jure et dominatione in monachorum Flaviniacensium tradimus potestate perpetualiter ad possidendum; et quicquid ex inde facere voluerint tam abbas quam monachi praedicti coenobii ut ibidem proficiat in augmentum licentiam habeant. Si quis vero hominum quod absit aut ullus haeredum nostrorum vel quaelibet persona contra cessionem istam quam nos devoto animo fieri rogavimus litigare aut praeripere conaverit, nec vendicet quod repetit sed inferat partibus monasterii quantum ipsae res eo tempore melioratae valuerint et in fisci viribus auri uncias duas; et haec cessio omni tem-

pore firma permaneat. Actum Flaviniaco castro, anno VII.
Childerici regis, mediante mense junio, conlaudante ipso
Baione una cum Cylinia uxore sua et scribente Gylberto
notario; his stipulantibus quorum nomina in alia cessione
descripta esse videntur, cum Wascardo et Santerio principibus.

N° **59.** *Charte de donation lombarde. « Launegild ».*
(*An.* 762, *déc.*)

Kohler. Beitr. I, n° 1, p. 1.

In nomine domini dei nostri Jhesu Christi. Regnantebus
viris excellentissimis dominis nostris Disiderio et Adilgis
filio eius regibus in Italia anni regni eorum sexto et tercio
per indictione prima mensis Decembres Cenita[1] feliciter.

. Odo venerabilis vir presbiter Troctovus virum exercita-
lem[2] filio Gildiris dixet : Et quia manifestum est, quod
suprascriptus genitur tuus contra racionem introibet in res
vel pegunia illa, quas quondam Audrisis barba[3] tuus in nec-
clesia sancti Mariae, qui fundata esse videntur in Sarnalia,
ubi ego indignus servus eius deservio, obferserat et per
cartula confirmaverat, sed non post multum tempus introibet in ipsas res; et dum inter nos multas fuisset causaciones,
pervenimus in presencia Orso glorioso dice[a]; sed dum in
ipsius presencia essemus, sicut super genitur tuus omnia
manifestaverat, quod certo contra racionem ipsas res vel
pecunia illa, quas quondam Audiris in suprascripta ecclesia
offerserat, introisset, unde mihi conponere debuet, qualiter
in aedicta gina[b] nuscitur esse[4], et menime habuet, unde

a) *Lis.* judice. — b) *Lis.* pagina.

1. *Ceneda, entre Belluno et Conegliano, réunie depuis* 1879 *avec
Serravalle à la ville de Vittorio (K.).*
2. *Les exercitales ou arimanni étaient des propriétaires fonciers;
libres, au sens complet du mot, leur position sociale était élevée; ils
faisaient le service militaire à cheval.*
3. *Oncle paternel..*
4. *En vertu de la clause pénale (composition) du double, contenue*

talem conposicionem facere potuisset, pro hoc tradavet omnes res vel pecunia sua mihi e(t per) cartulam confirmaverat; unde modo nos dei omnipotentis inspiracionem conpulsi et pertractantes, quod sancti dei de rapina non vult adsumere, pro hoc a bresenti die cedo tibi ut supra Troctovus omnes res vel pecunia illa, quas Gildiris genitur tuus mihi per cartulam confirmaverat, ut haveas ipsas res in tua propriaetatem, qualiter et antea habuistis; in tali vero capitulum, quod si Gildiris genitur tuus Adonem vel quecumque hominem de ipsas res in se reciperet ad eas prestandum, tunc ipsa cartula set conrupta et nullum haveat in se rovorem[1]; et si tu Troctovus aut genitur tuus aut heredes vestri de ipsas res, quas Audiris barba tuus in aecclesia obferserat, per vos ipsos aut per subposita persona amplius causacionem preponere volueretes aut aliqua contrariaetatem preposueretis, ut duplas tales pecunias nobis persolvere deveates vos et vestri heredes nobis et ad nostrus successores.

Et pro ipsa donacionem accepi ad te launo[2] camisia una ad ipsa confirmanda donacionem, manentem pagina in sua firmitate.

Ego venerabilis vir Odo presbiter in hac paina donationis ad me facta manu mea propria subscripsi.

Signum † manus Sintarini exercitalis testi. † Ego Alfred diacus rogatus ad Odonem presbitero in hanc paginam donacionis mano mea testis subscripsi. † Felix presbiter rogatus ad Odone presbitero in hanc pagina donacionis manu mea testis subscripsi. † Ego Audices clericus rogatus ad Odonem presbitero in hanc paginam donationis manum mea testis subscripsi.

<hr>

dans la cartula oblationis; G. devait donc, à la fois, restituer et payer cette composition, pour l'acquittement de laquelle il avait donné « in solutum » sa fortune entière.

1. *Condition résolutoire.* Voir Kohler, *ib.*, p. 20, note 2.

2. *Pour Launegild.* On donnait en l. divers objets, chemise, manteau, vêtement, mouchoir (crosna, facitergium), etc. Sur le caractère juridique du l., voir résumé de Kohler, cit. II, p. 3, n. 7.

✝ Ego Rimfrit clericus et scriptor rogatus ad suprascripto Odonem venerabili viro presbitero hanc pagina donacionis ipso presentem scripsi et subscripsi[1].

N° 60. *Cession de biens (oblatio) à un protecteur. Clause supplémentaire d'attribution en vertu de laquelle ce dernier pourra exiger ou faire exiger le wergeld ou l'amende (en cas de meurtre, etc.) du protégé. Tradition de la charte d'après le droit lombard. (An. 771, déc. 31.)*

Troya Codic. dipl. Lang. 5, 616 n° 944, et Lœrsch et S. Urk. n° 32.

Exemplar. In Dei nomine. Regnante domino nostro Desiderio rege et filio eius domino nostro Adelchis rege, anno regni eorum quintodecimo et tertiodecimo, pridie Kalendas Ianuarias per inditionem decimam. Manifestum est mihi Valeriano presbitero, qui et Roduli vocor, rectori ecclesie beati santi Salvatoris sitae in loco Montione, quia propter hanc cartulam offero Deo et tibi ecclesie sancti Martini, ubi est domus episcoporum, cartulam illam, quam mihi fecerunt et confirmaverunt in iam dicta ecclesia, id est Ansuartus et Ermifridi et Ermualdus seu et Asprandus et Ermerisci ét Ermulaus una cum suprascripta ecclesia quomodo ab eis ego confirmatus sum et cum omnibus res ad eam pertenentem in integrum. Simul et si mihi aliquis homo violentia quamcumque fecerit sivo me occiserit, volo ut pontifex, qui ibi tunc fuerit ordinatus, potestatem abeat quaerendi ipsam violentiam meam sive occisionem per se aut per illum homi-

1. *La mention de la remise de la carta manque, bien que la forme « post tradita » se trouve, à cette date, dans des documents lombards. C'est que cet acte, n'étant pas rédigé par un « notaire », présente, on le comprend, un style instrumentaire moins précis et complet. C'est au IX° siècle que s'impose l'intervention de ces officiers, pour l'authenticité des actes (Adelchis, Capitula, a. 866. 8 cit. par Kohler, ib., p. 6, n. 8). Ceci est un des plus anciens actes lombards qui existent.*

nem, cui ipse hanc cartulam dederit ad exigendum. Qualiter
superius offerui ita omni in tempore stabile permaneat et
neque a me neque a meis heredibus aliquando haec cartula
posse disrumpi. Et pro confirmatione Austripertum presbi-
terum scribere rogavi. Actum Luca. Signum † manus Vale-
riani presbyteri, qui hanc cartula fieri rogavit. Signum
† manus Ermicheidi, filii quondam Baroncii, testis. Signum † manus Walprandi clerici, filii Warnuli, testis.
† Ego Ospertus diaconus rogatus a Valeriano presbitero in
hanc cartulam me teste subscripsi. † Ego Rachiprandus
clericus rogatus a Valeriano presbitero in hanc cartula me
teste subscripsi. † Ego Austripertus presbiter post traditam
complevi et dedi. † Ego Richiprandus clericus fideliter
exemplavi [1].

Nº **61.** *Donation avec « Launegild ». Charte. En droit lombard, le mari héritier de sa femme, même dans le cas de
l'existence d'enfants nés du mariage. (An. 780, mai.)*

Kohler Beit. II, nº 2, p. 7.

In nomine domini. Regnantem domino nostro Carolo
excellentissimo rege anno septimo mensis magi per indictione tercia feliciter.

Dulcissima adque amantissima mihi et cum omni amore
nominandam te Felicitate puella filia mea ego Felex clericus
filius bone memorie Johanni Donnolo genitur et donatur
tuus presens presentibus dixi : Quoniam nulla est in hunc
seculo melior quam servitius [2] filiorum aut filiarum nec donus
plus amatus quam qui ad genituribus suis ceditur possedendum : nunc itaque per hunc presentem pagine texto [3]
do dono adque cedo et in tua suprascripte filie meo Felici-

---

1. *Voy. Brunner, Zeitschrift Handelsh. 23, 105 et suiv. Rechtsg.
des It. u. G. Urk, I, 86 et suiv.*

2. *Que d'être le bienfaiteur de.*

3. *L'ancienne forme de tradition lombarde par cartulam.*

tati et tuis heredibus iura dominioque transcrivo atque trans-
fondo potestatim donacionis titulo iure directo [1] : id est
omnibus rebus illis quod havere visus sum de anteriore
coniuge mea genetricem tuam Gisane, quam quondam Giso
socer meus avius tuus eidem per pagine texto dixet havere,
anteposeto [2] illo quod ad filiis suis per ipsa cartula in ante
abere decrevet, et familia in loco Capati vico Viriaci, quem
ego Felex dedi ante hos annus quondam Gausarini qui fuet
actro [a]; nam alio omnia et ex omnibus tam casis massariciis [3]
quam et cispitibus, sive in Mestre [4] centuria vel in monta-
nia, arialiis [5], areis, vineis, terris arratureciis, pratis, selvis
pascuis et palutibus, nominato et incognominato ex integro,
de quanto per ipsa cartula in ipsa genetricem tua firmatum
est et ad me pertinet modo presenti vel per qualecunque
ordine exinde pertinere debet [6] super toto in tua cui supra
Felicitati filie meo et tuis heredibus ex meo dpno permaneat
potestatim faciendi et iudicandi exinde, quod vobis placuerit, sine mea aut heredibus meis vel cuiquam hominum contrarietate ; et mihi non liceat nolle quod semel volui neo
huius facti refregationis convelli serie invito quoaptare, sed,
quod semel bono animo [vo]lui, firmum et stabile permaneat.

Et manifestus sum ego qui supra Felex genitur tuus, qui
accepi ad te suprascripta filia mea launigild, quanquam
Romano legibus subicctus [7], set facetergio [8] uno, quatinus
hanc mea donatio ut super legitur tibi et tuis heredibus
firma permaneat.

a) Lis. actor, administrateur, spécialement intendant royal.
1. De plein droit.
2. Sauf ce que.
3. Formé de mansus.
4. Auj. Mestre, près de Venise (K.).
5. Emplacement, sens voisin de area.
6. En vertu du droit mundial d'hérédité (comme mari-tuteur).
7. Il est remarquable qu'un l. soit donné à un donateur vivant
d'après la loi romaine.
8. Mouchoir.

Actum Tarbisi[1] per indictione suprascripta feliciter.

† Ego Felex clericus in hanc tonacione ad me facta manu mea subscripsi.

† Ego Lobo rogadus ad Felice clerico in hanc donacione testis subscripsi.

† Aego Erfo rogatus ab suprascripto Felice Christi famolo in hanc donatione testis subscripsi.

† Aego Cado rogatus ab suprascripto Felice clerico in hanc donatione testis subscripsi.

† Ego Audemaro rogadus ab suprascripto Felice clerico in hanc donacione testis subscripsi[2].

N° 62. *Abbé contre abbé (devant le tribunal séculier). Charte d'échange invoquée. Moyen de défense présenté. Examen, quant au fond, et jugement remis à un autre plaid. (An. 781 ou 853.)*

Besly Hist. comtes du Poitou, p. 149.

Notitia ubi veniens Abolomierus sexta feria, ipsa die Calend. Decembris Pictavis civitate inter duas Ecclesias ante Abbonem Comitem, seu et lepronem Abbatem, ad placitum illum quem contra Hermembertum ex cellula Nobiliaco habebat Gratianus. Unde ipsa die scripturae initium legitimum praesentare deberet per quod locellum nuncupatum *Jaclacus* de ratione Novaliacensi possederit ad praesens. Abolomierus advenit et concambium de nominato Gratiano ibidem praesentavit quomodo decessor ipsius Abbomiero abba prout Gratiano ipsum locellum concammiaverat. Et Hermembertus ad praesens notitia ostendit ad relegendum, quomodo clerici sancti Hilarii postquam ipse concammius fuit factus Gratiano, ante Waifarium principem miserunt in

1. *Tarvisae.*
2. *Voir n° 59, p. 72, n. 1.*

rationes pro Cellola Novaliaci, quod malo ordine ipse Gratianus ipsam cum appenditiis possedebat, et testamentum de
nominato Heonoberto ante cessionem ipsius Waifario Principi nomine Unegarius praesentaverat, quomodo ipse *Iacia-
cus* ad partes sancti Hilarii pervenerat, inspectoque ipso
testamento ipse Gratianus ipsum *Iaciacum* tensare non potuerat, et per suos vuadios ipsam cellam cum reliquis apenditiis suis partibus sancti Hilarii reddiderat, et Unegario pro
ipsa cella fideiussores donaverat. Relicta ipsa notitia taliter
ipsi viri dixerunt quod quando probi homines iudicantes
ante ipsum Comitem adveniebant[1] ad alias causas iudican-
dum, tunc ita causa melius iudicata esse poterat, vel ab
ipso Comite, vel venerabili viro Iepprone Abbate. Etiam et
ad invicem litigatores convenit, ut quando ipse Comes in
ipsam civitatem adventaret, et missus ab ipso Comite, apud
missum ipsius Hermemberti ipse Abolomierus denuntiabit,
in legitimo placito ante ipsum Comitem ipse Abolomierus
advenisse deberet ad hanc causam ratiocinandum apud[2] ipsum Hermembertum vel missum de partibus sancti Hilarii.
Taliter ipse Abolomierus visus fuit spondere : His praesentibus actum fuit. Sig. † Abone Comite. Sig. † Matthaeo.
Sig. † Suleberto. Sig. † Dolinus. Sig. † Ermedrinno. Sig.
† Ermentreus. Sig. † Theodrado. Sig. † Dodone. Sig.
† Gacilone. Sig. † Ermerigo, aliorum. Data in mense De-
cember in anno 13 regnante Carolo Rege.

N° **63.** *Notice de jugement. Hérédité. Délégués du comte.
Scabins (en Bretagne). Serment avec 12 cojureurs. Témoins.
(An. 797.)*

Cart. Redon n° CXCI.

Noticia in quorum presentia venerunt Gautro et Herman-

---

1. *Pour* advenirent, *viendraient.*
2. *Avec.*

dro, missi Frodaldi commitis, inquirentes illam causam Anau de Landegon, cum suis colonis et ipsa terra, qua occasione teneret ipsum vicum Landegon, cum suis colonis et sua terra ; et respondit Anau quod paterno hereditario ab avis et proavis jure hereditario tenebat, et judicaverunt scabini Frodaldi comitis, qui presentes erant, quorum ista sunt nomina : Sulon, Altroen, Catlouuen, Uuorethael, Juduuanlon, Sicli, ut ipse Anau juret per sanctos, cum XII idoneis testibus, quod Landegon vicus, cum suis colononis[a] et sua terra, sua propria hereditas esset; quod et fecit, id est juravit cum XII idoneis testibus quorum ista sunt nomina (*12 noms*), quod vicus Landegon, cum colonis et omni adjacenti, nullum hereditatem haberet nisi Anau et semen ejus post eum. Factum est hoc in vico Landegon, coram Gautro et Hermando missi Frodaldi commitis in anno XXX[mo] regnante domno nostro Karolo imperatore, III Kal. Octobris, Isaac episcopo in Veretis civitate. Signum (8 *témoins*). Isti viderunt quando supradicti XII testes juraverunt in praesente ; Gautro et Hermandio, missis Frodaldi comitis.

N° 64. *Donation d'une terre défrichée ou pourpris. Moitié de cette terre concédée en bénéfice par le donataire au donateur et à son fils. (An. 801, 8 mai.)*

Lacomblet, Urk. des Niederrh. I, 12, n° 21 et Lœrsch n° 41.

Dum omnibus vicinis suis non habetur incognitum qualiter Helmbaldius filius Heribaldi tradidit ad reliquias sancti Salvatoris[1] et in manus Liudgeri abbatis in elimosinam suam comprehensionem illam, quam ipse Helmbaldus in propria hereditate[2] et in communione proximorum suorum[3] proprio

a) *Lis.* colonis *et non* colonicis.

1. *Abbaye de Werden.*

2. *Ici, non pas en hérédité (puisqu'il en est le premier propriétaire), mais en toute propriété.*

3. *Avec le concours et l'aide de ses proches.*

labore et adiutorio amicorum suorum legibus conprehendit et stirpavit, id est in loco qui dicitur Uuidapa, in villa Salé- hem, et postea postulavit, ut dimidiam ipsam comprehen- sionem' in beneficium acci⟨·⟩ce deberet, diebus vite sue et filii sui sub usu fructifero, id est demedio solido per singu- los annos ad pasca Domini ad supradictas reliquias, que in eodem loco ponende sunt ad lumina conparanda. Ita et feci ego modicus abba Liudgerus, prestiti ei dimediam conpre- hensionem illam : in ea ratione, ut diebus vite sue et filii sui meliorati fiant res ipse que ad eandem comprehensionem respitiunt, absque ulla distractione et contradictione post obitum ipsorum ad supradictas reliquias res ipse immelio- rate revertantur et in usum servorum Dei, qui easdem reli- quias procurare, Deo largiente, et custodire merentur in posterum. Acta est autem hec prestaria puplice in loco ipso qui dicitur Uuivapa sub die 8 idus Maias, anno tricesimo tertio gloriosi regis Carli. Ego Liudgerus abba subscripsi. Signum Gerusalem presbiteri. S. Hardgeri clerici, S. Uul- geri clerici, S. Guntberti clerici, S. Bocco clerici, S. Ger- frid clerici. Ego Uuambertus clericus subscripsi.

N° **65.** *Permission de défricher un lieu désert accordée en aumône. (An 814-825.)*

Cart. Redon n° CCLXVII.

Haec carta indicat atque conservat qualiter venit vir Uuo- ruuelet ad Iarnhitinum machtiernum[2] querere locum ubi peccata sua peniteret; et ipse Iarnhitin dedit illi locum qui dicitur Rosgal, et alio nomine qui dicitur Botgarth, et pos- tea obiit Uuruuelet; post haec, filius ejus, Uuoruuoret no-

---

1. *Ce mode d'acquisition (et aussi, le plus souvent, la terre appropriée ainsi) porte ailleurs divers noms : captio, aprisio, etc. (Bifang, Neu- bruch). Voir T. « Les Communia » ouv. cité, p. 121 et suiv.*

2. *Chef de « plou » (plebs), « prince héréditaire ».*

mine, venit ad supradictum tyrannum Iarnhitium ad Lisbedu,
et secum duas flacones una° obtima portantes deferens, et
ipsius tyranni tunc mediatores erant Doitanau, presbyter,
ejus cabellanarius, et Honuori mair in plebe Catoc; et postea, in illa supradicta villa que dicitur Lisbedu, ille Jarnhi-
den dedit illi Uuruueletdo, sicut hereditarius et princeps,
locum supradictum in elemosina sempiterna, et dedit illi
licentiam quantum ex silva et saltu in circuitu potuisse pre-
parare et abscidere atque eradicare, sicut heremitario in
deserto qui non habet dominatorem excepto Deo solo. Hi
sunt testes : Iarnhitin, tyrannus, qui dedit, testis : E. presbyter, testis ; R. presbyter, testis ; Doithanau presbyter
testis ; V. testis ; C. testis.

N° 66. *Revendication, par un abbé, (avoué) de serfs qui se
prétendent affranchis par charte. (An 815.)*

Besly. Hist. des comtes de Poitou, Preuv. p. 176.

Cum advenisset Godilus, missus illustri viro Bernardo
Comiti die Mercoris Pictavis civitate 12 Kal. Iulias ad iusti-
tias faciendas, ibique adveniens alicus homo nomine Ram-
nulfus Advocatus Sancti Iuniani seu Godelono Abbate, repetebat alico homini Allafredo et germano Allifredo. Dicebat
quod genitor eorum nomine Leofredus servus erat S. Iuniani ex villa Teciaco, et ipse in postmodum illo servitio,
quod de eorum debuerat, malo ordine reddere contemnebat.
Qui iam dicti homines ad praesente adstabant, et charta
ibidem ostenderunt, cumo[1] alicus homo, nomine Allifredus
ipsus ante eos dies ingennus relaxasset, reddita ipsa charta[2].
Taliter fuit inventum quod falsa in omnibus aderat. Inter-

a) *Lis. vina (vini).*

1. *Pour quomodo, comment, en vertu de laquelle.*

2. *L'affranchissant remettait au serf la charte d'affranchissement,
pour lui servir de titre.*

rogatus fuit ipsus Allefredus et germano suo Allifredo, ut si ipsa charta vera aderat, aut si ipsa adprobare potebant, aut non. Taliter dixerunt, quod ipsa charta adverare non potebant, sed falsa in omnibus aderat, et ipsa conscribere rogaverant nec per nullo modo ad ingenuitatem se tensare [1] non potebant. Sic ad praesente ipsa falsitione per ipsa charta revuadiaverunt [2], et in servitium sancti Iuniani de parte genitore corum Allifredo se cognoverunt, et ad pedes ipsius Ramnulfo se postradederunt, et vuadios de omnibus ei dederunt, per quid ipsa falsitione praesentaverunt, vel per quid illo servitio contenderunt. Godilus missus. Sig. Vuarachione (*puis* 13 *noms*). Data in anno secundo, regnante domno Lhodavico Imperatore.

N° 67. *Serf affranchi par un tiers à l'instigation du maître qui veut éviter la responsabilité, vis-à-vis du comte, d'un meurtre commis par ce serf. Action publique.* (An. 819.)

Hist. Langued., t. II, Preuv. n° 49.

Rogavit Addilius Aster quando venit in monasterium Sancti Petri et Pauli, cujus ecclesia sita erat moderno tempore in loco Caunensi, super rivo Argento-duplo, suburbio Ventaionense, territorio Narbonense, rogaverat, inquam, Addilius Johannem ejusdem monasterii abbatem, ut si de Benedicto servo suo aliquid contingeret de parte imperatoris aut Berengarii comitis qui eum requirebat propter homicidium unde eum interpellabat aut si morte preoccupatus fuisset [3], ingenuum eum [4] faceret et cartulam libertatis ei traderet [5]. Unde abbas ab omni jugo servili Benedictum

1. *Prétendre (en justice), mot technique.*
2. *Ils remettent la charte fausse et donnent un gage de la réparation du préjudice causé. Je comprends: « ils se prosternèrent » aux pieds de R.*
3. *S'il encourait la peine de mort (par contumace).*
4. *Le serf.*
5. *Pour lui servir de titre.*

absolvit et ex cujuslibet dominio vel patrocinio aut quolibet obsequio libertinorum eum exemit, faciens[1] ei potestatem tanquam personae ingenuae et ex ingenuis parentibus procreatore testificandi, testamendi, quaelibet negotia peragendi, per quatuor terrae angulos vitam transigendi, et de omni pecore vel peculiari quod Deus ei daret quod vellet faciendi. Facta carta libertatis sub die VII idus februarii, anno sexto regnante et imperante Hludoicho imperato..

N° **68.** *Dépositions écrites de témoins jurés. Exécuteur testamentaire.* (An. 821, 31 mars.)

Hist. Lang, t. I, n° 57.

Conditiones sacramentorum ad quos ex ordinatione Algiberto vicedomino, Cixsilane, Sunicfredo, Gomesindo, David et Aigilane judicum, vel aliorum bonorum hominum, qui subscripturi vel signa factores[a] sunt, id est Aderanus, Restitutus Deudulfus, Leone et Salone, eos causa fecit esse presentes, jurare debeant testes prolati, quos profert Mancio presbyter, qui est abogadus de Johanne abbate, ac in facie de homine, nomine Justo, qui est elemosenarius de Adalaldo qui fuit Maimon vocatus, una testium qui hoc jurare debeant et jurant, id est Lupus, Garbiso et Franco. Jurati autem dicimus et juramus imprimis per Deum patrem omnipotentem et Jhesum filium ejus Sanctumque Spiritum, qui est in Trinitatem unus et verus Deus, et ex locum venerationis ecclesiae Sancti Juliani martyris Christi, cujus baselica sita fundata est infra muros civitate Narbona, super cujus sacrosancto altario has conditiones manibus nostris continemus vel jurando contingimus: quid nos subranominati testes, diximus et bene in veritate novis cognitum est, et

a) *Lis.* facturi.
1. *Conférant.*

praesentiter fuimus ad ipsa ora, quando homo, nomine Adalaldus, [qui] fuit Maimon vocatus, jacebat in lectulo suo infra muros civitate Narbona ad egritudine reptemptus, unde et mortuus fuit, adhuc sua memoria in se abente; sic nos praesentes commendavit ab ipso Justo subrascripta suo elemosinario, ut dediret sua vinca, quod habevat in villa Marimorena, infra insula Lici territorio Narbonense, quod de omine nomine Lubraldo comparavit, ac ipse dedisset..... tem ad monasterio Sancto Petro, qui est constructus infra pago Narbonense, in locum qui dicitur Caunas : et quo diximus de hac causa, recte et fideliter testificamus per subra adnixum juramentum in Domino. Latae condiciones sub die pridie kalendas aprilis, anno octavo imperante domno nostro gloriosissimo Ludovico imperatore.... Signum ✝ Lubone. S. ✝ Charbicone. S. ✝ Francone, qui has condiciones juraverunt. Signum ✝ Justo qui uno sacramentum recepit..... Baldefredus subscripsi..... Xixila subscripsi. Hunicfredus subscripsi. Gomesindus subscripsi. Ursius qui ads conditiones scripsi et subscripsi sub die et anno quod subra.

N° 69. *Vente de terres défrichées (captura) par des individus associés pour faire en commun ces défrichements. Paiement du prix en objets mobiliers. Délaissement. (An. 826-827).*

Dronke, Codex diplomat. Fuld. 207 n° 471, et Lœrsch n° 53.

Traditio capturae ad Suuarzesmuore.

Isti tradiderunt illam capturam ad Suuarzesmuore : Uualto et accepit quatuor inaures [1] et unum gladium ; Farolf sibi et fratribus suis unum gladium et unum pallium laneum ; Adalricho unum gladium et pallium laneum ; Matto unum

1. *Boucles d'oreilles.*

gladium ; Herimuot unum bovem, qui illam capturam nunc acquirit [1]; Erphung unum gladium ; Altolf unam vaccam ; Otrih, qui hanc capturam circumduxit [2], accepit unum caballum et unum pallium et unum gladium et unum baconem [3]. Isti tradiderunt et nihil acceperunt : Tagapraht, Reginpraht, Teoro, Erpuuart, Perahtger, Uuolfacar. Isti coeperunt illam capturam inprimitus ad Suuarzesmore : nostri servi Hruodger, Eigolt de Iazahu.

Anno ab incarnatione Domini 827 et regni Hludouuici imperatoris 14 factus est conventus publicus in loco qui dicitur Suuarzesmuor, et Hrabanus abbas fuit in eo et Poppo comes et maiores natu [4] do comitatu eius, quorum nomina sunt (13 *noms*), coram quibus Herimot et Berahart dixerunt se in illa captura aliquam habere portiunculam, sed tamen eorum acquisitio ita definita est et pacata, ut dominus Hrabanus abbas illis duos boves et duo pallia lanea et linea, duos gladios daret, et illi negaverunt et abdicaverunt coram suprascriptis nobilibus viris, quod ulterius in illa captura nullam communionem [5] habeant. Coram his vero testibus datum fuit quod dominus Hrabanus abbas promisit, et negatum et traditum ab Herimote et Beraharte et Munihelme et Attamane et Nidgere et Lungane, id est Gatto monachus, Altolf monachus (*puis* 21 *noms*).

<hr>

1. *Qui réclame maintenant, c.-à-d. fait valoir ses droits à la « captura, » voy. plus bas acquisitio.*

2. *Fit le tour de « la captura » et en assura les limites.*

3. *Jambon.*

4. *Ces plus âgés sont nommés plus bas nobiles.*

5. *Ils abandonnent (chacun sa part de) la propriété (ils étaient des copropriétaires) née de la mise en commun de leur industrie sur des terres sans maître. Ces individus étaient, d'ailleurs, « pagenses » du district dont P. était le comte.*

N° 70. *Charte de donation lombarde. Aliénation d'une part d'hérédité indivise. Usages de bois, etc. (16 oct. 833.)*

J. Kohler, Beitr. II, n° 3, p. 10.

Exemplar ex autentico relevata.

In nomine domini. Imperante dominos nostros Hlodowicus et Hlothario magnisque imperatores, annis imperii eorum in dei nomine vicessimo et quarto decimo indictione duodecima feliciter.

Monasterio semperque dei genetricis Marie sito ad Organo [1], ubi nunc presenti tempore Audibertus abba esse videntur. Ego in Christi nomine Illarus filius beatae memoriae Sigefreto offertur eiusdem monasterii presens presentibus dico : Magna sibia deo sunp [a] premia, qui sibi aliquid in loco sanctorum offeruntur munusculo ; et ideo ego qui supra Illarus, considerante me dei omnipotentis timore et animole mee remedio vel de parentibus meis, dono atque offero in suprascripto monasterio : in primis medietatem de campo in Luxino, ubi dicitur Parparo, seo et in Porcaria et in Cantirio et in Scandoleto seo et in Casale Magarano seo et in aliis locis in ipsos montes, ubi meis consortes portio habis, meam portio [2], sicut superius scriptum est, ad presenti die in iamdicto monasterio offero pro animole mea vel parentibus meis, et mihi in divisionem da Gausperto

a) *Pour* sunt.

1. *S. Maria in Organo, sur la rive gauche de l'Adige, ainsi nommée d'une fabrique de tissus (organum!), (Kohler).*

2. *J. aliène sa part d'hérédité (portio a ici ce sens) et sa volonté suffit. Consortes a ici le sens de copropriétaires. Kohler, ib. note 5, commet une erreur quand il écrit : « Das Miteigenthum ist also bereits frei veräusserlich, das Rechtsverhältniss ist bereits vom Stadium des Rechts der gesammten Hand in das Stadium der frei verfügbaren Condominiums übergegangen. »*

scavino [1] germano meo advenire debet, una cum capilo [2] pascuo...... aquario pinsionem escatico, omnia medietatem ad presenti diem offero in suprascripto monasterio et sent in potestatem abati qui modo est aut quit pro temporibus fuerit iudicandi et ordinandi secundum deum melius previderint, ut mihi peccatori subficiat am medella [3] et gaudiun sempiternum.

Quam viro cartolam offersionis scripsi ego Ragiverto ex dectado Audiberto clerico notario genitori meo.

Acto vero in civitate sexto decimo die de mensi Octubris feliciter.

Signum manu Illaro qui hanc cartolam offersionis fieri rogavit, Signum manu Johannaci da porta sancti Sirmi testis. Signum manu Stefano clerico da porta sancti Zenonis testis. Signum manu Ragiverto filio quondam Johannes clerico testia. Signum manu Vivencioni filio quondam Donato testis. Signum manu Bonaldo filio quondam Bonado testis. Signum manu Luponi de super foro testis. Ego Ildevertus rogatus ad Illaro manu mea supscripsi. Signum manu Teudiberto filio quondam..... tino testis.

Ego Audiberte clericus notarius hac cartolam offersionis scripsi per Ragiverto filio meo et complevi.

N° **71.** *Dépositions écrites (condiciones) de témoins. Prise de possession d'un territoire par occupation (aprisio). Investiture d'office par un comte, sur lettre impériale, et mise en exploitation. Patron et recommandés. Revendication postérieure de ce territoire comme bénéfice comtal. (An. 834, 11 septembre.)*

Musée des Arch. départem., p. 10, n° 5. (Paris, imp. nat., 1878.)

(*Invocation monog.*). Condiciones sacramentorum ad quas

1. *Les scablni apparaissent à la fin du VIII° siècle, non pas encore au sens technique, mais au sens général de juges.*
2. *De cupularo = caedere; comp. « caplim ». Escatleum de caca, pasnage et droit de pasnage. Il s'agit ici des droits d'usages de bôis, de pature, etc., dans les communs.*
3. (?) — *Pas de launegild donné.*

ex ordinatione Steffano, vicedomino, Restitudo, David, Aichone, Hisimberto, Seilane, Chilrichone, Leone, Adefonso et Benedicto, judicum, vel aliorum bonorum hominum qui ibidem aderant, id est Recharedus, Ursius sajo, Rampus Ado, Adaulfus David, in eorum presentia eos causa fecit esse presentes jurantes testes prolatim, quas profert Teudefredus in facie Dextro propter villare que vocant Fontes [1], territorio Narbonense, unde intentio vertitur inter eis. Et hec sunt nomina testium qui hoc jurant, id est Principius, Primitibus, Balo, Jobila, Luneses, Quasconius, Firriolus. Jurati autem dicimus, per Deum patrem omnipotentem, et in Jhesum Christum, filium ejus, Sanctumque Spiritum qui estin trinitate unus et verus Deus, et per hec locum venerationis sancte Marie cujus baselica sita est infra muros civitatis Narbona, supra cujus sacro sancto altario has condiciones manibus nostris continemus vel jurando contangimus, quia de villare que vocant Fontes, qui est in territorio Narbonense, unde intentio vertitur inter Teudefredo et Dextro, nos supranominati testes scimus et vidimus quando venit Sturmio comes ad eo tempore, super ipsum villare, dum eremus fuisset, et ibidem ostendit jamdictus Johannes epistolam scriptam ad relegendum, quod domnus Ludtivvichus, dum rex fuisset [2], ad Sturmioni comiti direxit, quod revestisset ipsum Johanne, conda[m] patrem de ista Teudefredo jamdicto, villare Fontes ab omne integritatem cum omnes suos terminios et ajacentias et pertinentias ipsius villare ut Johannes et habuisset per suam adprisionem, absque ullo socio vel credo et per adictum domni imperatoris; et sic nos presentes, Sturmio, comes, per ipsam epistolam domni imperatoris et per suum verbum, de ipsum villare ab omnem integritatem Johanne revestivit qualiter

1. *Fontjoncouse, Aude, arrondissement de Narbonne, canton de Durban.*

2. *Louis-le-Pieux, comme roi d'Aquitaine (780-814). Diplômes délivrés à ce Jean, voir Hist. Lang. II Preuv., n° 12 (an. 795) et ib., n° 34 (an. 815) et aussi le présent recueil, 2e partie.*

superius scriptum est. Et dum Sturmio, comis, cum suos judices Narbonenses in ipsum villare fuisset, sic inter jam-dicto villare et villare que vocant Gurgos terminos et limites misit et invenit veteres et misit nobos inter villare Fontes et villare Gorgos per ipsum ilicem, ubi ipse comis caractere facere ordinabit, qui est ipse ilices secus via publica qui venit de Petra Mala usque ad locum ubi vocant ad Illum Vadello, et misit tertium termine in loco ubi ipsa via venit de villare Fontes et intrat in via publica qui venit de Petra Mala. Et vidimus quando occupavit Johannes ipso villare Fontes per sua adprisione cum omnes suos terminos et ajacentias earum et ibidem domos et curtes et ortos cons-truexit et terras arabit et cultabit. Et vidimus quando Johannes misit in ipsum villare suos homines ad abitandum, his nominibus : Christiano et filios suos, Atonello, Ele, et Mancione, et Amunno, Imbolato presbitero, Aserrario, Ferdantio cum filios suos et genere suo, Ildebono, et bene-ficiabit illis ipsum villare cum domos et curtes et ortos constructos et terras aratas et cultitas que ipse cultabit, et ipsi homines ad tunc sui comonditi erant et illum abebant patronem, et quantum ipsi homines in ipsum villare domos et curtes et ortos et terras et vineas construexerunt et araverunt, per donitum et per beneficium de Johanne hoc fecerunt, nam non per illorum aprisine nec per beneficio comes nec de vice domino nec de alium quodlibet homine. Et dum Johannes ipsum villare a bone integritate abuisset per suam adprisionem, sic Ademares, comis, cum mallavit quod ipse villares suus beneficius esse debebat, in Aquis, palatii, ante Vuarangande, comiti palatii, vel ante Gau-selmo, Berane, Giscafredo, Odilone et Ermengario, comites, seu etiam judices Xixilano, Jonatan, Vincentio et Ange-naldo, qui erant ad tunc judices dominici, seu etiam Archibaldo, notario, et alios plures ; et a tunc Johannes in supra dictorum judicio sua dedit testimonia, his nomi-nibus : Hiricilano, Calapodius, Offilo, Ilianus, Recesindus, Sidmorivus, Tremirus et Ermegildus, et sic testificaverunt in supra dictorum judicio et serie condiciones. Hoc juraverunt in ecclesia Sancti Martini cujus baselica sita est in Aquis palatii, et viderunt quando fuit ipse villares traditus ad Johanne per manus Sturmirni, comiti, sicut superius scriptum est. Et occupavit Johannes eum ab omnem integritatem per suam aprisionem sicut alii ceteri Spani [1], et plus debet esse ipse villares ab omnem integritatem de Johanne per suam aprisionem quam beneficius comitis vel vice dominis. Et postea vidimus ipsum villare abentem et dominantem ad Johanne cum omnes suos terminos et ajacentias et pertinentias earum, et bestituram habente per ipsa epistola domini imperatoris et per suas condiciones qui sunt superius scriptas, usque quod Leibulfus comis cum abstulit ad Johanne sua fortia injuste absque judicio; et odie per lege et justitia ipse villares ab omne integritate cum omnes suos t[e]rminos et ajacentias earum plus debet esse de Tendefredo per aprisionem patri sui Johannem quam ad veneficio comitis vel vice dominis vel de quolivet hominem. Et ea que scimus de hac causa recte et fideliter testificamus adque jurabimus per supra adnexum juramentum in Domino. Late condiciones III idus septembres, anno XX imperante domno nostro Ludovvicho, imperatore augusto. Signum ✝ Primitibo. S. ✝ Romani [2]. S. Uuasconii. S. ✝ Jobilani. S. ✝ Lonisi. S. ✝ Firrioli.

(Chrism.) Principius uui jurabi, subscripsi, qui as condiciones juravimus.

(Chrism.) Steffanus, qui anc exempla subscripsi.

(Chrism.) Quibindus exempla firmavi, subscripsi.

Teodosius subscripsi.

Chiricus, qui h[a]nc exempla subscripsi.

Rekaredus qui in anc exempla subscripsi.

1. Voy. *Praeceptum pro Hispanis*, a. 812, *Mon. Boret.*, nᵒ 76, p. 169, et *Constitut. de Hispania*, a. 815, ib., nᵒ 132, p. 261.

2. *Les témoins qui ont fait les dépositions et les ont « affirmées » les « signent » tous, sauf Dato qui devient (?) ce Romanus.*

Undila exempla subscripsi.

Alghe subscripsi.

Baldefredus subscripsi.

Seila, qui ano exempla subscripsi.

Todaleous, qui in ano exempla firmabi, subscripsi.

(*Chrism.*) Boso, viericus, qui as condiciones scripsi et subscripsi sub die et anno quo supra.

Nº 72. *Echange d'immeubles entre moines et un prêtre.* (An. 836).

Pérard, Rec. Bourgogne, 18.

Auxiliante Domino, placuit atque convenit, ut inter Baldono Praeposito, seu cunctis fratribus tam presbiteris quam diaconibus, id est Airfundo presbitero, Vuillelmo, Arnaldo, Arlefredo, Adalmanno, Agenbaldo, Alteo, Madalberto, Frubunulfo, Gundairo, Lumino, Arlerio, et ab alia parte Leotaldo presbitero : dedit Leotaldus presbiter de suo procamio, ad iam dictos fratres, ad partem sancti Benigni, ad illorum beneficium[1] recipiendum, peciolas de terra duas, quae sunt sitae in pago Divionensi, in ipsa villa fine Divionense. Est una peciola in loco qui dicitur Petraficta, terminat ipsa peciola de uno latere terra sancti Stephani, de alio latere Theodmarus tenet, de uno fronte terra sancti Iohannis, de alio vero fronte Sisunus fluvius decurrit, et habet in longo perticas agripen. LXXI. in uno fronte perticas III, pedes sex, in alio fronte perticas tres, infra istas terminationes per perticationes totum ad integrum. Est alia peciola iuxa Divion. castrum, terminat ipsa peciola de uno latere et uno fronte strada publica, pergit de alio latere et uno fronte strada publica, pergit de alio latere terra sancti Benigni, de alio vero fronte terra sancti Iohannis, habet in longo

---

1. *Le monastère S. B. en sera propriétaire et les moines en auront la jouissance, et réciproquement.*

perticas agripennales XIX. in uno fronte perticas III. pedales XVII, in alio vero fronte perticas III. pedales III; infra iam dictas terminationes vel perticationes, totum ad integrum dedit Leotaldus, ad vicem, ad iam dictos fratres ad partem sancti Benigni, ad illorum beneficium recipiendum. Similiter dederunt fratres, ad vicem, partibus Leotaldo presbytero, de ratione sancti Benigni, de illorum beneficio, peciolam de campo ad proprium recipiendum[1] peciolam de terra quae est sita in centena Oscarense, in fine Tremolense, terminat ipsa peciola de ambis lateribus et uno fronte terra sancti Stephani; de alio latere terra sancti Petri Besuensis, et habet in longo perticas agripennales XXXIV. in uno fronte perticas VI. pedes X. in alio fronte perticas VI. pedales V. infra istas terminationes vel perticationes totum ad integrum commutaverunt fratres partibus Leotaldo presbytero, ad proprium recipiendum, et inter se repromittunt unusquisque, pars contra pari suo, de hoc quod accipit, quod nulla calumnia dicere nec repetere non debeat : quod si fecerint, inferat pars parti custodi, in duplum, tantum quantum ipsa terra meliorata valuerit, fisco vero auri uncias II. et hoc procamium inter ipsos factum, omni tempore firmum et stabile permaneat, stipulatione subnixum. Ego in Dei nomine Leotaldus, ac si presbyter indignus, hoc procamio a me facto, relegi et subscripsi, et conscribere rogavi. Baldo diaconus subscripsit. Signum Arnaldus, presbyter, signum Airfons presbyter, signum Vuillelmus presbyter subscripsit, Arlafredus presbyter, signum Adalmandus diaconus, signum Euraldus diaconus, signum Madalbertus subdiaconus, signum Esembertus diaconus, signum Gundracus clericus : ego Flaunulfus clericus, rogatus scripsi et subscripsi. Datum die Martis, Nonis Martiis, in anno XXIII. regnante domino nostro Ludovico Imperatore.

---

1. *Les moines donnent de leurs lots d'exploitation (dont le monastère est propriétaire), en propre à L*[illegible]

Nº 73. *Biens donnés en aumône à un monastère injustement saisis par les héritiers du donateur. Restitution volontaire dans les formes du droit séculier. (An. 885.)*

Pérard, Rec. Bourg., p. 32, nº XI.

Notitia qualiter et quibus praesentibus, venientes Theodericus et Urso filius, et gener quondam Theoderici Comitis, anno Incarnationis Dominicae DCCCLXXXV, indictione tertia, mense Aprili, die Sabbati, ad monasterium sanctissimi Patris Benedicti, quod vocatur Floriacus, in secretarium Basilicae, ante praesentiam domni Abbatis Theotberti et Monachorum eiusdem loci, nec non laïcorum nobilium partibus inferius inserta tenentur, humillime deprecatis, dari sibi ab eodem Abbate et Congregatione indulgentiam pro peccato quod contra Dominum et sanctum Benedictum, ipsosque commiserant, ante fere biennium, de rebus quas olim bonae memoriae Heccardus Comes, in eleemosynam sui parentumque suorum, eidem loco, testamento delegaverant[a]; Patriciaco scilicet, cum appendiciis suis, quasque ipsi erroneo iussu praefati Theoderici Comitis, quasi haereditarias, contra legem et iustitiam pervadendo expoliaverant, et per hoc non parva ipsi loco impedimenta importaverant, confitentes deceptione aliorum[b], tam illum, quam se, in hoc gravissime deliquisse, et nunc, veritate comperta, se penitere quod leviter fecerant. Ideoque non solum sibi, sed etiam saepedicto fratri suo, iam defuncto, et fratri Richardo, ut praedictum indulgentiam pro Dei amore exposcere, nulla extrisecus alia necessitate, nisi spontanea ratione ad hoc se agendum profitentes adductos. Quorum humillimam et iustam petitionem considerans praedictus saepe venerabilis Abbas, simul cum Monachis, aliisque religiosis

a) *Lis.* delegaverat. — b) *Lis.* corûm ou illorum.

et nobilibus viris, quorum primi fuerunt Hildebrandus et Ermenoldus, ipsorum propinqui, Deo gratias referentes, qui haec illis inspiraverat, quique instanti ut peccaverint errantes non punit, sed ad poenitentiam miseratus provocat et expectat, decreverit[c], ipsis ultro id offerentibus, ut uterque eorum, scilicet Theodericus et Urso, per suos guadios eidam Abbati, per manus Dufonis advocati sui, legaliter emendarent, quicquid ipsi, et alii cum ipsis, in hac parte commiserant. Quod et fecerunt, ac rursus, per festucam[1], et sui et fratris sui Richardi, haeredum et prohaeredum suorum vice, easdem res nihilominus legaliter guarpiverunt. Deinde frequenter nominatus Abbas, propter Dominum, omnem multam legis et commissi ea ratione habita illis indulsit, ut si quando forte contigisset a suis partibus, id est a sancti Benedicti partibus, contra illos aliquid commissum in iterum, et suos per hoc prius condempnare, quam ciusdem quantitatis multam eis indultam haberent, quae sibi in hac causa tunc fuisset remissa[2]. Quo peracto ante altare ipsius Ecclesiae, petita et accepta indulgentia, et iam cum orationibus, et benedictione et praemissa eidem loco benivolentia, et debita devotione, communiter statutum est hanc fieri debere notitiam. Quatinus certa et firma haec eorum ratio, omni deinceps tempore servaretur, quam pene omnes, qui affuerunt, nobiles videlicet laïci, aut propriae manus subscriptione, aut signo et iussu legati, sollempniter, ut subter insertum est, in crastinum firmaverunt. Signum Theoderici qui hanc notitiam fieri et firmare rogavit, signum Isgerii, signum Ursonis qui hanc notitiam fieri et

c) *Lis. decreverunt (l'abbé et les moines).*

1. 1° *Par la remise du gage, H. et E. « s'engagent » à réparer le dommage causé; 2° par le jet du fétu, ils confirment leur déclaration de renonciation aux biens, sur laquelle ils ne peuvent plus revenir.*

2. *Le sens est celui-ci : l'abbé et les moines font remise à H. et E. de l'amende encourue par eux; en cas de méfaits, dans l'avenir, H. et E. auront à payer, avec l'amende remise, une seconde de même valeur.*

firmare rogavit, signum Undonis, signum Hildebrandi, signum Ermenoldi, signum Helisei. Data mense Aprili, anno
defunctionis Domini Karlomanni Regis. Gauzbertus minor
scripsit.

*No **74.** Prestations, services et corvées de serfs, colons et lides
suivant leurs tenures. Registres d'un grand propriétaire.
(IXe siècle.)*

Polyptych. Irminonis (Guérard II, 119-21).

Breve de Nuviliaco.

Habet in Nuviliaco[1] mansum indominicatum et aliis casti-
ciis habundanter. Habet ibi campellos X, habentes bunuaria XL, que possunt seminari de modiis avene CC, de prato
aripennos VIIII, ex quibus possunt colligi de feno carra X.
Habet ibi de silva iuxta estimationem, leuuas III in longi-
tudine, in latitudine leuuam I, in qua possunt insaginari
porci DCCC.

§ 1. Electeus servus et uxor eius colona, nomine Lan-
dina, homines sancti Germani, manent in Nuviliaco. Tenet
dimidium mansum, habentem de terra arabili bunuaria VI,
de prato dimidium aripennum. Arat ad hibernaticum perticas IIIIor, ad tramisum[2] XIII. Trahit fimum in cultura
dominicata, et nihil aliud facit nec reddit, propter servitium
quod praevidet[3].

§ 2. Abrahil servus et uxor eius lida, nomine Berthildis,

1. *Neuillay-les-Bois (Indre, ar. Châteauroux, canton de Busançais).
Voy. Polyp., éd. Longnon (Paris, 1886), p. 158, note 1. Plus bas, Sustrado, Subtray ou Sutray, paroisse unie à la commune de Mézières-en-
Brenne (Indre, ar. du Blanc, chef-lieu de canton), 17 kil. de Neuillay-
les-Bois. V. Polyp., éd. Longnon, p. 169, not. 2.*
2. *Tempus quo trimense triticum seritur (Duc.) blé tramois, semé
en mars.*
3. *Surveille.*

homines sancti Germani. Isti sunt eorum infantes : Abram, Auremarus, Bertrada[1]. Et Ceslinus lidus et uxor eius lida, nomine Leutberga. Isti sunt eorum infantes : Leutgardis, Ingohildis. Et Godalbertus lidus. Isti sunt eorum infantes : Gedalcaus, Celsovildis, Bladovildis. Isti tres manent in Nuviliaco. Tenent mansum I habentem de terra arabili bunuaria XV, de prato aripennos IIII. Faciunt angariam[2] in Andegavo et in meuse madio Parisius. Solvunt ad hostem[3] multones II, pullos VIIII, ova XXX, axiculus[4] C et totidem scindolas[5], XII dovas[6], circulos VI, XII faculas[7]; et adducunt de ligna duo carra ad Sustrado. Claudunt, in curte dominica, de tunino[8] perticas IIII, in prato perticas IIII de sepe, ad messem vero quantum sufficit. Arant ad hibernaticum perticas VIII, ad tramisum perticas XXVI. Inter[9] curvadas et rigas, trahunt ad fimum[10] in cultura dominicata. Solvit unusquisque IIII denarios de capite suo[11].

§ 3. Gislevertus servus et uxor eius lida nomine Gotberga. Isti sunt eorum infantes : Ragno, Gausbertus, Gavioinus, Gautlindis. Et Sinopus servus et uxor eius ancilla, nomine Frolaica. Isti sunt eorum infantes : Siclandus, Frothardus, Marfellus, Adalvildis, Frotlildis. Et Ansegudis ancilla. Isti sunt eorum infantes : Ingalbertus, Frotbertus, Frotlaicus, Frotberga. Isti tres manent in Nuviliaco. Tenent marnum I,

---

1. *Egalement lides par leur mère, d'après le Polypt., IX, 25.*
2. *Service de convois.*
3. *Les lides et colons des abbayes et monastères devaient « l'ost »; les exemptions, par « privilège », étaient d'ailleurs nombreuses.*
4. *Aisseaux.*
5. *Bardeaux.*
6. *Douves.*
7. *Torches.*
8. *(German. Tuyn, Hovazûn). Haie sèche faite à la main, destinée à enclore; « sepes » étant la haie vive.*
9. *En fait de ... ou encore: « outre les corvées et labours) sur le mot riga, voir n° 21, note 6.*
10. *Fumier.*
11. *C'est le « cavaticum » chevage, d'où le nom de « cavaticarius » ou « cavalis ».*

habentem de terra arabili bunuaria XXVI, de prato aripennos VIII. Solvunt similiter.

§. 3. Maurifius lidus et uxor eius colona, nomine Ermengardis : Ermengildis est eorum filius. Et Gaudulfus lidus et uxor eius lida, nomine Celsa : Gaudildis est eorum filius. Isti duo manent in Nuviliaco. Tenent mansum I, habentem de terra arabili bunuaria XXVIII, de prato aripennos IIII. Solvunt similiter.

§ 5. Ragenardus servus et uxor eius colona, nomine Dagena : Ragenaus est eorum filius. Et Gausboldus servus et uxor eius lida, nomine Faregildis. Isti duo manent in Nuviliaco. Tenent mansum I, habentem de terra arabili bunuaria XI, de prato aripennos IIII^or. Faciunt similiter.

§ 6. Feremundus servus et uxor eius colona, nomine Crenda ; et Feroardus servus et uxor eius lida, nomine Adalgardis : Illegardis est eorum filia. Et Faroenus servus, et Adalgrimus servus. Isti IIII^or manent in Nuviliaco. Tenent mansum I, habentem de terra arabili bunuaria VIII, de prato aripennos IIII^or. Faciunt similiter.

§ 7. Gautmarus servus et uxor eius lida, nomine Sigalsis. Isti sunt eorum infantes : Siclevoldus, Sicleardus. Iste manet in Nuviliaco. Tenet quartam partem de manso [1], habentem de terra arabili bunuarium I et dimidium, de prato aripennum I. Solvit quartam partem de integro manso.

§ 8. Hildeboldus servus et uxor eius lida, nomine Bertenildis. Isti sunt eorum infantes : Aldedrannus, Adalbertus, Hildegaudus, Trutgaudus, Bernardus, Bertrannus, Hildoinus, Haldedrudis, Martinga. Et Haldemarus servus, et uxor eius colona, nomine Motberga. Isti sunt eorum infantes : Marti-

---

1. *L'unité économique agraire était donc, ici, comme en Allemagne, le manse, formé ici, en moyenne, de dix bonniers de terre arable, de six arpents de prés et de deux arpents de vignes. A cette unité se rapportaient les prestations et services des tenanciers. De là les expressions : faciunt servitium sicut de manso, de dimidio manso, de quartam partem mansi (Polypt. passim).*

nus, Siclehildis, Bernegildis. Isti duo manent in Nuviliaco. Tenent [dimidium mansum] habentem de terra bunuaria VI, de prato dimidium aripennum. Reddunt medietatem debiti de integro manso.

§ 9. Bertlinus lidus et uxor eius colona, nomino Lantsida. Isti sunt eorum infantes : Creatus, Martinus, Lantbertus. Iste manet in Nuviliaco. Tenet IIII[am] partem de manso, habentem de terra arabili bunuaria III, de prato aripennos II. Facit rigam. Debet solvere partem quartam de integro manso, sed pro ipso debito praevidet porcos.

§ 10 Sunt in Nuviliaco mansi vestiti[1] VI et dimidius, et alia medietas est absa; sunt per focos XVI. Solvunt ad hostem multones XII; de cavatico solidos V et denarios IIII[or]; pullos XLVIII, ova CLX, axiculos DC et totidem scindolas, dovas LIII et totidem circulos, faculas LXXII. Faciunt dua carra ad vinericiam, et ad magiscum[2] dua carra et dimidium et dimidium bovem.

§ 11. Isti sunt servi : Electeus, Gislevertus, Sinopus, Ragenardus, Gausboldus, Feremundus, Gedalbertus, Faroardus, Abrabil, Faroinus, Adalgrimus, Gautmarus, Hildevoldus. Isti solvunt faculas et faciunt portaturam[3].

§ 12. Isti sunt lidi : Maurifius, Gaudulfus, Bertlinus, Ceslinus, Gedalbertus.

§ 13. Iste sunt ancillae : Frotlina, Ansegundis, Alda, Framberta. Iste pastas pascunt[4], et faciunt drappos, si lanificium eis datur.

§ 14. Iste sunt lide : Berthildis, Leutberga, Gotberga, Celsa, Faregildis, Sigalsis, Bertenildis. Iste solvunt denarios IIII[or] de litmonio.

§ 15. Ragenardus tenet de fisco dominico bunuarium I. Gislevertus tenet, supra mansum, olcas II.

1. *Garnis, c.-à-d. exploités; « absi, » non exploités.*
2. *Convoi à faire en mai, suivant Guérard (Polypt. Irm.).*
3. *Et ils en font le transport.*
4. *Elèvent les volailles.*

N° 75. *Charte de donation de divers biens, à un monastère, par un comte. Réserve d'usufruit pour lui et sa femme. Vassaux, bénéficiaires du comte, dont les tenures sont comprises dans la donation. Reconnaissance d'usufruit affirmée en droit, par la somme de douze deniers que paieront annuellement le comte et sa femme. Vassaux d'abbés du monastère. Clause pénale. Malédictions. (840, janvier.)*

Pérard, Recueil de plusieurs pièces curieuses pour l'histoire de Bourgogne, p. 22.

Si aliquid de rebus suis fideles sanctae Dei Ecclesiae hoc libro dare voluerint, hoc sibi procul dubio in aeterna beatitudine Domini retribuere confidunt. Idcirco ego Eccardus dono Dei comes, et coniux mea Richeldis, pauentes diem extremae vocationis, ne grauati nimia mole peccaminum, sine fructu boni operis steriles inveniamur; donamus, pro animae nostrae remedio, atque in eleemosina Childebranni genitoris mei, et genitricis meae Donnanae, nec non germani fratris mei Theodorici, et uxorum mearum, Albegundis, atque Richeldis, donatumque esse in perpetuum volumus, res nostras ad Monasterium sanctae Mariae et S. Petri, atque S. Benedicti Floriacensis libri[a] ubi ipse S. Benedictus debito quiescit honore, vel ubi praeesse cognoscitur vir venerabilis Abbas Teodbertus, una cum plurima turba Monachorum ibidem Domino famulantium; quae sitae sunt in pago Augustidunense, atque in pago Matisconense, seu in Cabilonense, id est in villa quae dicitur Patriciacus cum Ecclesia in honore sancti Petri sacrata, cum servis et mancipiis utriusque sexus, cum omni integritate, quicquid ad iam dictam villam aspicit, vel aspicere videtur, cum terris indominicatis, et vineis, terris, pratis et omnibus adiacentiis, cultis et incultis, exitibus et

______

a) *Fleury-sur-Luze;* libri (?).

ingressibus[1],..... ibidem videtur nostra esse possessio et dominatio, tam ea quae nos indominicata[2] habemus, quam etiam quae vasalli nostri subter inserti, de alodo in beneficio videntur habere : quicquid videlicet[3]...... de nostro in beneficio habet, praeter Samiriaco ; quicquid enim Ragambaldus filius Altasianae, de nostro in beneficio praeter Balgiaco : quicquid etiam Johannes habet praeter Satiniaco : item quicquid Godbertus de nostro in beneficio habet, et Ragambaldus frater suus, Rothardus quoque et Arnulphus, et Vulfardus : itemque Ragambaldus et Leotboldus, et Gunfridus, praeter quod de Senentiaco habet : quicquid etiam de Enimiane in Lurliaco, et in Bellomonte, et in Colonias conquisivi, et quicquid in istis locis habemus, totum ad integrum, exquisitum et inexquisitum ad confugium supradictorum monachorum faciendum, causa insequentium paganorum, et ad stipendia eorum, seu ad luminaria supradictorum sanctorum subministranda, beneuolo et promptissimo animo concedimus, concessumque in perpetuum esse volumus, et de nostro iure et potestate in illorum ius et potestatem transfundimus ; ea vero ratione, ut quamdiu ego et cara coniux mea Richeldis, per misericordiam Dei aduixerimus, sub usufructuario easdem res habeamus, et de festivitate in festivitatem sancti Benedicti, transolui faciamus denarios duodecim ; et non liceat nos aut vendere, aut alienare aut in iilum naufragium ponere, sed immeliorata omnia post obitum nostrum, sine ullius iudicis assignatione, ad ipsum Monasterium reuertantur. Si quis vero, quod futurum non credimus, si nos ipsi, aut aliquis de haeredibus nostris, seu quaelibet emissa et extranea persona, contra hanc donationem venire aut infringere temptauerit, hoc quod repetit non vindicet, sed insuper, socinnte fisco, ei cui litem intulerit, auri libras viginti, argenti pondera centum componat,

1. *Suppl.* vel quicquid.
2. *Ici, ce qu'il a conservé en propre, par opposition à ce qu'il a constitué en bénéfice.*
3. *Pérard supplée* Guiniterius.

et sua, ut dixi, repetitio nullum effectum obtineat. Obsecro autem in Domino, et propter Dominum, atque detestor per vitam aeternam gloriae, omnes quotquot futuri sunt patres, sine praelatos praefati Coenobii, quatenus nulla occasione aut ingenio, aut calliditate, aut audacia interveniente, praesumant aliquid ex rebus quas praefato loco sive monachis ibidem Deo militantibus ad refugium et ad stipendia subministranda tradimus, auferre et transmutare, aut beneficia vassallis suis et propinquis, seu quibuslibet personis tribuere, et quolibet, ut dixi, ingenio naufragare, sed liceat praefatis servis Dei, ex eisdem rebus sibi necessaria praeparare absque aliqua inquietudinis molestia. Quod si quis praesumptuose nominis Dei invocationem contempnens, nostram quoque spernens precem, malitiose praedictas res invaserit atque violauerit, aeternae maledictioni subjaceat feriendus, justissima Dei sententia in praesenti vita, particeps Dathan et Abiron, Iudae quoque proditoris, et Cahiphe, experiaturque principis Apostolorum Beatri Petri poenalem aeternalemque maledictionem, cum Anania et Saphira, nisi illud emendatione citissima correxerit. Et ut haec donatio omni tempore firma et stabilis permaneat, cum stipulatione subnixa, manu propria eam subterfirmavimus. Ego Eccardus dono Dei Comes, donatio a me facta. S. Orgarii, S. Fulconii, S. Leotboldi, S. Theodulphi, S. Arnoldi, S. Saluuardi, S. Hodelrici, S. Halrursi, S. Ursmari. Data in mense Ianuario, anno primo imperii domini Karoli Iunioris. Gautbertus me scripsit.

N° **75** *bis. Exécution de cette donation par le comte Eccard. Tradition. Notice.* (840, janvier.)

Pérard, Rec. etc., page 23.

Notitia traditionalis, qualiter et quibus praesentibus, veniens Eccardus divina gratia Comes Floriaco Monasterio, die Sabbati mensis Januarii, in Ecclesia sanctae Dei Genitricis Mariae, et sancti Benedicti, praesentibus duobus tantum vasallis suis, Otgario, et Fulcoino, nec non venerabili eiusdem loci Abbate Teotberto, cum parte non parva Monachorum ipsius Coenobii, sed et vasallis eiusdem Abbatis, et aliis nonnullis nobilibus viris Arlulfo, Theodulfo, Teotboldo, Artmanno ipsius Abbatis Aduocato, Ursmaro, Odolrico, Arnoldo, Saumardo, inter maius altare et sacratissimum patris Benedicti corpus tradidit per manus iam dicti Aduocati Artmanni, Deo et sanctae Mariae, sanctoque Petro Apostolorum Principi, atque sancto Benedicto, res suas iu superiore karta nominatim expressas, ea duntaxat ratione seruata sicut in ipsa quoque donatione habitum insertum, ut ipse et coniux sua Richeldis, quandiu quilibet eorum aduivexerit, easdem rursus usu fructuario et censum supra assignatum in sua habeant potestate, et post obitum utriusque, absque aliqua fraude aut interdictione cuiuslibet personae, in ius et dominationem praefati Abbatis et successorum eius, cum omni redigantur integritate. Quam traditionem stabilem semper esse volentes, manu propria subter firmauimus, et a supra dictis nobilibus viris iussimus assignari. Ego Heccardus, dono Dei Comes, traditio a me facta. S. Artmanni. Data quando et a quo, ut supra. S. Teodulfi.

N° 78. *Testament du comte Eccard. Exécuteurs testamentaires. Mandat formé par l'offre et l'acceptation d'un gage et d'un gantelet. Charte » d'aumône » en double. Legs divers, dont quelques-uns avec charges. Mobilier, objets d'art, livres, etc., d'un comte bourguignon au IX° siècle. Pièce intéressant l'histoire de la culture en Bourgogne. (Vers 840.)*

Pérard, Rec. Bourg., n° V, p. 25.

In Christi nomine, ego Heccardus cogitans humanum casum fragilitatis meae, ideo mihi visum fuit, ut res meas quas haereditavi et adquisivi, cum omni substantia, ut pro salute animae meae, et genitoris mei Hildebranni, seu genitrice mea Dunnana, germanoque meo Theodorico, necnon et uxoribus Albegundis et Richildis, ut in manibus viris istis mea eleemosina commendassem, quod ita et feci. Id est dominus Leutboldus, Engelboldus, Vuinetarius, Luuidinus, Otgarius, Betillo, Vulgis, Adelingo, Ildebodo, Eriberto, Dudino, Eribrando, Arlefredo, presbiteros, et Nivelango, atque Theoderico germano suo, ut sicut per instrumenta kartarum vobis tradidi', et per quadium et andelangum, seu per istos breves commemoratum habeo. Ex quibus unum mecum retinui, et alium Adanae germanae meae Afrano monasterio commendatum habeo, uno tenore conscriptos, ut ita disponatis sicut in ipsis insertum est, pro salute animas nostras, ita agite, sicut ante tribunal Christi reddituri sitis rationem. Et qui vos de ista contradixerit, si se non correxerit, sit reus in conspectu Dei et omnium Sanctorum eius, et ita iram Dei incurrat, sicut fecere Dathan et Abiron, et Annanias, et Saphira qui mentiti fuere donum Spiritus Sancti. Nec vero peto karitati vestrae, ut istiusmodi nostram consumpstantiam dispensetis, ea vero ratione, si Deus nobis filium aut filiam interim non dederit. In primis donate Deo, et sanctae Mariae, et sancto Benedicto, et Floriaco monasterio, quod est situm super fluvium Ligeris, villam quae vocatur Patriciacus, in pago Augustudunense, super fluvium Vuldragam, cum Ecclesia in honore Sancti Petri, cum servis et ancillis utriusque sexus, cum omnibus appendiciis suis, et quicquid dominus Ludovicus Imperator benignissimus mihi per suum praeceptum dedit, ad iamdicta villa, cum omni integritate, praeter Balginaco, quod volo ut donetis à sancto Andochio puellare ad lumen, quicquid ibi Leutboldus habuit in beneficio, donate à Solmeriaco quicquid ibi aspicit, et Vuinetarius ibi in beneficio habet, in Matisconense, Gerbergane nepta mea, et donet pro nos solidos trecentos. Donate et Satiniaco illo alodo, Johanne aut filio eius Johanne, et donet pro nos solidos centum, donante illo Auirliaco, et Abelmonte et Accolonias a sancta Maria et sancti Benedicti. Et ista omnia quae ibi donamus, sint ad vestimenta fratrum, et inde sit noster anniversarius factus per singulos annos, tam meus quam et illorum quos superius commemoravi, et nemo iam dictam villam, cum alias res, ad alium opus mittat, nisi ad ista perficiendum. Quod si facere praesumpserit, sit reus in conspectu Dei et omnium sanctorum eius, donec ad ipsum opus ipsas res revocet. Donate illo alaudo Ancrovilla, cum Ecclesia in honore sancti Petri, et Lugilvilla, cum servis et ancillis utriasque sexus, et omni integritate, vel propter quod Theotberganae pro precaria donavimus, Otgario, et donet pro nos solidos centum, illo prato Aspiriaco cum hospitio sit apendicius Atriuciaco, illo Aualilias donato Theoderico et Richardo filio eius, et donent pro nos solidos centum. Donato illo alodo Acanavo, et Dealena fontana ad illa Ecclesia Asiniaco, quae est in honore Sancti Benedicti et aliorum sanctorum, et ibi de nostro indominicato annona [a] et decima veniat, et noster anniversarius de iam dicto sit factus per annos singulos, et illum nemo abstrahere praesumat : quod si fecerit, sit reus in conspectu Dei et omnium Sanctorum eius, donec ad ipsum opus illum remittat. Donato illo Abezzono, Basilica quae dicitur Alba, Deo et sancta Maria, et sancti Stepani et sanctae Faranae, et illo in barris qui vocatur Corcella, et Amalberga, et Amaisnito, et Alanido, et Tannedello, et duo mansa in longa villa, ad ipsum locum Afarano monasterio, et ex ipso sit anniversarius meus, et Albegundi, et Adame, atque Bertradane Abbatissae, factus per annos singulos, et qui ipsum monasterium praeesse videtur, si ita neglexerit, sit reus in conspectu et ipsis Sanctis, donec hoc celeriter emendet. Donato illo alodo Amellido et Alanatus, et Aratlenidas, et Afornillos, et Avernodo Bernardo filio Malquino, et donet pro nos solidos ducentos, et de isto precio quod superius commemoratum habeo. Donato per pauperes seu amicos nostros, tam ad nobiliores quam ad servientes : et precor, pro Dei amoré, ubicumque mortuus

a) *Lis :* nona.

fuero, et a sancto Benedicto me sepelire faciatis : et si talis
tempus est ut pro impedimentum esse non possit, tamen
quando opportunum tempus evenerit, mea ossa ibi deportare
faciatis, et qui meam fossam foderint, dimidiam libram illis
donate. A sancto Martino a Turonis libras tres, et de nostra
Capella dono Richildi crucem auream, cum lignum Domini,
uno altario maiore parato, una buxta iburnea, quae non est
sculpta, uno calice argenteo minore, uno palio defundato,
uno drapno, cum sirico, uno linteo, casulas duas, una persa,
alia virida, albas duas, subcinctas duas, stolas duas, mani-
pulas duas, corporales duas, ampullam, cum patenea
argentea, uno finono viridi, cum brusdo, uno degliso, uno
estuno, cum sirico ammistrare, turibulum minore, scilla,
candellabro aureo uno, Missale plenario, cum Evangeliis
et Epistolis, unum textum minorem, unum dispositum
super Evangelium maiorem, Antiphonarias, volumina duo,
batrino ad luminaria, drapo plumato a forma, uno tapeto,
uno cedello, ad aqua benedicto duo. Donate illo balteo
maiore, quia de suis gemmis maxime est factus, et illo
sigillo de amatixo, ubi aquila seculpta est, et quicquid de
gemmis habemus, et gangana sirica, cum spondale et
tapeto uno, et burrene meliore uno, cum fasciunculo,
una furcella argentea, cum pusilares duos, et illo balteo
minore cum gemmis, et fiulas argenteas duas, aliquid de
auro qui remansit fracto, et aliquid de patras quae ad
ipsum opus habemus, faciat Richildis cruce asiriaco, et illas
res quae superius delegatas habeo, habeat Richildis in usum
quandiu advixerit, postea revertantur ad ipsos superius
denominatos, quia sic traditiones ei factas habeo. A sancti
Petri et sancti Pauli libello uno, a sancto Martino Atrusiaco,
cruce argentea minore, cum lignum Domini, et reliquis, et
de clauvuta unde Dominus crucifixus fuit, bursa, cum brus-
dano et simiama drapo plumato super luitrino, una buxta
eburnea minore, et libro pastorale uno, canones scarsus
quaternio uno, Gerbrardo et epondenale libello de arte
militari, et parto : Gunbaldo, et anapos corneos minores

duos : Vallane episcopo, libello Isodora, et alio de vita sancti Gregorii, et sancti Laurentii : Raganfrido episcopo, pronosticorum libros duo, et alio de agricultura, et anapos corneos meliores duos : Enschise Archiepiscopo, tapete meliore uno, gesta Longobardorum libro uno, et chronica quem Gregorius Turonensis fecit libro duo, et fialas argenteas duas : Vualtario episcopo, pacto Romano libro, et anapo corneo maiore, cum illo de masaro : Adanae germanae meae, succincta aurea, et sigillo de amatixto, ubi homo est sculpetus, qui leonem interficit, et psalterio minore, et libello cum orationibus et Psalmis. Et Erefona Odovico donate illo buxte imparato, et libella de Maria Egyptiaca, et sigillo dionitino : Bertrudanae Abbatissae, Evangelio theudisco, et vita sancti Antonii, et sigillo de berillo, ubi serpens sculptus est, bibliotheca sancta Maria, et sancti Benedicti ad illa Ecclesia a Sanacio, et isto pretio quae superius commemoratum habeo, donate solidos ducentos Aroma[a], ut in auro, aut in argento sancti Petri in elemosina Albegundi pro Rocho suo quae ibi donare rogavi, et ego in peccatis meis in mea necessitate provinta donavi, et illas qui pro alaudo quem eis denominatum habeo, solvere debent, infra unum spatium omnino transolvere faciatis, non amplius retardent. Theoderico aut Richardo filio meo donate spada spangisil, et sicusios duos : Terico filio Nivelungo, spada indica, et sigusios duos, et tabulas sarracinistas : Ademaro fratre suo, speudo uno, et cano, et scugios duos : Heccardo filio Heccardi, tabulas corneas, et pacto salero[1], et sigulos duos, et sparvario uno : Teutbergane uxore Lotharii, pusilares argentas duas, cuppa una, et anapellos de marmora duos, et medicinale libro uno : Otgario, caballo uno, cum sella meliora et sugios quatuor : Etdardo, braucale unum, et bracharia aurea una, et pellicia meliora : Fulcoino, caballo

---

[a] *Lis :* a Roma (?).

1. *Je lis :* salico *ou* saleco. *Ce serait un exemplaire de la loi salique; le* pactus Romanus, *ci-dessus, est probablement un exemplaire de la* Lex Rom. Burgondionum.

et tapete uno : Pedilono, caballo uno cum sella : Vuerne-
gario, caballo uno : Eriberto, scuto cum lancea, caballa :
Gautberto, scuto cum lancea et caballo uno. Seniore nostro
donate falcones duos, et suegios duos : Rotardo donate mea
bruma cum alsbergo. Et omnia quae remanent, tam mobile
quam immobile, dispensate per pauperes, et cui debitum,
aut minus factum habemus, casuvula vermicula, et istos
libros, qui fuerunt germanici[a] mei Bernardi, id est Canones
poenitentiales, liber Ambrosii de misteriis, calice vitreo de
saphiro. Donate Asuinaro, pro suo eleemosina et planata
castanea, ibi donate, et libros qui sunt sancti Benedicti de
Floriaco monasterio, in illa utica parvula. Asuiniaco in
secretario, ubi sista est, unde breves habeo in scrinio lon-
gobardisco, ad ipsum locum habere faciatis, et quod mea
insipientia non memoravit, res curare studeatis ; ut pro
salute animas nostras perveniat, quia non omnia possumus
omnes. Et anapo vitreo qui fuit Bernardo, Bertradane in
sua eleemosina, et illo manso Acarlista de alaudo, cum
vinea et omnia. *Desunt reliqua.*

N° **77.** *Complant*[1]. (*An.* 845).

Cart. Brioude, n° 233.,

Media-plantaria de Cuminiaco.

In nomine Domini et Salvatoris aeterni. Dum essemus
nos Arlebaldus praepositus, et Cunabertus decanus, una
cum caetera congregatione sancti Juliani ecclesiae ibidem
degente in vico Brivatensi, in gremio ipsius ecclesiae divi
Juliani, advenit quidam homo nomine Rigaldus et uxor ejus
quae nominatur Gausberga, qui ante praesentiam nostram
petierunt humiliter ac devote ut sibi campum unum de

a) *Lis :* germani.

1. *Notion inexacte du contrat de complant dans Viollet, Précis 2, 563.*

ratione sancti Juliani, qui videtur pertinere ad communem victum canonicorum, concederemus per cartam quae media-plantaria dicitur ; quod nos eorum precibus quanto melius perspeximus tanto libentius adimplere curavimus. Ille autem campus situs est in comitatu Brivatensi, in eadem vicaria, in cultura de villa quae dicitur Cuminiacus ; in ipsa villa vobis cedimus sestariatas quatuor de campo, ad complantandum medietarie, et habet fines ipse campus de omnibus lateribus terram sancti Juliani : infra istos fines praedictum campum vobis cedimus ad complantandum medietarie, ut supra diximus, ea scilicet ratione ut usque ad quinquennium ab eis nihil exigatur, cum vero quinque anni adimpleti fuerunt, a rectoribus ecclesiae beati Juliani dividantur, et qualemcumque partem eligere voluerint in opus sancti Juliani recipiant, alia vero pars ab agricultoribus succedatur, ita dumtaxat ut nemini vendere nec alienare liceat, donec partes terminos in capitulo sancti Juliani nuncient et indicent coram omnibus canonicis ut eam emant : si autem post tertiam monitionem in communia fratrum eam emere noluerunt, neque ullus surrexerit clericus qui eam emerit de praedicta enunciatione vel conjuratione, licentiam habeat vendendi cuicumque voluerit, salvo jure ecclesiastico, absque ullo contradicente. Facta cartula ista, quae dicitur semiplantaria, in mense martio, anno quinto regnante Karolo rege. Arlebaldus, quod justum est, firmavit. Signavit Cunabertus, decanus, quod ratum est consentiens. Signavit Bergaldus, sacerdos.

N° 78. *Mise en possession réelle (revestitio) d'immeubles et de serfs, en exécution d'une donation pour cause de mort, par un fondé de pouvoir des exécuteurs de la donation. « Sessio triduana » du légataire. (An. 842).*

Beyer, Urk. Mittelrhein. Territor. I, 107, n° 103.

Testimonia qui viderunt, quod vassus domni Lotharii imperatoris, nomine Folradus, fideiussor existens Bivini comitis et Gerardi comitis atque Tancradi, et venit cum pluribus viris in villam Vilanciam in pago Arduennae, quae olim Richardi comitis fuerat, et supradictos viros pro animae suae remedio suggessit[1], eam cum omnibus rebus propriis ex ista parte Reni fluminis sitis monasterio Prumia deligare. Et his omnibus in praesentia imperatoris gestis atque confirmatis, supradictus Folradus cum testibus subter adnexis veniens in eadem villa Valencia et tam de ipsa villa quam de omnibus rebus Richardi, sicut supra comprehensum est, manalitis[2] venerabilis Marcuuardi abbatis, Goeramnum scilicet, Adalbertum et Hildifraudum simulque et Teotfredum, advocatum ipsius monasterii, revestivit, et ipsi easdem res triduo secundum legem insiderunt. Hii sunt testes: *(22 noms)*. Testimonia in quorum presentia fuit Vilancia tradita partibus sancti Salvatoris. De omnibus vero mancipiis per servum unum, nomine Germinanum, similiter eosdem missos revestivit[3].

N° 79. *Vente immobilière. Terre apportée. Impôt public et redevances privées. (An 842.)*

Cart. Redon, n° CXXXVI.

Notum sit omnibus audientibus hominibus tam clericis quam laicis qui audierint, quod vendidit Uuenerdon particulas terre ad Sulcominum presbyterum, id est sex argentiolas terre Tonouloscan, cum monticulis et vallibus et pratis et pascuis et heredibus suis; et Sulcommin dedit pretium istius terrae ad Uuenerdon, id est duos equos et solidos d. VIII argenti, contra solidos XX[4] et unum solidum ad

1. *Richard.*
2. *Délégués; les mêmes, plus bas, appelés missi.*
3. *Cette tradition fut faite en exécution d'une donation confirmée par Lothaire I, en 842, et Lothaire II, en 864. Voir Lœrsch, n° 55, p. 38, note 1.*
4. *Erreur de copiste, à ce qu'il semble. Le prix de la terre vendue*

Morman, et unum solidum ad Catuualart, et unum solidum
ad Hoiarn, et VI denarios ad Uuorgost, III denarios ad
Kerentin, et III denarios ad Argantlouuen, et III denarios
ad Hertiau, et X denarios aliis hominibus ; et Uuenerdon
dedit istam terram pro isto pretio ad Sulcomin, sicut de
trans mare super scapulas suas in sacco suo detulisset, et
sicut de trans mare super scapulas suas in sacco suo detulisset,
et sicut insula in mare , sine fine, sine commutacione, sine
jubeleo anno [1], sine exactore satrapaque, sine censu et sine
tributo, sine opere alicui homini sub caelo nisi Sulcomino
presbytero et cui voluerit post se commendare [2], preter
censum regis ; et Uuenerdom fidejussores dedit in ipsam
terram ad Sulcomin ; hi sunt fidejussores his nominibus :
Morman, Caltuualart, Gurgost, Erthiau. Factum est hoc
ante ecclesiam Giliac, coram his testibus quorum haec sunt
(29 *noms*) [3] ; et haec venditio fuit in tempore Maen episcopi,
dominante Nominoe Brittannie, in die dominico, V. idus
aprilis, luna XXIV.

N° **80.** *Notice d'un plait devant le vicaire d'un comte. Droits de
douane injustement perçus. Preuve de l'attribution de ces
droits par la production de « préceptes » royaux. Preuve des
exercice et possession de ces droits par « jurés du pays ».
Procédure d'enquête. (An. 845, 2 juil.)*

Cart. Saint-Victor, n° 26.

In Christi nomine. Judicium seu et notamen donationis,
qualiter vel quibus presentibus multisque bonis hominibus,.

---

*est de 20 sous et 8 deniers d'argent. Chacun des garants de la vente
(M. C., etc.), reçoit comme gratification un sou, etc. Il la vend libre de
toute charge « comme une île de la mer » et en toute autorité.*
1. *(?).*
2. *Ici, transmettre.*
3. *Parmi lesquels figurent les noms des fidéjusseurs.*

qui subter erunt scripturi vel firmaturi. Ubi adveniens Alexandrius, advocatus Alboini episcopi, vel de ipsa casa Dei sancti Victoris martiris, Massiliensis, in Cadarosco villa, in mallo publico ante Rothbertum, vicarium de viro illustri Adalberto comite, et tam scavinis [1], tam romanis quam salicis, vel judicibus [1], qui cum ipsis ibidem aderant, id est Yoseph, Nortaldo, Elephanto, Odilone, Wildemare, Bertelaïco, Regenardo, Deodato, Ansulfo, Fulcardo, Elfaldo, Martino, Homine Dei Victore, Donato, Theuthberto, Teufanio, Balsamo, Rachio, Aaron, Necteranno, Gaudentio, Abone, Benedicto, Macchone, Lubone, Flodoveo, Godoberto, vel etiam quam pluribus aliis bonis hominibus, qui cum ipsis in mallo publico aderant. Ibique veniens Alexandrius, advocatus Albuini episcopi, vel de ipsa casa Dei sancti Victoris, monasterii Massiliensis, qui se, per manum fidejussoris sui, Bertelaigi, de satisdando thelonio qualiter reclamavit et interpellavit aliquem hominem, nomine Guinifredum, advocatum Rothberti vicarii, dicens eo quod sui homines, unde Guinifredus, advocatus Rothberti vicarii, non redderet sumptus, sicut prestantissimus Pipinus rex, vel Carolus [se]rennis[simus], pius, augustus, vel etiam Ludovicus, ac Lotharius, uterque imperatores, per suis preceptis, singuli ad ipsam predictam casam Dei sancti Victoris, ad luminaria, condonaverunt ipsum theloneum de villa Leguino, vel quicquid ibidem ad eorum fiscum pertinere debebat concesserant, tam terrenis quam etiam navigantibus, ipsius hominis Rothberti preserunt et saziaverunt malo ordine et contra legem, unde legem subire et incurrere debent. Sed ipse Guinifredus advocatus seniori suo Rothberto in responsis suis dixit, quod in hac causa non sic veritas se haberet, pro eo quod quantum ipsi homines Rothberti de ipso theloneo preserunt, suus antecessor, nomine Frodingus, inde vestitus fuerat. Sed ipse Alexandrius,

---

1. *Les noms des scabini sont confondus avec ceux des judices.*

advocatas sancti Victoris, preceptis supra memoratis regum
vel imperatorum ibidem manibus ad relegendum ostendit,
et quomodo supra memorati reges seu etiam imperatores, in
luminaribus ecclesie sancti Victoris, vel ei servientibus,
collatum habebant, et ipsi precepti ex cunctorum anulis
impressiones manifeste gestant. At tunc ipse prefatus vicarius ipsos pagenses per eorum sacramentum [1] jurare fecit,
ut quicquid de hac causa, inter ipsa casa Dei sancti Victoris
vel ipso advocato Rothberti vicarii, nomine Guinifrido quicquid de ipso predicto theloneo in veritate scirent, dicere
vel secernere in veritate deberent. Quod et ita fecerunt. In
primis juravit Bertelaigus, Homo Dei, Manasses, Raganardus, Arnulfus, Martinus, Victor, Geiraldus, Macchon,
Enseramnus, alius Raganardus, Yonatha, Gislao, Yacob,
Georgius, Agilmars, Benedictus, Villemaris, Ison, Ingobertus. Post istum sacramentum, facta legibus discussione,
unusquisque per se interrogati vel discussi fuerunt. Et sic
unanimiter testimoniaverunt, et dixerunt per illud sacramentum, quod ipsi juratum habebant, quod diebus vite
eorum et temporibus Leibulfi comitis, qualiter in ipsis
preceptis continebatur, taliter ad ipsam casam Dei prefatam
de ipso theloneo semper viderant, qualiter vicedominus [2] vel
ejus ministerialis sancti Victoris cum suos participes in
omnibus ordinassent, absque blandimento [3] de comitibus
vel vicariis Arelatensibus. At tunc ipse vicarius, nomine
Rothberdus, vel suus advocatus, nomine Guinfredus, in
omnibus ibidem concrediti fuerunt, quod quantum de ipso
theloneo vel fisco injuste abstultum fuerat, ipsi uterque,
Rothbertus et suus advocatus, pro eorum gadio, secundum
legis ordinem, Alexandrio, advocato sancti Victoris, vel
Albuino episcopo, in omnibus suos gadios condonaverunt,

1. *Serment de fidélité.*
2. *Ici, le vicedominus est un vidame. Dans le n° 68, le vicedominus
Algibertus est un vicomte; voy. aussi le n° 88.*
3. *Réclamation, opposition.*

Propterea Alexandrio, advocato supradicte ecclesie, necesse vel oportunum fuit, ut notitiam seu et indicum firmitatis sibi exiberi debuisset ; quod ita et fecerunt. His presentibus actum fuit, quorum roborationes vel signacula subter tenentur inserta.

Facta notitia hec VIII Kalendas Augusti, anno V imperii domni nostri Letharii imperatoris, inditione VI.

Joseph presens fui. Elefantus presens fui. Wildemarus presens fuit. Theutbertus interfuit. Odilo interfuit. Gaudentius presens fuit. Arnulfus presens fuit. Et multi alii interfuerunt.

N° **81**. *Vente d'un terrain défriché. Acquittement du prix. Mise réelle en possession par la reconnaissance et fixation des limites. (An. 848, 20 juil.)*

Lacomblet Urk. des Niederrh. I, 29, n° 64.

In Christo patri Altfrido, gratia Dei episcopo, emptori, ego Gunthard et Athiluuin, venditores. Constat nos tibi vendidisse et ita vendidimus, id est comprehensionem nostram in silva que vocatur Uuitherouuald, quam conprehensionem homines tui una nobiscum circuierunt et novis signis obfirmaverunt [1]. Et accepimus a te pretium pro ea, sicut inter nos convenit, hoc est libras 3 : in ea ratione, ut post hunc diem ipsa conprehensio ad proprium vestrum monasterium pertineat quod vocatur Uuerthina, et quicquid ex ea facere volueris, ab hac die liberam et firmissimam habeas potestatem. Si quis vero, quod fieri non credimus, hanc venditionis cartulam infringere temtaverit, iram Dei incurrat et a liminibus sanctorum alienus existat, et hec venditio firma permaneat, stipulatione subnixa. Acta in Uuerthina monasterio, 13 Kalendas Augustus, anno incarnationis domi-

---

1. *Vendeurs et acheteur (par délégués) font ensemble le tour de la « comprehensio » et y mettent de nouvelles marques de délimitation; cf. p. 83, n° 2.*

nice 848 , regnante Hloduuico iuniore anno 9, indictione 11, feria sexta. Isti sunt testes qui hoc audierunt et viderunt : Ego Liudbaldus humilis levita rogatus scripsi et subscripsi. Signum Gunthardi et Athiluuini qui hanc traditionem fieri rogaverunt. S. (10 *noms*).

N° **82**. *Donation réciproque de leur fortune par des époux sans enfants, annulée par le divorce. Nouvelle donation, pour en assurer une autre faite à une abbaye. Investiture réelle. Bénéfice (usufruit) constitué à vie. Notice. (An. 849).*

Meichelbeck, Historia Frising. I, 2° partie, 334, n° 659.

Traditio Hruodperti de Hruotperhtesdorf.

Venit quidam vir nobilis, nomine Hruodperht, ad Frisingas pro remedio animae suae cogitans ; ipse vice contigit, quae iam ipsius fuerat uxor ibidem venisse, nomine Liutsuuind, qui iam alter altero tradiderunt proprietatem suam, sed dum divisi essent, uterque illorum suam habuit proprietatem. Tunc vero, ut firmior fieret traditio ejus, iam dicta Liutsuuind dimisit ei ipsam traditionem, quam olim ei per actam habuisset, et presens adstabat, et ille firmiter quicquid in iam dicto loco habuit firmiter ad domum sanctae Mariae tradidit, mancipia his nominibus : (5 *noms*). Hoc factum est anno incarnationis Domini 849 ad Frigisingas, indictione 12. Isti sunt testes (25 *noms*). Postea venit Adalgarius praepositus ad ipsum locum et vestituram ipsius traditionisaccepit. Isti sunt testes vestiture ipsius (7 *noms*)[1]. Et econtra in beneficium accepit ipsam ecclesiasticam rem quae dicitur ad Herinchova cum mancipiis ad utendum et emeliorandum usque ad vitam suam.

—

1. *Les témoins de la donation ne sont pas les mêmes que les témoins de la mise en possession.*

N° 83. *Donation, sous condition résolutoire. Réserve faite de la possession à cens et du droit de rachat au profit du donateur et de ses héritiers. Charte. (An. 849, 20 juin.)*

Wartmann, Urkundb. der Abt. St-Gallen, II, 29, n° 408.

In Dei nomine. Perpetrandum est, quod sapientia Dei per Salomonem dixit : « Redemptio anime viri proprie divitie eius », Redemptoris quoque verba dicentis : « Date elymosinam, et omnia munda sunt vobis ». Ideoque ego Salomon, his ammonitionibus compunctus simul et confisus, dono donatum, et hoc est quicquid proprium habere visus sum in Linzgauve, ad honorem sancti Galli, absque duobus mancipiis Cotabertus et Thiotker et quod in villa Uuildorf habere visus sum. Si sospes ad propria non regrediar, filius meus Madalbertus usque ad decimum annum pro illo singulis annis censum solvat, id est servi unius geldum [1], et postea redimat cum 40 solidis. Et quod in Lindolvesuuilare et in Uuintarsulaga habeo, soror mea Meginrat aut filii eius ad annum usque 10 singulis annis censum solvant, id est geldum servi unius, et postea redimant 80 solidis. Et si filius meus interim mortuus fuerit sine herede, soror mea superius nominata aut posteritas eius redimant totum bis 80 solidis. Et si contigit ut absque heredibus sit, totum atque integrum ad honorem sancti Galli firmiter consistat. Atque si Deo favente in propria regressus fuero, licentiam habeam cum uno solido redimere totum, quandocumque sit. Signum Salomini, qui istam traditionem fieri atque firmare rogavit. S. (15 *noms*). Ego itaque Hunoltus rogatus scripsi et subscripsi. Notavi diem Martis, tertia feria anno decimo regni Illudouuici, sub Uuelfone comite. Actum in Potamo curte regis publica [2].

---

1. *Le prix d'un serf est d'après la loi des Alamans 12 ou 15 solidi.*
2. *Lis. probabl.* publice.

9

N° 84. *Donation immobilière faite dans la maison du donataire. Nourriture prise, symbole. Confirmation publique et tradition dans l'église. (Milieu du IX° siècle.)*

Cart. Redon, XLV.

Haec carticula indicat atque conservat quod Arthuuius donavit in sua elemosina, pro anima sua, filio suo nomine Freoc, filio sororis suae nomine Uuiulouuen, quando totundit eum clericum in domo Freve, in Lisprat, in plebe Alcam, eo quod ipse antea stetit sub illo a fonte baptismatis, firmavit itaque atque tradidit et cedit Arthuuius demedium Ranto-maioc IIII modios de brace de terra nebotis [a] vobis filiolo Freoc, totum et integrum, cum terris, pratis, pascuis, aquis et cum omni supraposito suo, et suum villare juxta aecclesiam Ruciac; his presentibus actum est : Gurgitan, presbyter, testis ; Haelhoiarn, presbyter, testis, Iarnoc, clericus, testis; Maelcar, clericus, testis ; Bopsin, clericus, testis ; Roianholan, testis; Finit, testis ; item Finit, testis ; Uuolethaee, testis, in domo filioli, per cibum et potum ; et postea in aecclesia Ruciac, die dominico ante missam, tradidit atque firmavit et cedit Arthuuius, ut supra, ipsam terram nepoti suo Freoc et bis filiolo, in sua elemosina et dono filioli, presentibus istis testibus : Anaugenus, presbyter, testis et ipse hoc scripsit in tabula; Maenuueten, presbyter, testis ; Noli, testis ; Uuorconiet, testis ; Cathoiant, testis ; Iarnetuuid, testis ; Hinuuid, testis ; Maenuili, testis ; Lui, testis ; Driuuobri, testis ; Maenuuobri, testis ; Rethuualart, testis ; et pro hoc cantavit testis Freoc.[b] psalteria LX pro anima Arthuuius avunculi sui Freoc [1], sine renda et sine opere [2] nisi ad Freoc clericum et cui voluerit post se usque in finem seculi.

a) *Lis.* nepoti. — b) *A supprim.* testis F.

1. *Ici, peut-être, mots omis.*

2. *Ces biens sont donnés sans redevances (rente) ni corvée (réservées au donateur A.); elles seront payées à F.*

N° 95. *Procès au sujet d'une hérédité. Accord et transaction.* (An. 828-840.)

Cart. de Redon, CXCII.

Noticia sub quorum presentia qualiter venientes Aelifrid et frater suus Godun, interpellantes atque accusantes fratrem suum Agonem, presbyterum, de hereditate quae fuerat genitoris ipsorum nomine Anau, in loco nuncupante Landegon [1], quod post se male ordine retinere[t] vel eis contradiceret injuste. Postea, veniens Agun presbyter in mallo publico, in loco nuncupante Brufia, dans responsionem fratribus supradictis, ait : Multos donavi ob defendendam istam hereditatem quam queritis et illam quam tenetis; sed precor vos ut reddatis mihi supradictos solidos et postea dividatur aequaliter nostra hereditatis inter nos. Deinde judicaverunt illi scavini, Maenuuallon, Uurholarn, Branoc quod oportebat; sed jam dictus Acun secundum judicium scabinorum talia testimonia presentabat, qui hoc, testificando, testimoniaverunt quod vidissent et audissent quando supradictus Acun donavit C solidos inter Uuidonem et Adalun et Ratuili et alios; et conclusi sunt XXX solidi inter Etelfrid et fratrem suum Godun, et habuerunt penitentiam eo quod accusassent fratrem suum et propter vinum quod promississent ad Nominoe. Deinde per ammonitiones illorum qui ibi aderant, reconciliati sunt, dimittentes supradictam hereditatem Landegon, accipientes unam carralem de vino dandam ad Nominoe; et promiserunt sine inquisitione supradicte terrae quousque solverent XXX solidos et unam carralem fratri suo Acuno. Factum est hoc XIII Kal. januarii, coram misso Nominoe

1. *Il est déjà question de ces biens héréditaires sis à L. et de Anau dans une charte de Redon, a. 797. Voir plus haut, n° 68.*

Haldric et Tribodu preposito, presentibus scabinis qui judicaverunt et testificaverunt, hi sunt : Houuen, Maenuuallon, Branoc, Iarnuual, Burg, Riduuant presbyter, Catlouuen, Uuohoiarn, Notolic, Uuatin, Antrauual, Uuorhocar, Arthbiu, Tanetuuoion.

N° 86. *Obligation de fournir et conduire des convois. Emprunts parfois contractés, pour y satisfaire. Pour se libérer, engagement de services au prêteur. (IX° siècle.)*

Guérard, Polypt. Irm., p. 300, n° 6.

Enteca id est quoddam pretium commodatum. Solent enim minores homines[1], qui angariam faciunt, praecare majorem, ut tantos et tantos solidos illis stet[a], pro ut necesse, id est, in via et in acora[b], ut centum, aut amplius aut minus, solidos dividere aequaliter inter minores. E contra vero minor manus[2] debet unusquisque per se scribere cartam quantos solidos recepisset, et subscriptione firmare se redditurum : sin autem, aut ipse aut uxor ejus aut infans ejus, si forte ab eis non redditur pretium, maneant in servitio feneratoris. Et hoc opus quod minor manus facit, id est carta quam fenerator retinet pro testimonia, cirographum dicitur ; et quod major manus facit, id est, pretium[3] tribuit, enteca vocatur.

a) *Je lis det.* — b) *Lis.* hac hora *en route et sur l'heure (immédiatement).*

1. *Ce sont des hommes libres en droit, mais en fait dans une condition de dépendance économique. Ils devaient ces corvées à raison des manses qu'ils possédaient. Primitivement service public, ces angariae sont ici corvées dues à l'abbaye.*

2. *C'est la reconnaissance de sa dette, écrite par chacun d'eux, d'où le nom de cirographum, plus bas.*

3. *Ici, argent prêté et non pris.*

Nº 87. *Charte de vente d'un immeuble à la condition d'un privilège d'achat (en cas de revente) au profit d'un tiers. (An. 851, 12 juin.)*

Wartmann, Urk. S. Gallen, II, 35, nº 415.

In Christi nomine. Anno 18[1] regnante Lodoicum rege, filium Lodoici imperatoris, scripsi ego Andreas presbiter rogitus a Balfredum et uxore sua Evaliane. Constat eos vindere et vindiderunt tibi Uuacharenti et filiae tuae Odolsindai de Segavias cum[2] de Escolasticanes iure in aquis, in silvis, in pascuis, in accessionibus et in aquarum decursum. Et incontra reciperunt venditores de ad emptores 12 solidos in bono pretium valientem; ipse pretius fuit Odolsendas. In tale vero rationem, quod, si ipsa iure vendidere voluerit, non habeant licentiam nec ad Romanos nec ad Alaemannos[3], set Priecto vel ad suos infantes; exceptum si pro remedium animae sue voluerint donare ad monasterium sancti Galli, licentiam habeant. Et tradiderunt ipsa iure ad perpetuum possidendum, exinde facere quequo voluerint, quia sicut iam superius diximus. Si quis vero, quod fieri non credimus, si aliquis aliquando de nos vel de aeredibus nostris aut subposita persona, que contra anc cartam vindicionis ire, temptare vel inrumpere voluerit, persolvat dubla terra cui commutare voluerit, et iudici aurum liberas 3, cum stibulacione subnixa. Facta carta vinditionis in vico Viuonna[4], pridie idus Junii sub presentia testium qui ab eos rogiti venerunt vel signum fecerunt. Notavi diem et regnum. Signum Baldfredi et Evalianes, qui hanc cartam fieri rogaverunt. Testes (8 *noms*).

1. *Le « notaire » a-t-il compté à partir de 838 ou de 840? Dans ce dernier cas, la charte serait de 858 (Lœrsch, nº 60, note 1).*
2. *Lis. curtem (Lœrsch. ib.).*
3. *Distinction, encore remarquable au IX⁰ siècle.*
4. *Auj. Rankwil, dans le Vorarlberg (Lœrsch, ib.).*

N° 88. *Revendication immobilière. Défendeur prétendant avoir occupé des terres désertes. Enquête sur lieux. Procédure. Loi des Wisigoths. (An. 852, 10 septembre.)*

Hist. de Languedoc (éd. Privat). Preuves, n° 139.

Cum in Dei nomine resideret vir venerabilis Udulricus commis in villa Crispiano in territorio Narbonense, pro multorum hominum alterchassiones juxta[a] hac recta judicia terminanda, una cum Artaldo, Stephano et Teuderedo vassi dominici, Alaricho et Franchone uterque vice domini, seu etiam et judices qui jussi sunt causas dirimere et legibus definere, id est Gulteredus, Teudefredus, Teuriscus, Senderedus, Ermeldus, Aprolinus et Bidegisus saione[1], seu et bonorum hominum praesentia, id est Sisefredus, Bera, Baldomare, Bellone, Remesario, Ermericho et Alaricho, quos causa fecit esse praesentes. Ibique in eorum praesentia veniens Ramnus qui est mandatarius Gondesalvio abbate de monasterii Chaunense, et interpellavit Odilone pro silva, quam vocant Spinasaria, pro terras cultas hac incultas, ubi et dommos constructos abet[2], dicens : « Juvete me audire. Iste praedictus Odilo prendidit ipsas res de potestate Gondesalvio abbate injuste, malum ordine, suam praesumsione, absque judicio, dum ipse abba recte jure hoc abuisset. » Ad tunc nos commis, vassi dominici hac judices interrogavimus Odilone, quid ad haec respondere vellet. Ille vero in suis responsis dicxit : « Manifeste verum est quod ipsas res ego retineo, set non injuste, quia de eremo eas tracxi in aprisione[3]. » Ac tunc ipse Ramnus asserens dicxit : « Ego per testimonia et per praeceptum et per judicium provare possum ipsas res ad partibus abbati Gondesalvio. » Unde

a) *Lis.* justa ac.

1. *Saion, agent d'exécution du tribunal, dans la loi des Wisigoths.*

2. *Il y a.*

3. *Je les ai pris en territoire désert (sans maître).*

Ramnus ad tunc hora praeceptum imperiale et judicium ad relegendum ostendit. Sed dum relectus fuisset, invenimus veritate Gondisalvio abbate. Nam ipse commis jussit suos, id est Ato, Gentaredus, Gulteredo et Ermello, ut super ipsas res venissent et rei veritate vidissent, si erant ipsas infra manitate[1] monasterii Gondesalvio, an non. Ita sicut et fecerunt reversi in ejus vel eorum judicio pariter dixerunt : « Nos videmus et invenimus, quod ipsas res infra signa prócxoria[b] vel termines ipsas res sunt vel subjacent a partibus monasterii Gondesalvio. » Ad tunc nos supradicti interrogavimus Odilone, si potebat abere aliam scriptura aut ullum indicium veritati aut per testimonia ut ipsas res ad partibus suis vindicare valuisset. Ad tunc ipse Odile se recognobit vel exvacuabit : « Quia de ipsas res superius dictas, quae sunt in territorio Narbonense, suburbio Ventonelense, ego eas prendidi injuste mea propria praesumtione absque judicio de potestate Gondesalvia abbati, dum ipse jure suo legibus retinuisset. » Quando suam recognitione et vacuasione, perquamsivimus in lege Gothorum, ubi apertius invenimus in libro octabo, titulo primo, era v, ubi dicit : « *Nullus commis, vicarius, praepositus, auctor aut procurator quislivet ingenuus atque etiam serbus, rem ab alio possidentem[c] post nomine regiae potestatis vel dominorum suorum aut suum[d] usurpare praesumat ante judicium quod [finem] expectat discussione[e], id quod ab alia possidetur aut juris alterius esse dignoscitur, invaserit, omnem quod abstulit et praesumsiosius invasit in duplum et restituat, de cujus jure visus est abstulisse, hac singulorum annorum fruges quas inde fideliter collegit, juraverit[f] petitori compellatur exsolvere.* » Dum nos commis, vassi dominici hac judices vidissemus talem rei veritati et

b) *Lis.* fixoria. — c) *Lis.* rem quae ab alio possidetur. — d) *Lis.* ausu. — e) *Lis.* Quod si non expectata discussione. — f) *Lis.* fideliter collegisse juraverit. — g) *Lis.* decrevimus.

1. Immunitas, ici, ne me paraît pas pris au sens technique; c'est le territoire qui appartient en propre au monastère.

Ramnone mandatario Gondesalvio abbati suamque patuisset
justitia, hordinavimus vel credimus[g] judicio, ut Bidegisius
saione nostrum ut super ipsas res venisset et Odilone exinde
exigere[h] fecisset et secundum legem ipso Ramnone ab omni
integritate revestire fecisset a partibus Gondesalvio abbate,
sicut et fecisset[i] Gaudeat se Ramnus in nostrorum judicio
suaque praecepisset justitia. Dato et confirmato judicio
quarto idus septembris, anno XIII regnante domno nostro
Karolo rege. Golteredus subscripsi. Steffanus subscripsi.
Sendefredus subscripsi. Ermenfredus subscripsi. Teutfredus
subscripsi. Teuriscus subscripsi.

N° **89.** *Juridiction d'un abbé. Plait par-devant le prévôt. Biens
d'église revendiqués par un prêtre. Charte faussée. Incidents.
Procédure séculière. Jurés. Jugement. (An. 857.)*

Dom Housseau, I, n° 79 (*manusc. ex pancarta nigra*).

Notitia Sancti Hispani.
De evindicatis Malbuxi.

Notitia hic habetur jure assignata, qualiter et quorum
presentia anno DCCCLVII dominice incarnationis, XVII
regni piissimi regis Karoli III nec non et Hilduini saluber-
rimi abbatis, parte et maxima, deo propitiante, jam sopita
sevissima tempestate quam hostis antiquus inter Xricolas
crudelissimo excitaverat : jamque jura legum redivivum
quasi exordium dum capere per loca aliqua nitens, et deo
cooperante in hac sedatione clarissimo viro Hilduino egregio
abbate prepollente; dumque in sua pene omni dictione
precipiente atque compellente ejus missi justitias facere
studerent, presbiter quidam Ecclesie sancti Hispani ipsa ex
dictione nomine Notbertus presentiam Saramiani prepositi

h) *Lis.* exire. — i) *Lis.* fecit.

1. *Territoire soumis à l'autorité de l'abbé de S. Martin de Tours.*

gregis beati Martini, aliorumque nobilium virorum ejusdem
potestatis IV idus junii adiens proclamabat qualiter res
Ecclesie sancti Hispani que in precepto ejusdem ecclesie
cum aliis rebus prefixe erant, quas et in sua potestate post
mortem avunculi sui Esaie qui ipsas res emerat diu legitime
partibus ipsius ecclesie in villa Malebuxis possiderat, faciente
Autberto et Agintrude sorore ejus et ejus viro Amalgario,
injuste ex potestate sancti Hispani ablate forent. Tunc Saramannus prepositus precepit ut hi homines qui ipsas res
tenebant ejus in praesentia ad constitutum placitum, suas
auctoritates[1] ostenderent, quas auctoritates Turonis ejus in
conspectu aliorumque nobilium virorum deferentes, nullatenus ipsam rationem[2] propter absentiam vicinorum quibus
haec ratio nota erat, diffinire valebant. Tunc deliberatum est
ibi ut in ipsa villa de qua eaedem res erant, unde ratio
haec agebatur, judicio vicinorum aliorumque bonorum virorum diffiniretur. Aliquamdiu post dum Saramanus praefatus
praepositus cum aliis clericis gregis beati Martini aliisque
bonis viris villam Briusgalum de qua memoratae erant res,
pridie Kalendarum Augustarum adisset, ut ibi ex precepto
senioris sui diversas sciscitaretur ac deliberaret causas,
et resinderent infra atrium sancti Spani propter congruen-
tiam majorum conventus, ventum est ut et haec altercatio
deliberaretur. Tunc judicatum est ibi a multis nobilibus[3]
viris et colonis, qui subter tenentur inserti, ut Norbertus
presbiter suum ibi statueret advocatum, et predicti homines
suas deferrent auctoritates. Mox unus ex ipsis, videlicet
Autbertus, nutu, ut visum est, dei professus est palam quia
lorum[a] auctoritates false erant : et ne ob hoc gehennam
venturam liceret, nolens in hac obstinatione durare, proje-

a) *Lis.* illorum.

1. *Titres (de propriété).*

2. *Ici, affaire, procès.*

3. *Ce ne sont pas, à mon avis, proprement des nobles, mais des
hommes libres propriétaires, les coloni ici étant des libres cultivant la
terre d'autrui.*

cerat[1] ipsas auctoritates super altare sci Spani. Tunc prescriptus Amalgarius in advocationem Agintrudis sue scilicet uxoris accusavit Autbertum dicens quod injuste contenderet auctoritates sue mulieris. Super haec diu, omnes residentes et astantes attoniti, deliberatum est, ut idem Autbertus ipsas cartas in palam differret, quod et actum est. Sed ipse primus testificatus est, videlicet illam quae ex nomine Esaïe detulit, et illam quae Turonis ingeniose facta fuerat quas recitatas invente sunt falsae publiciter, scilicet, quia ipsi quorum nomina prefixa ibi habebantur, id est Notfredus et Geroinus testificati sunt jurejurando quod nequaquam illam ullo tempore firmassent, nec etiam unquam corroborata fuisset. Etiam et affuit scriptor ejusdem cartae qui ibidem professus est palam, quod ipsam cartam scripsisset, sed non eam corroborasset. Sic pene et omni coloni testificati sunt, quod non eam vidissent corroborare, nec tamen nomina colonorum ipsius villae ibi adnotata erant, unde ipse res habebantur, sed alterius preter eorum tamen qui memorati sunt[2]. Hinc judicio omnium qui ibidem aderant, tenuit prenotatus Amalgarius cartas in manibus et sciscitatus a residentibus utrum testes ipsius potestatis habere potuisset; qui illas cartas veras jurati dixissent, mox palam professus est quod non potuisset. Tunc memorata femina Agintrudis proclamavit quod causa timoris predicti presbiteri testes hujus rei habere nequaquam potuissent ; et denominavit quosdam colonos quos dixit peritos esse hujus rationis. Tunc prepositus jussit offerre ibi reliquias ; et denominavit colonos, id est (9 noms), et alios plurimos adjuratus est per deum et eorum christianitatem atque fidelitatem[3] et presentes Sanctorum reliquias, si ipsa carta scilicet titulus venditionis qui ex nomine Esaïe eorum partibus erat, legitime et jure corroboratus esset, et si haberet legitimam vestituram et si

1. *A. en jetant les titres sur l'autel, marque qu'il abandonne ses prétentions.*

2. *D'un autre village, outre ceux mentionnés ci-dessus (N. et G.).*

3. *Le prévôt les adjure sur leur baptême et la fidélité due (à l'abbé).*

ipse res jure potius Notberto presbitero partibus sancti
Hispani debite essent, quam Agintrudis. Ad haec mox singuli sub ipsa testificatione eodem modo jurejurando testificati sunt : quod ipse titulus venditionis nec jure corrobor-
ratus foret, sed furtim, nec legitimam habuisset vestituram :
similiter et ille scriptus quem ingeniose Turonis impetra-
verant, inutilis et inofficiosus esset ; et ipse res magis debite
essent partibus sancti Spani quam partibus Agintrudis. Tunc
Amalgarius palam professus est, quod testes nec ibi presentialiter nec deinceps habere potuissent, et inofficiose
forent ipse carte quas ibi tenebat.|Mox judicio omnium, qui
ibidem aderant, interrogavit Saramanus prepositus Otbertum
advocatum prelibati Notberti presbiteri, si ipsas cartas quas
adhuc Amalgarius in manibus tenebat, facere falsas potuisset.
Statim ille respondit : quod omnimodis potuisset illas facere
falsas. Tunc jure prefixo cum testibus prenotatis fecit eas
omnimodis falsas, et in manibus ipsius Amalgarii eas
punxit, et hinc penitus scidit, sicut ei ab omnibus judicatus
est et deliberatum.)Sunt enim ipse res in villa que vocatur
Malebuxis, quas quondam Esaias presbiter de Amalberto
datis suis preciis emerat que in titulo venditionis cum suis
terminationibus adnotate habentur. |Sicque res istas jure
partibus sancti Spani judicio omnium ibidem residentium
atque astantium redditas ac evindicatas eorum consilio,
Notberto presbitero visum fuit ut hanc exinde acciperet
notitiam,|scilicet ut, si futuris temporibus insidiante inimico
humani generis inde aliqua motio ei suisque successoribus
advenerit, manifestum sit quomodo jure rationabiliterque
deliberatum a plurimis nobilibus viris ac deffinitum sit qui
hic ex parte habentur adnotati. Saramannus prepositus
subscripsi. Autbertus presbyter subsc., Azaneus diaconus
subsc. Gislemarus accolitus subsc., Gislarius subdiaconus
subsc. Signum † Nautfredi Judicis. Signum † Gervini. S.
(3 *noms*). S. † Restoduni. S.[1] (2 *noms*)

N° 90. *Charte de donation à un monastère.* (An. 858, 1er avril.)

Cart. Redon, n° CXXVI.

Haec carta indicat et conservat qualiter venit Hoiarscoit, princeps plebis[1] Auizac, in Rotono monasterio, et dedit Sancto Salvatori et Conuuoiono abbati et suis monachis villam quae vocatur Ursuualt, cum omnibus in ea manentibus, his nominibus : Omni, Uuorethoiarn, Anaulcchan, cum silvis, pratis, pascuis, cultis atque incultis, aquis aquarumve decursibus, et cum omnibus apendiciis suis, in sua elemosina pro redemptione anime suae et pro anima Erispoc et pro anima Salomon, in monachia[2] sempiterna, sine censu, sine tributo et sine pastu caballi vel canum, et sine aliquo majore vel judice, ut quicquid exinde facere voluerint, liberam ac firmissimam in omnibus habeant potestatem. Factum est hec donatio in Rotono monasterio, in aecclesia Sancti Salvatoris, die Parasceue quod illo anno evenit Kal. aprilis, luna XIII primo anno dominatus Salomonis in Brittannia, Courantgeno episcopo in Venedia, multis adstantibus nobilibus viris atque hanc donationem firmantibus, quorum ista sunt nomina : Hoiarscoet, testis, qui hanc donationem dedit atque aliis firmare rogavit (13 *noms*).

---

1. *Chef de* « *plou* » *ou* tyrannus, tyern, mactyern; plebs, *tribu puis territoire occupé par elle, enfin, paroisse...*
2. *Propriété exclusive (souveraine), sans réserve de droits ni juridiction.*

N° 91. *Charte de prestaire. Nones à payer annuellement par les concessionnaires de la « vêture » ou possession. Peine. A la mort de chaque concessionnaire, retour de sa part au monastère. (858, 19 mai.)*

Chart. Savin. n° 20.

Donatio rerum in villa Tasiaco : Dominis fratribus Justo et Hererico, Ego David, abbas Sancti Martini Saviniacensis. Decrevit nostra voluntas ut ex rebus quas Censerius quidam monasterio nostro contulit vobis benefaceremus ; quod et fecimus. Res ipsae sunt sitae in pago Lugdunensi, in agro Tornatensi, in villa quae dicitur Tasiacus. Una ex ipsis vineis terminat a mane terra Sancti Martini, a medio die vinea Guntardi, a sero terra Frederici, a cercio via publica et terra Gerlani ; alia vinea terminat a mane terra Sancti Martini, a medio die via publica et mulo[1] antiquo, a sero via publica, a cercio terra Sancti Martini ; tertia vero vinea terminat a mane mulo antiquo et terra Erali, a medio die terra Sancti Bartholomei, a sero via publica, a cercio vinea Sancti Martini ; quarta autem vinea a mane terminat terra Mauranae et haeredum suorum, a medio die vinea Mauranae, a sero via publica, a cercio terra Teudradi. Infra istos fines et terminationes, sub integro vobis benefacimus ; ea videlicet ratione ut annis singulis de omni fructu quem Dominus superdederit, illas nonas ad nostrum monasterium condonare faciatis ; alium vero reliquum usum et fructum per hanc prestariam habeatis. Quod si negligentes apparueritis, de ipsa vestitura annis singulis persolvenda, aut ipsas res invadere et minuere dimiseritis, aut pejoratae sive abstractae fuerint, tunc sitis culpabiles[2], et partibus ecclesiae auri

---

1. *Pour* muro, *mur.*

2. *Débiteurs (rapprochez allem. Schuld, qui signifie à la fois faute et dette).*

libram unam persolvatis, et insuper ipsas res amittatis; et si quis ex vobis prior obierit, absque ulla retardatione ipsius defuncti pars ad nostrum monasterium revertatur perpetualiter possidenda. Ego David abba hanc praestariam fieri volui. S. Vuargingi monachi. S. Gaifredi monachi. S. Arestii monachi. Facta est haec praestaria die Veneris, decimo quarto calendas Junii, anno tertio regni Caroli.

N° 92. *Immeuble donné pour racheter une condamnation à avoir la main coupée. Promesse du criminel garantie par fidéjusseurs. (An. 858, 24 fév.)*

Cart. Redon, n° CCII.

Haec carta indicat qualiter dedit Anauan, clericus, suam vineam que est in suo orto in Treal, Sancto Salvatori et Conuuoiono abbati et suis monachis, in monachia sempiterna, pro redemptione manus sue dextre, quam judicaverunt incidere eo quod voluit occidere Amauhoiarn presbyterum, flagellans eum ac manus ei ligans; et dedit ipse Anau fidejussores in securitatem istius vine his nominibus (3 *noms*). Factum est hoc in monasterio Roton v. feria. vi Kalendas marc. luna VII coram multis nobilibus viris quorum ista sunt nomina: Anau qui hanc donationem dedit testis: Conuuoion, abbas (20 *noms*) et postea dedit ipse Anau alios fidejussores quorum ista sunt nomina: (6 *noms*) quod numquam faceret malum hominibus Sancti Salvatoris et monachorum ejus nec in tota monachia eorum, et quod numquam consenciens facienti; et si sciret alium facere volentem, in quantum posset prohiberet, et abbati aut monachis sito indicaret; et si hoc mutasset, ipsi fidejussores precium[1] ejus abbati et suis monachis reddant, et illum usque ad mortem persequantur.

1. *Amende que A. devrait alors payer.*

N° 93. *Dépositions écrites* (conditiones) *de témoins prononcées sous serment en séance judiciaire.* (An. 858, 5 juin.)

Hist. de Langued., t. II, n° 150.

Conditiones sacramentorum ad quas ex ordinatione Richelmo vicecomite sive et de judices qui jussi sunt causas dirimere vel judicare, id est Suniemirus, Savaricus, Argemadus, Furrutio, Radepertus, Ermemirus, Inulvilardus, Albarus, Vuittericus judicum, Godeforte saione et aliorum multorum hominum praesentia jurant testes prolata quos profert Recemirus in faciem Daniheli qui est advocatus pro scripto Richelmo vicecomite pro causa unde intentio vertitur inter eos, et nomina testium hec sunt, id est Tutildus, Jobila, Amabilis, Pomponius, Sesenandus, Sanctio, Firriolus: « Juramus in primis per Deum patrem omnipotentem et per Christum filium ejus Sanctumque Spiritum, qui est in Trinitate unus et verus deus, sive et per reliquias sancti Petri cujus baselica in vicho Helma fundata esse dignoscitur, super cujus sacrosancto altario has conditiones manibus nostris continemus vel jurando contangimus, quia nos jamdicti testes scimus et bene in veritate notum habemus de ipsas terras qui sunt in territorio Helenense infra fines et adjacentias de villa Tresmalos, ubi nos testes accessionem fecimus et pedibus circumdavimus et manibus insinuavimus ad saionem Goddeforte. Et est unus ex ipsis campis juxta campum Jabenari vel juxta campum defensori, et alius campus est juxta campum Santioni vel juxta campum Tutildi, et tercius campus est juxta campum Amabili et inlaterat in campum Corbelli, et quartus campus est juxta campum Eldefonsi et confrontat in campum Goderamni, et quintus campus est juxta campum Argerici et subjungit in campum Eldefonsi, et sextus ortalis est juxta ortum Argerici, inlaterat in ortum vel terra Truterici ; unde intemptio est inter predicto Recemiro et Danhiel advocato predicto Richelmo vicecomite, qui suprascriptas terras ad beneficia repetet. Sapemus et vidimus oculis nostris et auribus audivimus et de presentes fuimus in predicta villa Tresmalos, quando venit avius istius Ricemeri condam nomine Wadamirus et pater ipsius idipsi Ricemiri nomine Vuitigisus et prendiderunt jamdictas terras prius per illorum adprisionem sicut ceteri Spani vel per preceptum domini imperatoris, et possiderunt eas infra hos legitimos annos, usque dum Suniarius comes eas tulit ad suprascripto Vuitigiso patre istius meminiti Ricemiri sua fortia et inbeneficiavit eas homine suo condam Tructe-rio, et hodie magis pertinent ad istum Ricemirum pro partibus avii sui condam Wadamiro et patri suo condam Witigiso per illorum adprisione ad habendum per supra dictas terras, quam ulli homini ad benefitio, ad cujus vocem Danhiel advocatus Richelmo vicecomite eis repetet. Et ea quae scimus recte et veraciter testificamus per supra adnixum juramentum in Domino ». Late conditiones sub die quinto junii, anno octavo decimo regnante Karulc rege. Poponius. S. Tutildi. S. Jobilani. S. Sesenandi. S. San-tioni. S. Firrioli. S. Enneconi ubi jurabimus. Danhiel qui anc juramentum recepi. Auditores. Signum Petri Eles presbiter. Wigila presbiter. S. Mironi. S. Argerici. S. Irziaudi. S. Rechilani. Margaptus presbiter. Suniemirus. Ferutio. Radepertus. Sabaricus. Albicus. S. Godeforte saioni. Arm[en]tarius presbiter has conditiones scripsi et subscripsi die et anno quo supra.

N° **94.** *Revendication immobilière (abbaye contre laïque). Appel en garantie. Donation antérieure préférée. Possession trente-naire. Reconnaissance et déclaration d'abandon. (An. 862, 19 novembre.)*

Hist. de Lang., t. II, Preuv. n° 161.

In judicio Isimberto misso Unafredo comite seu et Adaulfo

et judices qui jusi sunt causas dirimere et legibus difinire, id est Adefonsus et Ermenfredus, Teudefredus, Teuriscus, Adroarius, Beco, Medenco, Fortes et Senheresus jud[ices], sive in presentia H[ic]tore, Albarico, Salamon, Eliane, Fridirico, Asefredo, Ranimiro, Enneoone, Adimiro, Albaro, Gudino, Gomesindo, Adilane et aliorum multorum bonorum ominum, qui cum ipsis ibidem residebant in mallo publico in Narbona civitate, pre multorum ominum altercationes audiendas et necotiis causarum derimendis, vel rectis et justis judiciis finiendis. Ibique in supradictorum judicio veniens omo, nomine Richimirus, qui est mandatarius de Richimiro abate et de concrecatione Sancti Johannis monesteri, qui situs est in territorio Carcasense justa fluvium Duramno, dicens : « Facite mihi justitia de isto Savigildo de..... snos cubertos petrineos[1] cum curte, cum exia et regreoia earum, sive et terra, sive et vinea qui est in territorio Narbonense, in villa Staciano vel infra ejus terminos, quod devet esse de gamdicto monesterio vel de Richimiro abate et de ejus concrecacione, cui ego mandatarius sum, quod Petrus et uxor sua tradiderunt, nomine Vuarnetrudes, per ipsam scripturam qui in isto judicium condicionis est inserta, et abuit ipsa casa Dei et ejus concreçacio inter Vuilafredo et isto Richimiro abatibus legitimam vestituram seu et amplius. Iste Savigildus hoc invasit de illorum potestate malum ordine injuste infra istos duos annos et exblatavit[2] hoc injuste ». Nos missus et judices, interrocavimus Savigildo : « Qui respondis ad hec de hac causa ? ». Savigildus in suo responso dicxit : « Ipsas casas petrineas cum

---

1. *Constructions de pierre (littéral. couverts). Il faudrait peut-être lire* mansos *ou la variante* masnos, *au sens de* mansio, *maison (les* « mas » *du midi).*

2. *Suivant Lœrsch (n° 64, p. 46, note 3), pour* explacitare, *de* placitum, *ce qui est inexact, mais bien* exbladare, *de* bladum. *Emblaver, semer du blé; déblaver, récolter du blé, moissonner, et plus généralement (avec Du Cange), tirer d'un bien les revenus qu'il comporte (*expletare*).*

curte, exia et recrecia earum, sive et terra, sive et vinea
ego hoc retineo, set non malum ordine nec injuste, quia
ego exinde scripturam emcionis abeo et autorem nomine
Petrone, qui ipsas res mihi in legibus autoricare debet ».
Tunc nos missi et judices ordinavimus Hictore misso nostro,
quod ad Savigildo fidiuxorem tollere faciat, ut se presentare
faciat una cum sua scriptura et suos autores nomine Petrone
et uxori sue, in villa Pegano que vocant Caput-Stanio, in
placito ante judices in die XV, et ad Rihimiro mandatario
similiter de sua presentia ; et si minime fecerint, unusquisque conponat solidos X, et quidquid ibidem ad judices
legibus definitum fuerit, de hac causa sic consistat. Suber
vero Avenientes ad placitum const[itut]um in dies XV, in
villa Pegano que vocant Caput-stanio Savigildus cum sua
scriptura et suum autore, nomine Petrone, et Richimirus
mandatarius de sua presentia una cum sua scriptura, ante
Randerico misso Isimberto qui est missus Unafredo comite
seu et Adaulfo, et judices : id est Ermenfredus, Teuriscus,
Adalbertus, Vuilimundo, et aliis plures bonis ominibus qui
cum ipsis in ipso judicio residebant ; ibique in supradictorum
judicio presentavit [Sa]vigildus suam scripturam et suum
autorem, nomine Petrone, qui ipsas res ei legibus autoricare
debeat, sicut ille ei fidiuxorem datum abebat. Et cum nos
judices ipsam scripturam de Savigildo ante nos relegere
ordinaremus, sic in eam insertum invenimus, quomodo
Peter eam fecit et uxor sua Aldana de supradictas res et
firmaverunt et testes firmare rogaverunt. Post hec interrogavimus Petrone, si vellis autoricare ipsas res ad jamdicto
Savigildo. Peter diexit : « Istam scripturam ego eam feci ad
jamdicto Savigildo et firmavi et testes firmare rogavi, set
ego eam legibus autoricare non possum nec odie nec ulloque
tempore, quia ego et uxor mea Vuarnetrudes antea tradidimus ipsas res per scripturam donacionis ad jamdictum
domum Dei, unde iste Rihimirus mandatarius, quam ad isto
Savigildo ». Richimirus presens stetit qui diexit : « Hecce
judicium vel relatum ubi ipsa scriptura est inserta, quomodo

iste Peter et uxor sua Vuarnetrudes tradiderunt ad jamdictum monasterium in honore sancti Johannis vel ejus concrecatione, cui mandatarius ego, ipsas res superius scriptas
et abuerunt hoc per os XXX annos seu et amplius per legitimam vestituram, usqueco iste Savigildus eas prendidi[t] de
illorum potestatem. » Et cum nos judices ordinaremus
ipsum judicium relatum ante nos relegere, sic invenimus eum
verum et legibus factum, et ipsa scriptura qui ibidem est
inserta de supradictas res terminum legis inclusum abebat,
et vidimus eum de testes juratum et firmatum et de judices
legibus roboratum. Post hec interrocavimus Petrone : « Qui
vellis dicere contra istum judicium ubi ipsa scriptura est
inserta, si est verus aut legibus factus, aut non ? ». Peter dixit :
« In omnibus verus est et legibus factus, sicut ibidem insertum abet et nullam infamiam contra eum dicere non possum,
nullo quod tempore ». A tunc nos judices cum vidissemus
quod Peter sic professus fuit ante nos et sic ipsam scripturam conlaudavit, sic ordinavimus eum, ut suam recognitio-
nem exinde scriptisque fecisset, sicut et fecit, ubi dici[t] :
« Recognosco me ego omo, nomine Peter, in vestrorum
judicio ad petitione de isto omine nomine Richimiro, qui
est mandatarius Richimiro abate et de concretatione Sancti
Johannis monesterii, qui situs est in territorio Carcasense
justa fluvium Duramno, de id unde vos judices me interro-
gastis, iste relatus quod iste Richimirus mandatarius ostendit
ante vos ad relegendum, ubi ipsa scriptura est inserta de
casas, cortes, terra et vinea qui sunt infra terminos de villa
Staciano, territorio Narbonense, quod ego tradidi cum uxori
mea nomine Vuarnetrude ac jamdicto monesterio, si est
verus aut legibus factus, aut non ? Taliter vero me recognosco ego jamdictus Peter, quia ipsa scriptura qui in ipsum
relatum est inserta, ego eam feci autoricare mea jamdicta de
supradictas res, et firmavimus et testes firmare rogavimus,
et tradidi ego ipsas res per ipsam scripturam ad ipsam
domum Dei, sicut in ipsum relatum insertum est ; et iste
relatus vel judicius vel qui in eum ibidem insertum abet in

omnibus verus est et legibus factus, et nullam infamiam contra eum dicere non possum nec odie nec nulloque tempore, et vera est mea recognitio ». Cum nos judices vidissemus quod Peter sic conlaudavit ipsam scripturam, quod fecit et tradidit ad ipsam domum Dei, sic interrocavimus Savigildo, si potebat abere ullam scripturam aut alia re unde ipsas res partibus suis vindicare debeat. Savigildus dicxit : « Non possum nec odie nec nulloque tempore nisi ista scriptura quia non est legibus facta ». At tunc nos judices ordinavimus Savigildo, ut cum excidere fecisset sicut et fecit, et suam recogitionem exinde scriptis fecisset sicut et fecit, ubi dici[t] : « Recognosco me ego omo, nomine Savigildus, in vestrorum judicio a petitione de isto Richimiro qui est mandatarius Richimiro abate et de concrecationem Sancti Johanis monesterii, qui situs est in territorio Carcasense super fluvium Duramno, de id unde ille me repetit per casas, curtes, terra et vinea qui est in villa Staciano, territorio Narbonense, unde ego autorem debui dare in vestrorum judicio, set minime hoc feci, qui mihi hoc legibus autoricasset : unde vos judices me interrocastis, si abeo exinde autores vel ullam aliam scripturam, unde ipsas res superius scriptas partibus meis vindicare deveam. Tuliter vero me recognosco ego jamdictus Savegildus, quia de ipsas res superius scriptas non abeo nec abere possum nec scrip[tu]ram nec autores nec nullum indicium veritatis, pro quibus ipsas res superius scriptas partibus meis legibus vindicare debeam[1] nec odie nec nulloque tempore, nisi ista scriptura quod ego in vestrorum judicio absisi, quia non est legibus facta, quia antea fecit ipsa scripturas et tradidit ad ipsam domum Dei quam ad me ». A tunc nos judices cum vidissemus tales recognitiones de Petrone et de Savilido factas et firmatas et de [ju]dices legibus roboratas, sic perquisivimus in lege Cotorum, in libro V, titulo IV, era VIII*, ubi dicit : *De is qui aliena vendere vel donare presum-*

---

serint. Quotiens de vendita vel donata re contentio como-
betur, id est si aliena fortasse vendere vel donare .quem-
cumque constiterit, nullum emtori prejudicio fieri poterit, set
ille qui alienam fortasse rem vendere vel donare presumsit,
duplam se[a] domino cogatur exolvere, emtori tamen quod
accepit pretium retiturus, et penam. quam scriptura continet
impleturus : et quicquid in profectu comparate rei emtor vel
quod donatum accepit, studio sue utilitatis agecerat[b], a loco-
rum judicibus extimetur, adque ei qui laborare cognoscitur a
venditore vel a donatore juris alieni satisfactio jure retatur[c].
Tunc nos missus et judices, cum vidissemus tales recognitiones factas et firmatas de supradictos omines et de judices
legibus roboratas, et talem rei veritate de Richimiro mandatario Richimiro abate et talem lecum obtoritatis, tunc
decrevimus judicium per legem Cotorum, et ordinavimus
Randrico misso nostro ut super ipsas res venire faciat, et de
furtibus Petrone eficat, et partibus Richimero mandatario
Richimiro abate dare et revestire facit, sicut lex Cotorum continet et in unc judicium insertum abet. Dato et confirmato
judicio XIII kalendas decembris, anno XXIII regnante Karolo rege.

S. Adefonsus. S. Ermenfredus. S. Teudefredus.

Teudemirus qui hunc judicium scripsi, una cum litteras
superpositas super verro VII et subscripsi sub die et anno
quod supra.

N° **95.** *Echange de terres entre une abbaye et un laïque.*
Divisions économiques. Affrontations et mesures, (An. 862-863.)

Chartes Bourguign. inéd. (Garnier, Acad. des Inscript. 1849),
p. 103, n° LVII.

In Christi nomine. Convenit inter Ingobertum et, ab
alia parte, Frodinum prepositum, Agenbaldum, Vulfelmum

a) *Lis.* duplum rei. — b) *Lis.* acceperat. — c) *Lis.* justa reddatur.

ceterosque clericos monasterii sancti Benigni martiris, cujus corpus requiescit in loco qui dictus est ab antiquis Divion, ut aliquid de terris inter se commutarent. Dederunt igitur Frodinus et ceteri clerici, de suo beneficio[1] de terra Sancti Benigni, Ingoberto, ad suum proprium recipiendum, peciolam de terra que est sita in pago Oscarense, in fine Aziriacense, in ipsa villa Aziriaco. Terminatur de ambobus lateribus terra Sancti Benigni; de una fronte strada publica pergit; de alia vero fronte terra Sancti Benigni de beneficio Mungonis. Et habet in longum perticas agripennales LXII; et in latum, in una fronte, perticas agripennales V, in alia vero fronte perticas II et dimidium. Infra istas terminaciones, totum ad integrum tradiderunt predicti fratres Ingoberto. E contra dedit Ingobertus peciolam de terra que est sita in ipso pago vel in ipsa fine. Terminatur de ambobus lateribus Fuschildis; tenet, de uno fronte silva et Avena fluvius; de alio vero fronte strada publica pergit. Et abet in longum perticas agripennales CXII et, in latum, in una fronte, perticas II; in alia vero fronte perticam unam et pedales XII. Infra istas terminationes vel perticationes, totum ad integrum tradidit Ingobertus Frodino preposito et aliis clericis. Et repromittunt inter se, par contra parem suum, de hoc quod accepit quod non repetat vel calumniam aliquam excitet. Quod si fecerit, quantum terra ipsa eo tempore meliorata valuerit, tantum componat: fisco vero auri untias IIII persolvat. Et hoc precamium, inter eos factum, firmum permaneat, stipulatione subnixa.

Actum Divion, in atrio Sancti Benigni.

Ego Frodinus, licet indignus, prepositus, hunc commutationem, a me factam, relegi et confirmavi, cum ceteris fratribus nostris. S. (6 *noms*) presbyterorum. S. (7 *noms*).

Eigo Airardus, presbyter, in Dei nomine, scripsi et subscripsi. Anno XXIII regnante domino nostro Karolo rege.

---

1. *Non pas au sens technique de bénéfice, mais de biens possédés et exploités par les moines, l'abbaye étant, en droit, propriétaire.*

N° **96.** *Violation de territoires immunitaires. Vols et brigandages. Juridiction séculaire. Jugement.* (*Env.* 863.)

D'Achery, Spicilegium (éd. 1675), XII, p. 154, n° XXXV.

Notitia qualiter vel quibus praesentibus bonis hominibus, quorum superscriptiones vel signacula subter habentur, veniens Witfredus Ecclesiae sancti Mauricii advocatus publice in Viennam civitatem in praesentia Domni Adonis ejusdem Ecclesiae Venerabilis Archiepiscopi, et Erlulfi Vicecomitis, missi illustris Bosonis Comitis, vel judicum qui ibi aderant, et plurimorum nobilium hominum, Sacerdotum et Levitarum, Constantii Coëpiscopi, Arleni Praepositi, Teutelmidei ac Girardi Vicarii, Gautseranni Vicarii, Silicionis, Sigifredi, Ardradi, Ugberti, Annonis, et ceterorum multorum, interpellavit quemdam hominem Sigibertum nomine ut requirebat, et dicens quod ipse Sigibertus cum aliis conductis[1] hominibus liberis et servis emunitatem sancti Mauricii vel sancti Ferreoli, in loco qui dicitur Riparia per vim infregisset, ibique incendium fecisset, et omnia spolia domus violenter auferret, cavallos scilicet, arma, vestimenta et cetera consistentia, malo ordine contra legem[a], per arramitam[2] Annonis de removendis legaliter adfirmavit : quam vero, causam praedictus Sigibertus minime negare valens, confessus est verba Mallatoris in omnibus esse vera, et tunc per judicium supradictorum legaliter pro tanto scelere eidem Advocato vadium suum dedit hujusmodi : namque peracto negotio idem sancti Mauricii Advocatus eumdem Sigibertum interpellavit ex emunitate sancti Mauricii, videlicet de Geneciaco villa, quod eam cum liberis suis ac servis, et reliquis conductis hominibus contra legem et autoritatem divinam invaserit et exspo-

a) *Suppl.* unde Sigibertus.

1. *Loués ou payés pour cela.*
2. *A. promet solennellement que S. se disculpera.*

liaverit, et in suam potestatem malo ordine redegerit, unde se per arramitam Annonis de removendis legaliter adfirmavit; sicque ipse Sigibertus causam praesumptionis et iniquitatis ad praesens negare non valens, coram omnibus confessus est hujus modi interprisionem[1] et praesumptionem in omnibus esse veram; unde judicio praedictorum vadium suum legaliter dedit.

Ceterum vero tertium isdem Sigibertus a praefato Advocato ibidem interpellatus est de emunitate sancti Mauricii ex Alausio villa, quod in eam jubente et amandante illo liberi et servi venirent, ut eamdem emunitatem invaderent et exspoliarent, vinum et annonam inde in suam expensam et usus perducerent, pariter in ipsa villa incendium facerent malo ordine contra legem; unde se per arramitam Annonis legaliter de removendis adfirmavit, et per ipsius manum suumve reditum[b] jurare promisit; quam causam Sigibertus in omnibus denegavit, et per arramitam Gauceranni promisit ad placitum se juraturum, ut eo mandante nullus hominum eamdem villam exspoliarit, aut in ea incendium aut quidquam mali fecerit, quod per legem emendare deberet, pro qua re cui semper larga pietas Ecclesiastica cavens prudenter periculum praesens indulsit[2] sacramentum rogantibus quidem bonis hominibus, et religiosorum virorum intervenientibus precibus, et pro invasione et infractione duarum praedictarum emunitatum, unde confitendo ipse Sigibertus vadios pro omnibus dedit, ex omni multa[c] remissis partibus tribus quartam partem continentem solidos CCC[3] per fidejussionem Erlulfi, Gerardi, Gauteceranni, atque Annonis, proximis Kal. Septemb. se rediturum et impleturum promisit his praesentibus.

b) Lis. suum vereditum (verdict), c.-à-d. promit de jurer qu'il disait vrai. — c) Lis. mulcta.

1. Entreprise, c.-à-d. la violation du territoire.

2. On remarquera que c'est le demandeur et non le tribunal qui fait à l'inculpé la remise de sa preuve.

3. Sigebert, convaincu, devait en effet payer 1,200 sous d'or, soit 600 par chaque territoire immunitaire a enfreint ».

N° 97. *Notice d'aliénation d'immeubles en échange d'une rente viagère en nature. (An. 865, 10 mars.)*

Wartmann, Urk. Abt. S. Gallen, II, 120, n° 506.

Grimaldus, gratia Dei monasterii sancti Galli abba. Scire cupimus omnes tam praesentes quam futuros, quod quaedam femina nomine Adalpirin omnem suam proprietatem, quam habuit in Ekkomarca, ad ius nostri coenobii contradidit atque transfundavit : sub ea ratione, ut nos easdem res statim a nostram potestatem recipiamus, teneamus atque possideamus sub iure proprietatis, absque ullius contradictione, et ei econtra per singulos annos demus usque ad obitum eius quatuor carradas de grano, duas de spelta, alias duas de avena et unum friskingum solido valentem, quando pastura porcorum proveniet, quando autem non, 8 denarios valentem, et uno anno tonica unum solidum valentem, altero vero anno lineam, qui dicitur *smoccho*, duas tremissas valentem. Actum in Altorf publice, presentibus multis. Signum Grimaldi abbatis et advocati sui Ruadperti, qui hoc precarium fieri voluerunt. S. Hartmoti decani, † Ruadhoi praepositi, † Uualtharii sacratarii, † Erlebaldi portarii, † Cotaberti cellararii. Signa aliorum testium qui praesentes fuerunt (10 *noms*). Ego itaque Albrih indignus diaconus rogatus scripsi et subscripsi. Notavi diem sabbati, 6 idus Martii, anno 15 Hludouuici regis, sub Keroldo comite.

N° 98. *Notice de tradition. Mise en possession* (introductio). *Loi romaine faussement invoquée. (An. 865.)*

Cart. de Corméry (Mém. Soc. arch. Tour., t. XII, 1861), n° XXVI.

Donatio Eboli

Traditio sub quorum praesentia qui affuerunt vel subterfirmaverunt, qualiter veniens homo quidam nomine Ebolus in villa quae dicitur Nucius, ad illum mansum quem Ebolus tradidit[1] partibus Sancti Pauli et rectori ejusdem ecclesiae, venerabili Audachro, quam coram istis fratribus et aliis bonis hominibus confirmavit. Ideoque placuit supra dicto Ebolo, ut ipsum mansum beato Paulo Apostolo vel ipsius monachis seu ipsius venerabili Audachro abbati traditionem vel introductionem locorum secundum legem romanam facere deberet : quod ita et fecit. Est ipse mansus in pago Biturico, in vicaria Ebomacinse, in villa quae dicitur Nucius. Haec omnia jam dicta a die praesente tradidit ad monachos, nominibus Adriano, Gotefredo, Matfredo, partibus ipsius beati Pauli Apostoli, per casualem et vineam et terram et per arbusta est traditurus vel impleturus, ita ut secundum legis ordinem teneant et possideant. His praesentibus actum fuit. Signum Eboli, qui hanc traditionem fieri vel adfirmare rogavit. Signum Grimohardi, qui hanc traditionem fieri consensit. S. (7 *noms*).

Data traditione in mense augusto, XI calendas septembris, regnante Carolo rege anno **XXV**.

Ego Matfredus rogatus scripsi et subscripsi.

N° **99.** *Testament d'un comte (Evrard). Sa « librairie »,*
(An. 867.)

D'Achéry Spicil. XII, p. 490 et suiv.

..... De libris etiam ejusdem Capellae nostrae divisionem[2] inter eos facere voluimus.

Imprimis volumus ut Unroch habeat psalterium nostrum duplum, et bibliothecam nostram, et librum S. Augustini de verbis Domini, et librum de lege Francorum et Ribuariorum et Langobardorum, et Alamannorum et Bavariorum;

1. *Dont E. avait déjà fait donation.*
2. *Ce comte avait des propriétés en Lombardie, en Francie et en Alémannie. « Divisio », partage.*

et librum rei militaris, et librum dé diversis sermónibus qui incipit De Elia et Achab ; et librum de constitutionibus Principum et edictis Imperatórum; et Synonyma Isidori, et librum de quatuor virtutibus, et Evangelium, et librum bestiarum, et cosmographiam Elhici philosophi. Berengarius aliud psalterium volumus ut habeat cum auro scriptum, et librum de civitate Dei S. Augustini, de verbis Domini, et gesta Pontificum Romanorum, et gesta Francorum, et libros Isidori, Fulgentii, Martini Episcoporum, et librum Ephrem, et Synonyma Isidori, et librum glossarum et explanationis et dierum. Adalardus tertium psalterium volumus ut habeat, quod ad nostrum opus habuimus, et expositionem super epistolas Pauli, et librum sancti Augustini de verbis Domini, et super Ezechielem Prophetam, et lectionarium de Epistolis et Evangeliis cum auro scriptum, et vitam S. Martini et librum Aniani, et volumen septem librorum Magni Orosii Pauli, et libros S. Augustini, Hyeronymi Presbyteri, et hoc quod Jacobus ait *Qui totam legem servaverit et in uno offenderit, factus est omnium reus.* Rodulfus, volumus ut psalterium cum sua expositione habeat, quem Gisla ad opus suum habuit, et Smaragdum et Collectaneum, et Fulgentium, et Missale quotidianum, quod semper in nostra Capella habuimus, et vitam S. Martini et fisionomia Loxi medici, et ordinem priorum principum.

Primogenita etiam filia nostra Engeldrud volumus ut habeat librum, qui appellatur Vitas Patrum, et librum de doctrina S. Basilidis, et Apollonium, et Synonyma Isidori. Judith, volumus ut habeat missale unum, et librum unum qui incipit a sermone S. Augustini de ebrietate, et legem Langobardorum, et librum Alguini ad Eridonem[a] Comitem. Heilvinch, volumus ut habeat missale unum et Passionalem, et librum orationum cum psalmis, et libellum de orationibus. Gisla, volumus ut habeat librum de quatuor virtutibus, et Enchiridion S. Augustini.

a) *Lis.* Alcuini ad Widonem.

N° 100. *Attentat contre la propriété. Revendication. Plait.*
(*An.* 867.)

Pérard, Rec. Bourg,, p. 147 (cf. Anal. Divion, p. 103).

Cum resedisset Isaac dono Dei Episcopus, et Odo comes,
vel missi dominici, in Luco villa, in mallo publico, ad uni-
versorum causas audiendas, vel recta iudicia iudicantes, vel
dirimendas una cum scabineis, et aliis plures hominibus,
qui ibidem aderant, veniens homo aliquis ibi nomine Alcaudus advocatus sancti Mammetis, vel Isaac Episcopi, mallavit
hominem aliquem nomine Hildebernum, et dixit quod ipse
Hildebernus et sui servi, et sui franci, venissent in fine Bru-
ciacensi, Gediacensi, et in Saciacensi, in terra vel in silva
sancti Benigni, et ibi tallassent vel occidissent uno casno de
sancto Benigno, de villa Saciaco, ordinante Hildeberno malo
ordine; et dixit quod tales testes haberet, et per iudicium
Escabineorum, Vualdricus[1] arramivit post XL noctes in
proximo mallo, quod in Uscarense, et in Atoeriis ipsi missi
tenent, ipse Alcaudus, cum sua testimonia Hildeberno
adprobare faciat. Hi sunt qui praesentes adfuerunt, Deoda-
tus, Godono, Arembertus, Durant, Odelerio, Vulfrico, Mi-
miono, Vualdrico, Brunart, Auvarno, Helisio, Achevo, Blit-
bodo, Eldii, Hisvart, Armant, Andrii, Desiderio, Servado.
Ego Otrannus, levita, scripsi et subscripsi, datavi, die Martis
in menso Decembri, in anno XXVII. regnante Karolo rege.

N° 100 *bis. Même affaire. Défendeur défaillant, dont acte.*
Notice. (*An.* 868.)

Pérard. ib. p. 148.

Notitia Geist cartae, qualiter Heldebernus geitivus[2] appa-
ruit pro ea causa, unde Alcaudus advocatus sancti Stephani

---

1. *V. se porte caution, promet que A. prouvera.*
2. *Pour* jectivus, *défaillant* (sachfällig).

et sancti Benigni, vel Isaac Episcopi, in Luco villa, in Mallo publico, ante praedictum Isaac Episcopum, et Odilonem Comitem, et Hisdebaldum Abbatem, sive Bertrannum missos dominicos, et alios plures, qui ibi adfuerunt ad multorum causas audiendas, vel recta iudicia facienda, praedictus Alcaudus ipsum Heldebernum mallavit, et dixit quod idem Heldebernus cum suis, tam francis quam servis, in fine Bruciaci, vel in Gilbuacense, seu in Saciacense, in silva sancti Benigni venissent, et ipso Heldeberno praecipiente, Casnum mortificasset malo ordine : ipse autem Heldebernus respondit ei quod non iuste, sed iniuste eum mallasset. Alcaudus vero contra eum Vuidridum[1] stipulavit, unde ante hos dies, per iudicium Scabiniorum ad respectum fuerunt. Tunc ipsi scabinei decreverunt iudicium, quod post XL noctes, in proximo mallo, ipse Heldebernus contra Alcaudum iurasset, aut quod lex est fecisset. Deinde, post legitimas noctes, in proximo mallo, in Cugarone, ante Isaac Episcopum, et Odonem Comitem, ipse Alcaudus venit, Heldebernum ibi secundum legem clamavit. Cum vero Heldebernus ibi non esset, Alcaudus Vuidridum iuravit : sed quia Heldebernus ibi non venit, nec suam Acloniam[2] denunciavit, in omnibus geitivus apparuit, tunc iudicaverunt ipsi scabinei, ut Alcaudus hanc noticiam Geist cartae acciperet, quod et fecit his praesentibus.|Signum Radulfi. S. Odelrici, S. Eldii, S. Elitbodi, S. Odelerii, S. Isnandi, S. Vulfrici, S. Mummii, S. Armanni, S. Adalberti, S. Sigemunni, S. Andrici, S. Vuineverti, S. Vuidrici, S. Desiderii, S. Servadi. Ego Norgaudus levita, scripsi et subscripsi, datavi mense Februario, anno XXVIII, regnante Domino nostro Karolo rege.

1. *A. (demandeur) promet le contre-serment (Wiedereld).*
2. *Lis. essoniam, essoine, excuse légale.*

N° 100 *ter*. *Même affaire. Notice d' « évindication »* (An. 870.)

Ibid., p. 149.

Notitia evindicationis, qualiter veniens Alcaudus advocatus sancti Benigni et sancti Stephani, in Mallo publico, in villa quae dicitur Curtanonus, ante Isaac Episcopum, et Odonem Comitem, sive Bertrannum, missos dominicos et alios plures qui ibi adfuerant ob multorum causas audiendas, sive recta iudicia terminanda : interpellavit seu mallavit quemdam hominem, nomine Hildebernum, et dixit quod Hildebernus, ante hos dies, per iudicium scabineorum ad 'respectum'[1] fuissent super res Sancti Benigni, quas idem Hildebernus iniuste retinebat, et praedictus Alcaudus iudicium et geist cartam in manu tenens, unde in alteros mallos, de duobus casnis mallatus fuit ipse Hildebernus, et sacramentum aframivit; unde gietivos remansit, et de tertio casno preiudicium scabineorum, in altero mallo eumdem Hildebernum, cum testibus adprobavit. Ipse vero Hildebernus, ante praedictos missos stans, nulla certa valebat dicere, cur ipsos casno sive terram ipsam retineret; tunc iudicatum est a supradictis scabineis, ut de ipsis casnis, quos mortificavit, legem faceret et revuadiaret seu supradictam terram legaliter redderet, quod et fecit. Denique, idem Hildebernus super ipsam terram venit in fine Renualdense, et a publica via quae vadit de Cernana ad Revualdicum villam usque ad vallem iuxta illam ubi Rivulus decurrit, et desursum usque ad silvam, quantum ipsa finis continet, supradicto Alcaudo Advocato, per herbam et cespitem, ad partem sancti Benigni reddidit revestitum, fecit his praesentibus. Signum Romestanii, S. Guntardi, S. Radulfi, S. Berterii, S. Carli, S. Reulfi, S. Blitbodi, S. Madalaldi, S. Ornardi, S. Brinardi,

---

1. *Sur les lieux mêmes.*

S. Aganonis, S. Odilonis, S. Andrici, S. Ingalgarii, S. Odolgisi, S. Godebaldi, S. Achevi, S. Vualdonis, S. Fromaldi, S. Amelii, S. Eilberti. Ego Bernardus Diaconus, hanc evindicationem scripsi et subscripsi, datavi, die Martis in Curtanono, anno XXX regnante domino nostro Karolo rege.

N° **101.** *Comte contre abbé. Plait. Immeubles revendiqués comme étant bénéfice du demandeur. Défendeur oppose titres de propriété et possession paisible pendant trente ans. Procédure de preuves. Notice de renonciation. (An. 868, août.)*

Hist. Langued., t. II, n° 169.

In judicio Salomonis comitis, Eldesindo vicecomite et de judices qui jussi sunt causas audire, dirimere vel judicare, il est Trasebado, Ermemiro, Absalon, Longobardo, Berane, Galindone judicum et in presentia Wiliemundo presbytero, Walarico presbitero, Wilterico, Suniario, Wanzane, Suniario Fredenando, Sanson, Dodone et Gintile saione vel aliorum plurimorum bonorum qui in ipso judicio residebant, veniens homo nomine Ricosindus quique mandatarius Salomoni comite causas perquirere vel mallare, unde et dicens : « Audite me cum isto mandatario de Witizane abbate et Protasio presbitero, qui ipsas cartas accepit de ipsum alode de villa Canavellas et Tresvallos et Ucenias de Anna et Eldeberto abbate et eas protulit in judicio qualiter tenet in ipsis supradictis locis, casalibus, vineis, terris, hortos et arbores, qui debet esse de beneficio seniori nostro. » Tunc ipsi judices ad ipsum mandatario nomine Wardina dixerunt : « Quid ad hec respondes ? » Et ille dixit : « Ego omnia ista teneo per isto mandato cujus vocem prosequor per cartas legibus factas quas fecit Anna et Eldebertus abba cum monachis suis et ad illos fecit Rotrudes pro eleemosyna et illud aliud dimisit filiae suae Annæ, et illa fecit carta faciente Protasio ad domum Sancti Andreae eleemosinarum. » Iterum praedicti judices Recosindo misso comitis dixerunt : « Potes habere testes aut scripturas aut ullum iudicium veritatis, unde legibus convincere possis ut per trigenta annos quieto ordine fuisset beneficius et proprius non debuisset esse de ista Anna aut de matre sua Rotrude aut avio suo Berane comite aut in isto aut in alio aut in tertio placito. » Et ille Recosindus in suo responso dixit : « Non possum habere quod dicitis nulloque tempore. » Tunc ipsi judices interrogaverunt ipsum mandatario coenobio Sancti Andreæ si potuisset adsumere vocem datoris et firmare legibus cum testimonia ipsas cartas et ipsum alodum ut infra istos trigenta annos aut supra legibus aut quiete tenuisset aut possessores fuissent Anna aut matre sua Rotrudes qui istas cartas donationis eleemosynarum fecerunt ad Sanctum Stephanum vel Sancto Androae ex voci vel patri suo Berane. Et ille respondit : « Sic possum abere tale testimonia quomodo Bera comes habuit ipsum alodem ex comparatione vel alode parentorum suorum et quiete possedit et dimisit filia sua Rotrude, et Rotrudes quieto tenuit per triginta annis et supra et quiete dimisit filiae suae Annae vel Eldeperto abbate pro carta donationis per legis ordine. » Unde sic dedit iste Wardina mandatarius vel Protasius presbyter tale testimonia qui juraverunt ad seria conditione sicut superius scriptum est. Iterum praedicti judices Recosindo mandatario Salomonis comitis dixerunt : « Fac cito exvacuationem, sicut superius responsum dedisti. » « Sic me exvacuo ego Recosindus ab interrogatione judicum quod non possum diffamare ipsos testes et ipsas scripturas, nec testes ampliores nec moliores ut legibus convincere possim ut beneficius debeat esse, nec per scripturas nec per ullum indicium veritatis nec in isto placito nec in alio nec nulloque tempore, et haec mea evacuatio vera est quod negare [non] possum in vestre supradicto judicio. » Facta exvacuatione sub die XV Kalendas septembris, anno XXVIIII regnante Karulo rege. Recosindus subscripsi et feci. Fredemundus subscripsi. Signum Ermefredi. S. Godemarii. Vacanus subscripsi. S.

Ermenoi. Sig. Isideri. S. Ausiliro. Sanson subscripsi. Enni-
mirus. Galindo subscripsi. Absalon subscripsi. Titwardo
subscripsi. Bera subscripsi. Juliono Dei miseratione presbyter qui bannum evacuationis scripsi et subscripsi sub die
et anno quo supra.

N° 102. *Charte faussée par une femme, soutenue véritable,
« avérée », par un mari agissant en justice pour sa femme.
Offre de prouver par serment et témoins et par bataille. Loi
salique. Charte-notice. (An. 870, avril.)*

Cart. Cluny, n° 15).

Notitia qualiter quibus presentibus bonis omnibus in
eorum presencia, qui hanc noticia subterfirmaverunt, eorum
subscripcionis vel signacula subterfirmaverunt, insertum
Salomoni placitum suum quem aput Benedictam initum abuit
per judicium et judices, inluster vir nomine Gerar, comes,
ipsum placitum qualiter ipsi judicatum fuit, et in suum
judicium legitur, et aram emoni *a* repromisum abuit, quod
in placitum debuit presentare testimonia ad vicem Anestasiano, uxore sua, secundum lege salica, et jurare quod ipsa
carta, quod Benedicta transpunxit de suum nomine in
nomine Anestasiano, uxore ipsius Salomono, et in Eldrien,
quod ipsa carta in omnibus de suum nomine vera fuisset,
nam non falsa, et ipsa Benedicta eam scribere rogasset,
atque sua mano propria firmasset. Qualiter veniens ipse
Salomon ad ipsum placitum, sicut institutum fuit, in Vienna
civitate, in mallo publico, ante inluster vir Geyrardo comite,
seo domni patri Adoni archiepiscopi, et Angilbotono vicecomite, et judices et vicarios qui ibidem aderant. I sunt :

_____

a) *Mot altéré.* Contradictori (*Bruel*) *ne convient pas.* Aram... (*adra-
mire, arramir*) *indique, en tout cas, la promesse solennelle qu'avait
faite, dans un premier plait, S. de comparaître dans un second plait
(celui-ci), afin d'y fournir sa preuve.*

Ayrardo, Gerardo, Rodstannus, Erlulfus, Subozo, item Rodstannus, Eldemarus, Matfredus, Desiderius, Autbertus, Raenestanus, Cristianus, Magnoinus, Fredlano, Sierius, Upertus, item Upertus, Geyroardus, Giroldus, Raculfus, Dodo, Vualdo, Rodoardus, Agateus, Bertrannus admanuensis, vel aliis quamplures personis et bonis ominibus qui cum eos ibidem aderant, pro multorum ominum altercacionis causis audiendas, et negociis causarum dirimendas, adque rectis, justis judiciis terminandis vel finiendis ; ibique in eorum presencia, ipse Salomon preparatus fuit una cum sua testimonia[1] ad ipsum sacramentum peribendum vel ipsa carta adverandum, seu et ad batalia sicut ey concessit domnus Lottarius rex[2], et ipsa Benedicta ad presens stetit, et ipsa carta, quod in manu Salomonis transpunxit, bona et vera dixit acque concredidit, et per suum vuadium ipsas res et mancipia ipsius Salomonis redidit qualiter lex est et per [b]..... repromisit quod super ipsas res veniat et legitima vestitura faciat; sin autem, faciat quod lex est. Ego Adamarus presens fuit. Aldo presens fuit. Sig. Vualcaudo. Vuitardus presens fuit. Sig. Gilaranus. Ego Raudingus subscripsi. Ego Bercius presens fuit. Ego Ado presens fui. Vuidmarus. Vuido. Samson. S. Godmarus présens fui et subscripsi. Bertrannus, admunuensis, fici jussi. Facta noticia die martis, in mense apreli, anno primo eo Lottarius rex obiit.

(*Au dos :*) Noticia Salomonis Vienensis.

---

b) *A suppléer, non pas (avec **Bruel**), peotus ou cespitem, ce qui n'a aucun sens, mais vraisemblablement,* fidejussorem. *Voy. l'espèce analogue,* Cart. Cluny, *n° 8, p. 7. (An. 814.)*

1. *Ces « témoins » me paraissent être non pas des signataires de la charte attaquée (firmatores), mais des cojureurs qui confirmeront le serment de S.*

2. *Je ne connais pas d'autre exemple de ce curieux privilége, dû peut-être à ce que S. s'offre à la bataille pour soutenir, non sa cause, mais celle de sa femme.*

N° 103. *Plait devant des commissaires d'un évêque. Abbé re-*
vendiquant contre des hommes de l'abbaye des terres reçues
en bénéfice, mais qu'ils prétendent être leur propriété. Sca-
bins. Formes judiciaires du droit séculier. (An. 870.)

Pérard, Rec. Bourgogne, p. 150.

Notitia, qualiter veniens in castrum Divion. Bertilo Core-
piscopus et Abbas sancti Benigni, in solarium sancti Stephani super muros positum, coram missis domni Isaac
venerabilis Episcopi, Berfredo videlicet Abbate et Mummione,
atque Brunardo, vasallis ipsius, caeterisque quampluribus,
interpellavit quosdam homines sancti Benigni Bonefridum,
et Everfredum, ac Radulfum, cohaeredes quoque eorum, de
rebus beati Benigni sitis in villa Ischiriaco, proclamans
quoniam pater eorum Burigerinus, et filii eius Everfredus et
Barlus, eas pro beneficio tenuerat, et illi malo ordine in
propriis usibus usurpabant alodum[1]: et de hoc testes adhi-
buit praedictus Abba, qui ita esse in omnibus attestantes,
affirmaverunt sicut ille dicebat, his nominibus, Trudulfum,
Servadum, Vulfannum, Moysem, Madelgaudum, Ysembertum,
Magnarium, Grimbertum, Baldoinum, Alduinum. Cumque
quamdam adversum hos testes notitiam ostendissent, et lecta
in conspectu bonorum hominum ibidem adstantium, falsa
fuisset comprobata, diudicatum est, ut interrogarentur si
testes ex parte sancti Benigni reciperent qui haec testa-
bantur, quod cum devecti ita se facere respondissent,
praesentes judicaverunt scabinei, cum aliis adsistentibus
hominibus, ut res secundum legem redderent supradictas,
sicque facientes, cum festuca se in omnibus exutos dixerunt,
et per vuadium praefato Abbati et missis domini Isaac
reddiderunt. Facta est hoc lege, his praesentibus, Berfredus

---

1. *Ici, sens de propriété opposé à bénéfice.*

Abbas subscripsi. Signum Mummionis. S. Brunardi. S.
Achae, S. Avarni, S. Odilonis, S. Bisonis, S. Avolonii, S.
Elisei, S. Archendrici, S. Huonis, S. Moyse, S. Alarico,
S. Atalfei, S. Vuandaleno. Ego Airardus Presbyter, hanc
noticiam relegi et subscripsi. Datum XI Kal. Maii, indic-
tione III. anno XXX regnante Karolo rege.

N° **104.** *Abbé (monastère) contre un archevêque. Dette. Tribunal séculier. Dépositions[1] écrites de témoins, sous serment,
puis signées. (An. 873, 23 avril.)*

Hist. Languedoc. II, Pr., n° 183.

Condiciones sacramentorum, ad quas ex ordinatione Salamon misso, Isimberto sco et judices qui jussi sunt causas
dirimere vel legibus diffinire, id sunt quinque, Wnitesindo,
Medemane, Uniforte, Argefredo, Eigone judicum, et Vulfino
clerico et Adoura saione vel aliis quamplures bonis hominibus, qui cum ipsis in idem aderant in mallo publico ante
castro Menerba, id est in praesentia Baldomare, Gildemiro,
Invuirico, Joanne, Leonargo, Stavile, Eingerico, Amalberto,
Bellone, Edroario, Anteo, Ildefredo, Daniel, Vuillierico,
Flavione, Hermemiro et Licinio, testificant et jurant testes
prolati quos profert homo nomine Unifortis, qui est mandatarius de homine nomine Daniel abbate vel cuncta concrecasione monasterii sivi commissa monacorum sancti Petri
apostoli Christi, cujus ecclesia sita est in paco vel territorio
Narbonense, suburbio Minerbense, justa fluvio quem vocant
Argentedublum, in facie de supradicto misso vel judices
vel aliis quamplures bonis hominibus, qui in ipso placito cum
ipsos residebant, propter res vel devitum quod ad jamdicta
concrecasione superius scripta monasterii Sancti Petri, quod

1. *Et non pas jugement (Hist. Lang. Pr. II, p. 370). Les témoins
sont produits sur l'ordre de...*

eis debebat vel devitor est homo, nomene Fredaldus, archiepiscobus de Narbona civitate sedis Narbonensis sancti Justis et
Pastoris vel sua concrecasione ibidem commissa. Quando mortuus fuit Fredaldus archiepiscobus, devitor erat ad jamdicta
concrecasione monasterii superius scripta solido CCCL[a]
sanctorum Petri et Pauli probter vinos et annonas, argentum,
mulo et kavallos vel vestimenta, quod praestavit et vendidit
homo qui fuit [nomine] Egiga habba de jamdicto monasterio
et sua concrecasio, qui ad eo tempore ibidem erat commissa
simul pariter. Et sunt nomina testium qui hoc testificant et
jurant : hic sunt Arenarius, Ilpericus, Stephanus, Wifredus,
Macanoius, Magnaldus, Venerandus, Franco, Amumnus,
Invviramnus, Adalbertus, Aigobertus, Reculfus, Bonaricus,
Bellus, Alaricus, Ermenfredus qui jurantes a ..... « dicimus
per Deum patrem homnipotentem et Jesum Christum filium
ejus Sanctumque Spiritum, qui est in Trinitate unus et
verus Deus, et per te locum venerationis sancto Nazario
martyre Christi cujus eglesia sita est ante Kastro Minerba,
supra cujus sacrosancto altario as condiciones superpositas
manibus nostris praesens contenemus vel jurando contangimus : quia nos jamdicti testes ximus et bene in veritate
notum havemus et vidimus et praesentialiter fuimus in
jamdicto monasterio superius scripto, quando jamdictus
Fredaldus archiepiscobus in itinere venit in jamdicto monasterio Sancti Petri et Pauli et sic recepit ipsa annona et
ipsum vinum, id est in primis modios viginti de frumento et
viginti de vino, valente solidos septuaginta, in res mulo et
kavallos et prunia [1] et alias res valentes solidos CCCC et
alias plures res quod jamdictus Egiga abba et presbyter
quidam, qui fuit ad jamdicto monasterio Sancti Petri et
Pauli et sua concrecasio ipidem commissa, quae ad eo tempore erat, praestitum fecit de jamdictas res superius scriptas

a) *Peut-être* CCCC, *voir plus bas, ou inversement.*

1. *Sans doute, pour* brunia, broignes, *cuirasses faites de peau, avec
anneaux de fer cousus, très rapprochés.*

ita et vendidi[t]; et quando jamdictus Fredaldus archiepiscobus de oc seculo obuit, debitor erat justissime de jamdictas res superius scriptas abint esse, sicut superius scriptum esset, ad jamdicta concrecasione monacorum vel clericorum ibidem commissa Sancti Petri et Pauli, sicut superius scriptum est; et damus unc testimonium infra mettas[1] temporis et a... ximus[b] recte et fideliter testificamur de hac causa per super adnixum juramentum in Domino. » Late condiciones sub die VIIII Kalendas madias, anno XXXIII regnante domno nostro Karulo rege. Signum † Arenario. S. † Ilperico. S. † Stefano. S. † Wifredo. S. † Maquanoius. S. † Magnaldus. S. † Venerandus. S. † Francone. S. † Amumnus. S. † Inwiramnus. S. † Adalberto. S. † Aigooberto. S. † Reculfo. S. † Bonarico. S. † Bellone. S. † Alarico. S. † Ermenfredo. S. † Salomon, qui as condiciones juravimus. Inchericus. Stabiles.

N° 105. *Contrat de vente d'immeubles. Investiture symbolique. Déguerpissement. Paiement de prix. « Levare cartam ». Tradition de la charte. Invitation (rogatio) au notaire et aux témoins. Droit frank en Italie. (An. 872, nov. 22.)*

Mabillon, De re diplomat. (éd. 3, Naples, 1789, 562, et éd. 2 Paris, 1709, 542, n° 102). — Lœrsch et Schrœder, Urk. n° 68.

In domino nomini Dei et Salvatoris nostri Iesu Christi. Hludowicus, divina ordinante providentia imperator augustus, Deo propitio anno imperii eius 22, menso Novembri, indictione 5. Vobis, domino meo Ludovico, glorioso imperatori, ego Sisenandus ex genere Francorum, filius quondam Anastasii et missus Supponis comitis. Manifesta causa est accepisse, sicuti et in praesentia testium accepi a vobis per

b) *Lis.* diximus.

1. *Dans les délais.*

missum vestrum Adoaldum, argentum libras decem, finitum[1] pretium, pro casis et omnibus rebus illius iuris mei, quae habere visus sum in loco qui dicitur Casaurus, pago Pinnensi[2], omnia insimul se tenente, quae sunt super totum in terram arabilem et vineam, seu modiorum duodecim, ubi cohaerent ab uno latere et uno capite via publica, de alio latere terram Adelongi et de germanis suis et alio capite tenente in fluvio Piscar, ut dictum est, tam casis, curtis, ortis, areis, vineis, silvis, terris, pascuis et stalariis, rivis, rupinis ac paludibus, coltis et incoltis, divisis et indivisis, cum finibus, terminis, accessionibus et usibus aquarum aquarumve decursibus, et cum molendinis, cum omnibus et in omnibus inibi meo iuri pertinentibus, cum superioribus et inferioribus suis, in integrum habendum vobis domino meo Ludovico, glorioso imperatori, pro vestro argento vendo, trado et mancipo, liberis quoque ab omni nexu publico privatove, nulli alii venditis, donatis, alienatis, obnoxiatis vel traditis, nisi vobis. Et iuxta legem meam per cultellum et festucam notatum seu guasonem terrae vobis exinde ad vestram partem corporalem facio vestituram, ad vestram proprietatem habendum, et me exinde foris expuli et absasito feci, faciendum exin a praesenti die tam vos quamque haeredes vestri aut cui vos dederitis vel habere statueritis proprietario nomine quaecumque volueritis, sine omni mea et heredum ac proheredum meorum contradictione vel repetitione, et nihil mihi infra ipsa cohaerentia aliquid reservasse professus sum, sed dico me meosque omnes exin a praesenti quod foris essisemus. Si quis vero, quod futurum esse non credo, si ego ipse Sisenandus, quod absit, aut ullus de heredibus ac proheredibus meis seu qualibet opposita persona contra hanc cartulam venditionis meae ire aut eam infringere conaverimus, inferamus vobis poenam, quae est multa auri

1. *Convenu.*
2. *Pays de Penn, Rivière de Pescara, Abruzzo ulteriore (Marchia Firmana).*

optimi libra una, et quod repetierimus vindicare non valeamus, sed praesens cartula vinditionis diuturnis temporibus maneat inconvulsa cum stipulatione subnixa. Insuper et a me qui supra Sisenando vel heredibus ac proheredibus meis vobis domino Ludovico imperatori glorioso vestrisqûe heredibus, aut cui vos dederitis vel habere statueritis, predictis casis et omnibus rebus, sicut superius sunt comprehensis, in integrum ab omni homine sint defensatis. Quod si defendere non potuerimus, aut si vobis exinde aliquis pro quovis ingenium subtrahere quaesierimus, in duplex vobis aut cui vos dederitis vel habere statueritis restituamus, sicut pro tempore fuerint melioratis aut valerint sub aestimatione in eodem loco, et nihil mihi ex pretio aliquid reddideris. Dixi et pergamena cum atramentario de terra elevans Ariperto, notario domini imperatoris, tradidi et scribere rogavi, in qua subter confirmans testibusque obtuli roborandum. Actum in villa quae dicitur Vico, ubi ipse augustus praecerat feliciter.

Ego Sisenandus in hac cartula venditionis a me facta superius hoc suprascriptum argentum accepi. Signum † manus Dagiberti ex genere Francorum, vasallo Aderaldi, testis. S. † manus Ischerio ex genere Francorum, vasallo Wichodi episcopi testis. S. † manus Juneradi, ex genere Francorum, vassallo ipsius domni imperatoris, testis. S. † manus Lampaldi ex genere Francorum, vassallo Wichodi episcopi, testis. S. † manus Wilari, vassallo Andraoi episcopi, testis. S. † manus Richardi ex genere Francorum, vassallo And.aei vocati episcopi, testis. Ego Agelmundus, iudex domini imperatoris, in hac cartula vinditionis rogatus a Sisenando supradictum argentum accipere vidi. Ego Albertus, notarius domini imperatoris, in hac cartula vindicionis a Sisenando suprascripto et suprascriptum argentum accipere vidi. Petrus, notarius domini imperatoris, in hac cartula venditionis rogatus a Sisenando testis suprascriptum argentum accipere vidi. Ego Aripertus, notarius domini imperatoris, scriptor huius cartulae venditionis.

N° **106**. *Procès d'état. Mandataire d'un comte contre un soi-disant serf fiscal. Revendication de liberté. Moyens invoqués et procédure de preuves. Loi des Wisigoths. Renonciation solennelle à sa prétention par le demandeur. (An. 874, 25 mars.)*

Hist. Lang. (éd. Privat), n° 185.

In juditio Mirone comite seu de judices qui jussi sunt causa audire, dirimere vel recte judicare, id est Langobardus, Bera, Odolpaldus, Dodo, Stephanus, Fulgentius et Guintiocus judicum, vel in presentia aliorum multorum bonorum hominum, Kandiani presbyteri, Rautefredi, Cesari, Gulfredi, Maurecati, Senfredi, Enneconi, Siseguti, Danieli, Luponi, Enalario sajone, omnes qui in ipso juditio residebant ; veniens homo nomine Sesenandus mandatarius Mirone comite et dixit[1] : « Audite me cum isto Laurentio, qualiter servus fiscalis debet esse ex nascendo de parentes, de abios suos cum fratres vel parentes suos et servitium fecerint domno Suniefredo comite genitore seniore meo ad parte fiscali per preceptum, quod precellentissimus rex Carulus fecit domno Suniefredo comite, cujus voce me mandatarium mandat inquirere senior meus. » Tunc supradicti judices dixerunt Laurentio qui est inquietatus pro se et parentes suos : « Qui ad hec respondis ? » Et ille in suis responsis dixit : « Non debeo esse servus fiscalis nec parentes mei ex nascendo de bisabios vel visabias ex paterno vel materno, quia ego et parentes mei sicut Lex Gotorum continet per XXX vel quinquaginta annis in domos in qua nati sumus inter presentes instetimus absque blandimento vel jugo servitutis in villa Canabellas, nullo comite vel judice nos

---

1. *Notice de jugement remarquable par l'exposition méthodique des incidents et la forme dramatique qu'elle conserve au procès. (Cette observation s'applique à beaucoup de chartes ou notices du Languedoc et, en général, à quelques documents de même nature de la France du midi).*

inquietante. » Nos vero judices Sesenando mandatario diximus : « Potes habere testes aut scripturas aut ullum indicium veritatis, unde probare possis isto Laurentio fratres vel parentes suos, ut servi fiscale seniori tuo debeant esse, ut infra istos legitimos annos quod responsum dedit servituti fuissent ? » Et ille dixit : « Non habeo alia probatione, nisi inveni in breve senioris mei, quod pater suus ei dimisit femina Ludinia, qui fuit parentes istius parentele quem ego prosequor. » Nos vero judices diximus Laurentio : « Unde advenit ista femina Ludinia in isto breve qui fuit soror abie tue, si ancilla fiscalis non fuit. » Et Laurentius respondit : « Nescio quomodo hic resonat, set unum scio quod ancilla inclinata in servitio non fuit; set si aliunde ad filios suos conditio servilis non avenit de parentes, quod mihi conjuncta est, non pertinet ad filios suos servilis conditio. » Nos autem perquisimus in Lege Gothorum, ubi dicunt : *Si quis ingenuum ad servitium addicere voluerit, ipse doceat quo ordine ei servus advenerit, et si servus ingenuum se esse dixerit, et ipsi simili modo ingenuitatis sue formam*[a] *ostendat probationem*[1], et cetera que secuntur. Proinde diximus ad isto Laurentio si potuisset tales habere testes, sicut lex continet, ut nullum ex fisco persolvere debeat ille aut parentes sui. Ille dixit : « Possum. » Introduxit legitimos quatuor testes absque ullo crimine[2], id est Guitesindo, Ataulfo, Bieles et Biatarius, qui juraverunt a serie conditione, sicut ibidem insertum est. Tunc nos supradioti judices Sesennando diximus : « Potes alios habere testes ampliores aut meliores, aut crimen quod in lege vetitum est testificandi dicere hodie aut postmodum? » Et ille in suis responsis dixit : « Non possum habere testes nec scripturas nec ullum indicium veritatis, unde istos testes diffamiare possim aut istos ad servitium inclinare, neque istos trinos

---

a) *Lis.* firmam.

1. *Lex Wisig. Lib. V, tit. VII,* § viii.
2. *Reproche.*

placitos nec ulloque tempore et hodie et deinceps, sic me recogr. .... vel exvacuo ab interrogatione judicum et praesenti. bonorum hominum, in villa Verneto, in ecclesia Sancti Saturnini, et ut sacramenta fecerunt isti testes veraciter recepi per jussione senioris mei, et ea quae feci recte et veraciter me recognosco vel exvacuo in vestrorum judicio vel suprascriptorum presentia. » Facta recognitione vel exvacuatione sub die VIII Kalendas aprilis, anno XXXIIII regnante Karulo rege. Sig † num Sesenandi mandatario domno Mirone comite ad causas fiscalis requirendas, qui hanc recognitione vel exvacuatione feci et testes tradidi ad roborandum. Miro. Intiocus. S. Protasius. Si domnus comes hoc est Deo propicio sive me adjuvante, fuerit conversus[1]... qui hanc scriptura recognitionis vel exvacuationis jussus scripsi et die et anno quo supra.

N° 107. *Plait en présence d'un vicomte assisté de vicaires et de « juges ». Evêque contre laïque. Revendication immobilière. Notice de jugement attaquée. Preuve par témoins. Formes judiciaires. (An. 876, 22 avril.)*

Germer-Durand, Cart. N. D. de Nimes, n° I.

De Bizago

Noticia qualiter veniens Gibertus episcopus, in Nemauso civitate, ante castrum Arenae[2], in mallo publico, ante Bertranno, vicis-comite, Gisalfredo et Gontario, vicariis ; Dei dono, Geronimo, Teodberto, Ermenrado, Agonone, judicibus (*puta 20 noms*), vel aliarum plurimarum personarum, qui ibidem aderant ad causas audiendas rectaque judicia terminanda. Predictus episcopus, in eorum presentia, protu-

---

1. Si... conversus... *fin tronquée, d'ailleurs, inutile.*
2. *L'amphithéâtre romain transformé en forteresse et connu, au moyen âge, sous le nom de « Château des Arènes »*

lit noticiam in qua continebatur qualiter Bernarius, ejus advocatus, in presentia Eralii, vicis-comiti, jamdudum in mallo publico Bernardum interpellaverat, sicut in ipsa noticia insertum est, quod predictus Bernardus villam Bizagum, quam mater ejus sollempniter cum aliis rebus Sanctae-Mariae condonaverat, predictus Bernardus ipsam villam de potestate ipsius ecclesiae tulerat et expoliaverat; et postea, sicut in ipsa noticia continetur, predictus Bernardus se recognovit et concredidit, et per suos wadios prefato episcopo redidit; et, postquam reditam habuit ipsam villam, sacivit [1] malum ordinem contra lege. Sed prefatus Bernardus in omnibus hoc denegavit, et dixit quod nequaquam ipsam villam per suos wadios predicto episcopo nec partibus Sanctae-Mariae redideram [a]; et in manu Heralii, vicis-comiti, et ipsius Bernarii, ipsam noticiam transpunxit [2]. Tunc judices et persone interrogaverunt predicto episcopo, et Bernario, ejus advocato, super ipsam noticiam, veram adprobare poterant annon; sed presentialiter dixerunt quia sic poterant. Tunc judices et scabini decreverunt eis judicium in primo placito, legibus munito, quod comes aut vices-comes in ipsam civitatem tenuerit, donent quinque homines firmatores ipsius noticie aut alios cognitores, actatum [b] advocatum ipsius cancellarii, qui ipsam noticiam legibus jurantes veram adfirment. Et, per manum fideijussori suo Donodeo repromiserunt quod ita facerent; quod si non fecerint, Deodonus suam legem componat; et inantea ipse episcopus et ejus advocatus faciant quod lex est. Similiter ipse Bernardus, sua festuca jactante, ad predictum placitum se afframivit [3] ut

---

a) *Lis.* reddiderat. — b) *Lis.* praefatum; *c'est l'avoué Bernarius nommé plus haut et aussi plus bas : nam suum advocatum B., etc. Germer-Durand propose « et Atum. » Atus (?) serait le nom de l'advocatus du chancelier.*

1. *Et non pas :* sarcivit *(Germ. Dur.); franç.* saisit.

2. *L'action de transpercer une charte ou une notice indiquait, matériellement, qu'on la « faussait ».*

3. *Et non pas :* affirmavit *(Germ. Dur.); il s'arramit au prochain plait, c.-à-d. il s'engagea solennellement à s'y présenter.*

faceret quod lex est. Transactis autem novem mensibus, accepto Bertrannus vices-comitatu ipsius civitatis, Gibertus episcopus ante ipsum Bertrannum, in mallo publico, veniens cum suos testes, protulit, sicut ei antea iudicatum fuerat. Nam suum advocatum Bernarium habere non potuit, in infirmitatem detentum. Pro qua re ipse episcopus in suprádicto mallo suam exibuit presentiam, cum testibus his nominibus. Milone, Warnario, Josue, Gomarico, Mauronto, Heldebrando, Leoterigo; et per ordinem[1] interrogati atque discussi, absque ulla varietate unusquisque eorum protulit testimonium, quod nos fuimus in Montem Goticum, Valle-Longa, in loco que dicitur Ad-Fontem-Vesparia, et oculis nostris vidimus quando Bernardus ibi se recognovit, et concredidit quod mater ejus Blitgarda villam Bizagum ad Sanctam Mariam ejusque servientes solempniter condonavit; et ego injuste eam tuli vel expoliavi. Et per suos wadios Giberto episcopo villam Bizagum partibus Sanctae-Mariae reddidit. Et ipsa noticia in omnibus vera est et non falsa. Et ipso die, predicti testes, venientes ad ecclesiam Sanctae-Mariae principalem, manus suas supra sacrum altare Sancti-Salvatoris imponentes, jurantes dixerunt quia istá noticia vera est, non falsa, sicut jam in vestra testificavimus presentiá, per Deum altissimum ... as virtutes[2] Sanctorum. Actum publice, die Veneris, ... Magi, anno primo quod Carlus rex assumpsit imperium. S. Mauronto. S. Josue. S. Leoterico. S. Heldebrando.

<hr>

N° 108. *Partage d'hérédité par transaction en justice. Formes diverses (fides facta, festuca, etc.). Témoins de la transaction garants de la notice et des signes. (An. 878, août.)*

Hist. Lang. II, Pr. n° 201.

Notitia quorum roborationis vel signacula eorum qui subtus tenentur inserti, qualiter venerunt aliqui homines his nominibus, Segarius et Alidulfus necnon et Hictarius seu et Ingilbaldus, videlicet ex alia parte Karissima abbatissa ex regula sancti Saturnini monasterii Ruthenensis[1] civitate degenti nam et Fulcrada Deo devota, et ab utraque parte venerunt die jovis, foras Albia civitate, in ecclesia Sancti Affricani, in mallo publico, in praesentia Reymundo comite et civiles judices qui ibidem aderant, quorum nomina qui subtus firmaverunt, in eorum praesentia. Ab utraque parte inter se contentiones habebant pro Rodunda-Vabro, mansis, terris, vineis cum ecclesiis quae ibidem sunt fundatae, quidquid ad ipsam curtem aspicere dinoscitur, de quantumcumque Vudaldo[a] et uxore sua Ingelbergane, qui quondam fuerunt, debita fuit possessio. Dicebat Segarius et Hictarius nam et Ingilbaldus, quod scriptos conligatos super Fulcradane Deo devota et super Karissima[b]... abbatissa scriptos, judicios, notitias et jectivas[2] perhennis temporibus confirmatas haberent, pro quas volebant ipsos alodes, mansos, terras vel vineas legibus adquirere. Dum eos intendentes et inter se altercantes, guirpivit supranominata Karissima suam qui dicebat et[c] monacham Fulcradam nomine[8], et

a) *Lis.* Vualdo. — b) *Lis. prob.* sancti Saturnini monasterii. — c) *Lis.* ad.

1. *Rodez.*
2. *Notices de déguerpissement.*
8. *K. n'était intéressée au procès que parce que F., nonne de son abbaye, lui avait cédé ses droits par donation; ces derniers étant con-*

cartulam quam pro ipsam curtem manu tenebat Fulcradane manibus reddidit, et per omnia dixit quod ipsas res nolebat tenere neque contentionem pro hoc ipsut habere Fulcrada. Namque suam cartam videntibus cunctis recipiens, cum suis contracausariis in rationem intravit et inter se contendentes consenserunt ipsi judices una per voluntatem ipsius comitis et arbitrium judicum, ut inter se pagum[d] fecissent, quod ita et fecerunt, ita ut obtineat Fulcrada de Rudunda-Vaber priorem illam haereditatem in capite, quam Gilbulgis cum Vucaldo jugale suo adquisierat, illiam medietatem, et reliqua. Cetera vero omnem illam medietatem, de quantumcumque in Rodunda-Vabro vel omnibus ibi pertinentibus, quae Vualdus et uxor sua Ingilberga qui ante fuit, illam aliam medietatem similiter Fulcrada obtineat et illas duas ecclesias dominicarias, cum pratis et vineis quae inter eos complacuit, cum illorum adjacentiis, ut donet Fulcrada contraria pro ipsas res in ipsa haereditatem et in ipso aice[*] tantum de alia terra quantum et haereditate illa ibi illi advenit pro ipsas res jamdictas, quod ita per omnia adimplevit. De illas vero vineas et maliolos, quos jamdictos Fulcrada hedificavit super ipsum territorium, a suis partibus in integrum obtineat et donet ad jamdictos haeredes alium tantum terra in contra, quantum eo die et ipsis vineis et malliolis[*] ipsis advenire debuisset. Illud autem quod superfluum est, mansos et omnia quae superius sonat inter se dividat[f], sicut superius jamdictum est, quod ita et fecit. Deinde Segarius et Hictarius seu et Ingilbaldus unanimiter guirpierunt, Segarius de hoc quod per haereditatem Godilane uxori suae interpellaverat et Hictarius et Ingilbaldus de illorum partibus

d) *Lis.* pactum, *transaction.* — e) *Lis.* Ingilberga. — f) *Lis.* dividant.

testés, en rendant à cette dernière la charte de donation, N. se désintéresse de l'affaire.
   1. *Division territoriale de cette région qui correspond à la centaine.*
   2. *Plants de vigne et jeunes vignobles.*

in contra Fulcradane omnes plantos[1], quos inter eos de Rodundra-Vabro causa orta fuerat. Segarius vero talem fecit de partem uxori suae et sua vel de parte Petroni suum haeredem, ut si post hunc diem exinde contra Fulcradane aut suis successoribus pro ipsas res ulla repetitione removebat, Segarius suam legem componat et inantea ipse et uxor sua seu et Petrus idem simul se taceant, Hictarius similiter fidem fecit vinculo legis suae[2] et Ingilbaldus secundum legem suam fidem fecit, quod in contra Fulcradane aut suis successoribus de ipsa causa reparare non se praesumant. Unde Segarius in contra Fulcradane fidejussorem talem dedit de parte Godilane uxore sua, Leoni nomine, ut si Fulcrada notitiam inde ostendebat et eam Segarius pro parte suae uxori firmare nolebat, Leo suam legem componeret et Segario ad hoc permittat, ut ipsam notitiam ei firmare faciat. Simili modo Hictarius pro ipsam notitiam fidejussorem alium opposuit, Deotimio nomine, ut eam Hictarius firmare non renuat, et si hoc facere noluerit, Deotimius suam legem componat et in antea ipsam notitiam Hictario firmare faciat. Iterum vero Ingilbaldus alium fidejussorem de sua parte dedit, Rostagno nomine, ut si Ingilbaldus ipsam notitiam non firmabat, Rostagnus suam legem componat et ipsam notitiam Ingilbaldo firmare faciat. Ita vero de hac praedicta causa aliquis homo Alidulfus nomine illorum[a]..... fidem talem fecit, sua fistuca jactante in contra Fulcradane, ut ipsam notitiam suam manibus firmare fratri suo Vualdo faciat et ut ipse Alidulfus eam manibus firmet, et si hoc facere contempnunt, suam Alidulfus legem componat et fratri suo Vualdo eam firmare faciat et ipse Alidulfus manibus eam firmet et hanc convenientiam stare et adimplere faciat. Unde jamdictus Alidulfus duos fidejussores ipsius Fulcradane dedit, Segario et Hicterio, ut post hunc diem neque Ali-

g) *Lacune.*

1. Plauctos, *plaintes.*
2. *Ici, serment.*

dulfus neque frater suus Vualdus de quantumcumque de Rodunda-Vabro Fulcrada a sua parte recepit, ut nulla inquietudine removere non praesumat ; et si quis ullus ex ipsis hoc fecerit, Segarius et Hictarius unusquisque legem suam componat et postea in antea ipsas fides factas adimplere faciant. Et illut illis inserere placuit, qui si fuerit ipsi aut ullus haeredum ac pro haeredum vel illorum successoribus de hac causa ulloque tempore causa calumpniac removebat, auri libram componat et quod repetit vindicare non valeat, sed haec notitia stabilis et firma permaneat cum omni firmitate adnixa. Unde pro hac causa necesse fuit Fulcradane, ut inde notitiam bonorum hominum in testimonium colligeret, quorum praesentibus actum fuit, sub die jovis, in mense augusto, Albiae civitate mallo publico, in praesentia Raymundo comite, anno primo regnante Ludovico rege post obitum Karoli imperatoris. S. Segarius. S. Alidulfus. S. Vualdo. S. Hictario. S. Ingilbaldo. S. Teuberto. S. Garrigus. S. Radulfo. S. Rodaldo. S. Guilabert auditor. S. Didimo. S. Teudomo. S. Adalberto. S. Garifredus. S. Bernardo. S. Benamen. S. Alibranno. S. Ebroinus rogatus scripsit, dictante Teudino cancellario.

N° **109.** *Preuve (défendeur) par serment et cojureurs. Notice.*
(An. 887 avril.)

Cart. Cluny, n° 29.

Notitia qualiter veniens ille homo nomine Gualtarius, die sabbato, in mense aprili, X Kalendas maii, in Matisconis civitate, infra intus murum, ante domno Ramnulfo, videntibus illis sedentibus et stantibus cujus nomina vocantur: hoc sunt Arigerius, Benedictus, Petrus, Leodaldus, Dominicus, Adalbertus, Ermembertus, Adalmannus et Aluceterius. Proclamavit se de Aimone et mallavit illum de molino, quia injuste tenebat, et faciebat que non debuisset. Tunc respondebat Aimoinus : « De isto molino quod mihi mallabas, secundum legem plus debet esse [mihi], de partibus genitore meo, tam de hereditate seu conquesto, quam [tuus]. » Tunc judicatum est quod deffendere se debuisset Aimoinus cum sua requimonia[a] et cum sua lege. Et ecce aramivit ad jurare illo molino cum sua lege[1], et fidem facere Petrus ad sacramentum jurare Aimoino. Tunc illi omines qui videbant et audiebant coram domno Ramnulfo, veniebant ad ecclesiam Sancti Nizezii audire sacramentum. Venit Aimoinus ad altare, et mittebat manum suam super altare et super sanctas reliquias, quod suus debet esse molinus pro ereditate patris sui quem Gualtario et Aldegrimno, et jurabat ; in proximo jurabat Armannus et Gerbertus similiter ; et ecce factum factum est. S. Erminberto. S. Petrono. S. Benedicto. S. Leodaldo. S. Domenico. S. Arimanno. S. Adalmanno. Abbo scripsit.

N° 110. *Tradition en servage, par un homme libre, de sa personne et de ses enfants. Aliénation entière de son état. Assimilation à un serf de naissance. Pouvoir de retenir et de châtier concédé. — Symbolisme. Courroie passée au cou, puis marquée d'un signe. — Notice. (An. 887, juin.)*

Charles de Cluny, n° 30.

In Dei nomine, noticia vel tradiccione, qualiter quibus presentibus bonis ominibus, qui anc noticia vel tradiccione subterfirmaverunt, insertum qualiter venit omo nomen Berterius in Asine villa, in publico, ad ecclesia Sancti Petri, plena plebe conjuncta[b] inluster vir Teutbold comite, ibique in eorum presencia fuit mea petitio et vestra decrevit volun-

---

a) *Lis.* testimonia. *En effet, plus bas, A. et G. jurent avec lui.*
b) *Suppl.* coram *ou* ante.

1. *Lex* a, *ici, le sens de* serment. *A. promet de jurer et P. s'en porte garant.*

tas, nec invitus, nec coactus, nec circumventus, nisi per mea plenissima prumta voluntate, corrigiam[1] ad collum meum misi et manibus in potestate Alariado vel ad uxore sua Ermengart, ad integrum estatum suum, secundum lege romana, se tradidit ; quod insertum est quod omo bene ingenuus estatum suum meliorare et pegiorare potes ; ut post ac die de me ipsum et de mea angnicione faciatis quitquit volueritis, vos vel eredes vestri, adabendi, vendendi, donandi vel ingenuandi. Et si ego, per me ipsum aut per consilium malorum ominum, me de servicio vostro abstraere voluero, taliter mihi detinere vel destringere debeatis, vos vel missi vestri, sicut relico mancipio originalio vestro. Is presentibus qui corrigiam notaverunt et tradiccione ista subterfirmaverunt. S. (14 *noms*). Ego Eldevoldus roytus tradiccione ista scripsi, datavi die sabato, in mense Junio, anno primo post obitum Bosone, et regnante Karolo imperatore.

N° 111.   *Douaire alaman (9 juillet 887).*

Revue hist. de droit, t. IX, p. 423 (*Bonvalot, d'après archiv. Colmar*) et R. G., III, 329.

Ego N. cum filia N. de loco N. nomine N. in coniugium accipere, parentibus[2] et cognatis nostris consentibus, decrevissem, dedi ei dotis nomine in loco N., hoc est in villa N., inter[3] silvas et agros ac prata aestimationem duarum hobarum[4], curtem saepe conclusam, domum unius librae argentum pretio valentem, granarium et scuriam 11 solidorum, boves duos 4 saigarum et alios duos dimidii solidi, cavallum cum phaleris, quatuor mancipia, duos videlicet ac duas

1. *En signe de tradition de soi-même, on rencontre aussi parfois le bras passé sur le cou. Plus bas,* « *originalio* », *serf de* « *naissance* ».
2. *Père et mère.*
3. *Tant en forêts, etc., jusqu'à concurrence de la valeur de deux manses. Voy.* « *Communia* » *cit. p.* 180, *note.*
4. *Le manse (hufe), unité économique agraire.*

feminas, 30 capita de pecoribus, introitum et exitum, aquas
aquarumve decursibus, usum lignorum vel materiae, pas-
cuarium in communi marcha [1], sicut mihi et progenitoribus
meis competit ; ut haec omnia, seu me vivente seu defuncto,
omnibus diebus vitae suae possideat et filii nostri post nos
usque in saeculum. Si quis vero, quod tamen fieri omnino
diffido, huic kartae legitimae patratae contrarius esse praesumpserit, ad cameram [2] regis uncias 2 et argenti libras
totidem coactus persolvat, et haec dotalis karta nihilominus
firma permaneat cum stipulatione subnexa. Actum in loco N.
publice, praesentibus quorum hic signacula continentur.
Signum illorum qui hanc placitaverunt [3]. Signum N. — *hic
scribe nomina testium.* — Ego itaque N. indignus monachus scripsi, subscripsi, notavi diem dominicum 7. idus
Julii, annum 6. imperii piissimi Karoli caesaris secundi
filii Hludovici celeberrimi regis Germaniae, Adelberto
comite constituto.

N° 112. *Affranchissement d'une femme serve. Deux deniers de cens. (An. 888.)*

Pérard, Rec. Bourg., p. 58.

Dilecta in Christo ancilla mea nomine Ioanna, ego, inquit,
Voelledus, et uxor sua Terdrada advenit nobis voluntas
bona, et recogitavimus Dei timorem, et illud propheticum
qui ait *Dimitte et dimittemini, et omne onus disrumpe ;* id
circo ego, et pius domnus, pro peccatis nostris minuen-
dis, et aeterna retributione, ut quandoquidem in futurum
praesentare dignaretur, ob hanc ancillam nostram nomine
Iohannam, dimittimus eam liberam et universum, sicut lex

---

1. *Usages de bois, pâture dans les communs de la circonscription
territoriale agraire. Voy. « Communia » cit.*
2. *Trésor, fisc royal.*
3. *Approuvèrent.*

nostra est, absolvimus sancitium[a]; ea vero firmitate, ut quam postmodum a nulli heredum nostrorum vel proheredum nostrorum nemini, quicquam debeat plenitus servitutis, nec libertatis gratiam, nec ullo onus patrocinatus, nisi ad S. Stephanúm, annis singulis, festivitate S. Stephani, denarios II persolvat. Et si de ipso censo negligens aut tardus apparueris, cum fide facta in duplum restauratus, peculiare vero quod habes, aut adquirere poteris, tecum censum habeas, ad faciendum quod volueris. Et si aliqua generatio ex te nata vel procreata fuerit, in ipsa ingenuitate permaneat, sicut et tu. Defensionem vero non aliter tibi affirmo, nisi ad S. Stephanum, vel sui rectores, et ad nemine sit tibi contradicendum, sed facies de te in omnibus quicquid tibi placuerit et expedit faciendi. Et haec ingenuitas firma omni tempore et stabilis permaneat, stipulatione subnixa. Actum Divion. castrum. Signum Vulfredo et uxoris suae Teudrado, qui hanc ingenuitatem pro remedio animarum suarum fieri et firmari rogaverunt. S. Ailbert qui consensit, Signum (6 *noms*). Ego Hebeltus Levita scripsi et subscripsi. Datum die dominico, in mense Febroario, anno primo regnante Odone Rege.

N° 113. *Charte de donation de biens faisant partie de son douaire par une veuve alamanne. Réserve de la possession de ces biens, à cens et de la faculté de les racheter, pour elle et les héritiers de son mari, moyennant quarante solidi (chiffre légal de la dot). Cens récognitif de propriété. (An. 890.)*

Wartmann, Urk. S. Gallen, II, 282, n° 681, et Lœrsch, n° 73.

Traditio Himiltrudis

In Christi nomine, Ego Himilthrud, cogitans incertitudinem presentis vite, cum manu advocati mei[1] Heribaldi trado

a) *Lis.* servitium.

1. *Avoué, parfois tuteur.*

ad monasterium sancti Galli, cui nunc venerabilis abba Salomon preesse dinoscitur, quicquid hodierna die visa sum habere in illis locis quae mihi vir meus Plasius in dotem dedit, hoc est in Sulles[1] et in Calcaires[2], in ... anes et in Venusta valle, in viis et inviis, in arvis, silvis, alpis, aquis aquarumve decursibus, cultis et incultis, mobilibus et inmobilibus, vel quicquid dici aut nominari potest, omnia videlicet ex integro trado atque transfundo ad predictum monasterium : ea videlicet racione, ut easdem res ad me recipiens censum unius denarii inde persolvam ad ecclesiam sancti Martini sitam in loco qui dicitur Rautines[3]. Et quandocumque redimere voluero, cum 40[4] solidis in argento sive in cavallis aut in armentis aut in pannis novis redimendi licentiam habeam ad predictam ecclesiam. Quod si ego non redimero, tunc filius meus Richarius aut propinqui heredes Plasii viri mei easdem res cum supradicta pecunia, hoc est 40 solidis, redimendi licentiam habeant. Si autem illi non redimerint, tunc supradicte res ex integro redeant ad supradictum monasterium. Actum in loco qui dicitur Rautines, presentibus istis quorum hic signacula continentur. Signum Himilthrude et advocati[5] eius Heribaldi, qui hanc traditionem patraverunt. Signa et aliorum testium : S. (16 *noms*). Ego itaque Engilbertus indignus monachus et subdiaconus in vicem Uuiniberti prepositi scripsi et subscripsi. Notavi diem Mercurii, annum 3 Arnulfi regis, sub Ruadolfo duce Ractianorum.

1. *Sultz.*
2. *Kalcheren (Rhétie infér.).*
3. *Roetis, dans le Vorarlberg.*
4. « *Dot légitime* » *fixée par Lex Alam. tiloth LV, 3.*
5. *Les veuves avaient le plus souvent, sinon toujours, leurs avoués.*

N° 114. *Revendication d'une église et de ses dépendances. Composition d'un tribunal. Loi personnelle appliquée. Auteur invoqué. Procédure. (An. 898, 23 mai.)*

Germer-Durand, Cart. N. D. de Nîmes, n° VIII.

De Patronianicus.

Judicium seu et noticia simul continentur in unum qualiter vel quibus presentis bonis hominibus, qui subtus scripturi vel signa facturi, id est in presentia : Agilardo, gratia Dei sedis Nemausensis episcopo ; vel in presentia Bernardo, vicescomite ; Sentilde, vasso ; Regemundo, comite ; Ansemundo, vasso ; Berengario, comite ; Audino, Cotilane ; seu et in presentia judicum : Milone, Rainulfo, Sentilde, Eliane, Teotgario, Witardo, Agambaldo, judices ; *puis,* 17 *noms*) ; item (6 *noms*) ; vel in presentia sacerdotum : Adone, preposito ; (10 *noms*), presbiteros : vel aliorum plurimarum personarum, bonorum hominum, qui cum ipsis aderant in Litoraria ad ecclesia Sancta-Maria que vocant Garrugaria. In presentia de supradictos nominatos stans Josue, qui est advocatus vel mandatarius Agilardo, gratia Dei sedis Nemausensis episcopo. Interpellavit aliquo homine nomine Rostagno, mallando dixit ei : Ecclesia que est in hunc comitatum Nemausense, in terminium de villa Patronianicus, et est fundata in honore Sancte-Marie, cum cellulis et curtis, terris cultis et incultis, et quicquid ad ipsam ecclesiam pertinet, que Christianus, episcopus condam, condonavit partibus Sancte-Marie per cartulam donationis quem ego in manu mea teneo, et antecessores isti Agilardo, per hos XXX annos seu et amplius, eas quietas tenuerunt ad proprium, sine ullo contradicente homine, iste presens Rostagnus eas sancivit injuste, infra isto anno, malum ordinem, incontra lege. — Interrogati fuerunt a judicibus qua lege vivebant. Josue Gotum se esse dixit, Rodestagnus

Salicum [1]. Interrogatum fuit ipso Rostagno si hoc sciebat unde eum interpellabat. Ipse dixit qui hoc sciebat, et eas retinebat, et auctor[em] [2] in placitum habere potebat hominem nomine Aimardo. Tunc ipsi suprascripti judices decreverunt ei judicium, ut in quadraginta no[c]tes [3] suum auctorem presentare faciat; Bernardus, vices-comis, precante Rostagno ut, in quadraginta noctes, si ipso Aimardo auctore habere non potebat, ipsa ecclesia cum suo dotalicio reddere fecisset, qualiter sua lex est. Transactis autem XL noctibus, iterum veniens Rostagnus in castro Arene in presentia Agilardo episcopo; vel in presentia Arlando, vasso; Regemundo comite, qui est missus; Bernardo, vicecomite; seu et judices, tam Salicos quam Gotos, id est: (18 *noms dont 7, plus un douteux, sont déjà cités au début de la notice*) vel in presentia sacerdotum, id est Adono preposito; (6 *noms, dont 2 cités plus haut*) vel aliorum hominum, — sic dixit et se manifesto fecit quod ipso Aimardo auctore habere non potebat, nec in isto placito nec in alio. Tunc ipsi judices Rodestagno interrogaverunt, si habebat scripturas aut ullum inditium veritatis, pro quibus ipsas res ad proprium defendere potuisset. Ille dixit quod non habebat. Tunc ipsi judices ei decreverunt judicium, ut ipsa ecclesia cum ceteris rebus rendere fecisset [4] ipsio advocato, qualiter lex est; quod ita et fecit; et duas partes wadiavit, et tercia in fredo de ipsa lege [5]; et arramivit jamdictus Rostagnus, qualiter sua lex est, ut super ipsas res ambulet et ipsum advocatum revestire faciat et eum intromittat [6]. Si minime facit, faciat quod lex est. Propterea oportum fuit ipsio advocatum ut noticia conscribere rogasset, quod ita et fecit.

1. *C'est de par sa naissance que chacun vit sous « sa » loi.*
2. *Auteur, celui de qui R. prétendait tenir l'église.*
3. *Délai prescrit par la loi salique.*
4. *Qu'il eût à rendre.*
5. *Amende dont deux tiers, à titre de dommages-intérêts, attribués à la partie, un tiers au fisc (comte).*
6. *La remise sera faite sur les lieux mêmes.*

Auctum publice, die Mercoris, in Nemauso civitate X Kal.
Junius, anno primo, regnante.....

N° 115. *Notice de délimitation de territoires appartenant à une
abbaye fixée en justice, à l'occasion de revendication immobilière. Plait. Témoins par savoir et renommée. Enquête sur
lieux. Jugement. (IX° siècle.)*

Besuens. abbat. chronic. (Anal. Divionens. Garnier), p. 250.

Notum fiat posteris, et memoriae commendetur, quod
ante illustrem virum, Hildegarnum Comitem, seu judices,
quos scabineos vocant, et quamplures personas, qui cum
eo aderant, in Montaniaco villa, in mallo publico, ad multorum causas audiendas et rectas justicias terminandas, ibi
veniens Betto Episcopus, et Advocatus suus Burgoardus,
novem legitimos testes ibi praesentavit, quorum nomina haec
sunt (9 *noms*). Isti testificaverunt et juraverunt de finibus
Besuensis monasterii quod a fine Pontense, et a fine Vendo-
brinse seu Vilense, et Vetus-Vendabrinse et Vaurinse, et
Tillense et Vetus Viniense et Bustellense, et Bustense, et
Lucense, Burbureninse, et Berechelpovilare, per istas
marcas [1], inter ipsos fines immunitas [2] sancti Petri est ad
integrum, et in loco qui dicitur Boscus Monachorum similiter ; et in alio loco qui dicitur Longo Bosco immunitas
sancti Petri ad integrum. Et in alio Longo Bosco communitas [3]. Et in ipso fine Bustellense immunitas ad integrum,
et ab ipso fine Bustellense usque ad viam Petrosam. Et
deinde usque ad stratam fractam : et deinde usque ad finem
Burburenensem, atque Villarum, immunitas sancti Petri est
ad integrum. Per istas marcas euntes ipsi novem testes,
quos supra nominavimus, misso secum Balacterio illustri

1. *Limites et ici territoire compris dans ces limites.*
2. *Propriété exclusive, ici, et non pas immunité.*
3. *Jouissance commune.*

viro ab Hildegarno Comite et a suis scabinis, dixerunt et per judicium testificaverunt quod ad tempore Pipini Regis et deinceps per tempus Domni Karoli Magni Imperatoris vidissent inde legitimas vestituras ad partem sancti Petri haberi, ita ut nec Aldo, nec heredes sui, ullam legitimam vestituram[1] exinde umquam habuissent, sed per legem et per justiciam vestitura S. Petri Fontis-Besuensis erat. Tunc ipsi scabirei unanimiter judicaverunt, quod omni tempore ipsae res per illas marcas ad partem sancti Petri essent vendicatae, atque legibus conquisitae. His praesentibus testibus (13 *noms*). W. praesens fuit et subscripsit. Data noticia die Mercorii proxima in mense Maio, anno II, regnante Domno nostro Hluedowico Rege atque Imperatore.

Nᵒ **110.**   *Donation attaquée puis confirmée.* (903, 28 août.)

Cart. Redon, Appendix LIV.

Et post haec Alanus, suadentibus sibi adulatoribus, de hac donatione[2] interpellavit monachos in castello quod dicitur Sei, quod est in plebe Sei, etc. Et dimisit eam in manu Roberti monachi, cum fuste buxea[3] quam manu tenebat. Factum est in castallo Reus V Kal. septemb. die Dominico, anno Domini DCCCCIII; Alanus, qui affirmavit, testis : (3 *noms*; filii ejus ; Guido filius Ottonis regis Franciae qui tunc erat Alano, etc.

---

1. *Possession.*
2. *Donation antérieure.*
3. *Le bâton de buis ne sert pas ici à investir, car les moines me paraissent être en possession, mais à confirmer l'abandon des prétentions d'A.*

N° 117. *Vente, selon leur loi (salique), par un homme et sa femme, d'immeubles que le mari a hérités de son père. 1° Charte de vente. Clause pénale. 2° Notice de délaissement dressée au lieu même où avait été dressée la charte de vente. Témoins ayant souscrit la charte mentionnés dans la notice. Investiture par le gant. Déclaration de délaissement confirmée. (An. 903.)*

Chartes de l'abbaye de Cluny, n° 90.

Domino fratribus Stephano et uxore sua Girbergane, hemtores, ego quidem, in Dei nomen, Azo et uxor sua Hildeardis, venditores, vendimus nos vobis ad die presente aliquid de res nostras qui sunt sitas in pago Lucdunense, in fine Pistriacense, in villa Tarbonato. Es[a] curtilus in ipsa villa qui terminat a mane via publica, a medium die fluvio Saalia, a sero terra ad ipso emtore, a cercio terra de ipsa hereditate. Infra istas terminaciones ipso curtilo et alias res que ad ipso curtilo aspiciunt vel aspicere videtur, quiquit de genitore meo mihi advenit: oc sunt campis, pratis, silvis, aquis aquarumque decursibus, omnia et in omnibus, totum ad integrum vobis vendimus, tradimus atque transfondimus, secundum legem nostram salicam, et accepimus de vobis precium, sicut inter nos convenit adque complacuit, valente solidos X, et de nostro jure in vestram tradimus dominationem abendi, dandi seu liceat commutandi. Si quis vero, quod fieri minime credo, si nos ipsi aut ullus omo, vel ulla emissa persona qui contra hac vendicione ista aliquit agere vel calumniare presumserit, non valeat vindicare quod petit, sed inferat ei cui tentat una cum fisco auri libra I coactus componat, et eo vendicio ista omnique tempore firma et stabilis permaneat, cum stipulatione subnixa. Actum Matisconum civitate. S. Azo et uxor sua Ildeardis, qui vindicione

[a] *Lis. est.*

ista fieri et firmare rogaverunt. S. Wangesio qui consensit. S. Leutaldo comiti. S. Ramnulfo. S. Rocconi. S. Remigio. S. Saliconi. S. Euvrard, S. alio Evrard. S. Grimald. S. Stephano. S. Stadfredo. S. Leudbald. S. Astrald. S. Lambert.

Noticia seu wirpituria qualiter veniens at Matisconum civitate, ante Leutaldo comite [1], necnon et aliis bonis ominibus qui ibidem aderant : Ramnulfo, Rocconi, Saliconi, Evrard, alio Evrard, Remigio, Grimal, Waningo, Framnald, Stephano, Azo necnon et ceteris ominibus qui ibidem aderant, veniens omo nomine Azo, et revestivit Stephano de ipso alodo quod suprascriptum est per suum andelangum, secundum legem salicam, et se exitum inde fecit.

Ego Anastasius presbiter scripsi, datavi die sabbato, IIII nonas novembris, anno VII (*ou V*) regnante Ludwico imperatore, filium Bosoni.

N° 118. *Vente de terres. Paiement du prix en présence des signataires de la charte. Garantie du vendeur. (An. 906.)*

Cart. Cluny, n° 92.

Domino fratribus Aiglau et uxor sua Berfrida, emtores, ego Arierius et uxor sua Emma, venditur, vindedimus nos vobis aliquid de res nostras que sunt sitas in pago Matisconense, in agro Marcigiacens, in villa Boinus, oc sunt peciolas II : una peciola ubi vocat super Campanerias, qui terminet de uno latus terre ad ipso venditore, de alio latus terre Leutar, in uno fronte terre Marcal, et in alio front via puplica; infre istas terminaciones ad integrum; alia peciola est in Camponeria, que terminet de uno latus terre ad

---

1. *Il est vraisemblable que le déguerpissement s'est fait dans une assemblée judiciaire, bien qu'ici il n'y ait pas la mallo. Toujours est-il que le déguerpissement n'était pas, d'habitude et nécessairement, un acte judiciaire. Il suffisait qu'il fût public et solennel.*

ipso emtore, de alio latus terre Gotolbal, in uno front terre
ad ipsa emtore, et in alio fronte terre Gotolbal, Abet in longo
perticas VII, in lato, in fron superiore pertica I et pedes VII,
et in supteriore fron pertica I; infre istas terminaciones et
perticaciones ad integrum nos vobis vendimus, et accepimus nos de vobis precium in valente solido I, et ec ipsós
campos suprascriptos denominatos et faciatis quicquid facere
volueritis in omnibus. Si quis vero, si ego nos ipse aut ullus
omo, aut ullus de eredibus nostris, temtare vel calomniare
praesumpserit, auri uncia media conponet, et ec vindicio
ista in vos facta firma manead, cum stibulacione subnixa.
Actum Bainas villa. S. Arerio. S. Emmano, qui vindicione
ista fierunt et firmare rogaverunt. S. Dutin. S. item Dutin.
S. Morlan. S. Adoar. S. Beral. S. Arhembal. Ayego, in
Dei nomen, Aiolus rogatus scripsit, subscripsit, superdatavit
die lunis, in mense madio, in anno VIIII renguante Karlo
rege.

Et veant ipsos firmatores[1] ipsa precia qui in ipsa carta
loquuntur; ipsius Arierius virpivit, arimivit Arierius contre[2]
lu cancelario et contre los firmatores, se ullus omo erat qui
ipsa carta contradixerit, se ipsius Arierius tacere non lo faciebat, faciet quod lex est.

N° **110.** *Donation, par une veuve, de biens ayant appartenu
au mari. (An. 910-927).*

Cart. Cluny, n° 121.

Previdens Redemptor noster mortales homines casibus
mundialibus olvolutos esse, hoc salutis remedium illis concessit, ut peccata sua dum adhuc vacat et in oc corpore
degunt redimentes, aeterna sibi premia adquirere possint.

1. *Ce sont les témoins « dont il est parlé dans la charte » qui par
leurs signes, la confirment.*
2. *En face du rédacteur.*

Quapropter ego, in Dei nomine, Offricia, pro anima senioris mei Elberti et anime mee remedio, dono Domino Deo
et sanctis apostolis ejus Petro et Paulo, ad loco Cluniaco,
aliquid ex rebus meis que sunt site in pago Lugdunensi :
hoc est unum curtilum quem ipse senior meus comparavit
de Berengario et de Acardo atque de Rachilde; et terminat
a medio die via publica, e mane terra ipsius Elberti, a mar-
cei[1] ab ipsa terra Ingelfredi. Reddo etiam vestituram de
Pelnenco, sicut ante Sanctus Petrus tenuit. Dono etiam medium plantum[2] quem senior meus habuit cum monachis, in
tali conventu, [ut] quamdiu viveret teneret, et post discessum suum ad locum Cluniacum veniret. Facio autem in tali
tenore, ut ille qui supradictum curtilum fecerit, nulli unquam
homini consuetudinem aut servitium reddat, propter ipsum,
nec propter aquam aut boscum aut aliquam causam[3].
Dono etiam unum curtilum pro anima predicti senioris mei,
alium curtilum qui est Afaus, et alium Apelenes quem ipse
et ego jam altera vice tradidimus Sancto Petro et monachis
de Cluniaco.

N° **120.** *Engagement d'une terre. Redevances de personnes de
franche condition appliquées à l'amortissement d'une dette.
(An. 910-927).*

Cart. Cluny, n° 157.

Noverint omnes homines quod ego Ascherius dono monachis Cluniensibus, in cautione, homines meos francos in
villa Vetuscurt et aliam[a] terram quam ibi habeo, pro quadra-

---

a) *Je lis* illam; *il est question d'une seule terre (plus bas* ipsam
exploitée par les franci homines.

1. *Au soir, c.-à-d. au couchant.*
2. *Complant.*
3. *A mon avis, ces prestations ont ici le caractère de droits « de justice » et non de droits nés d'un contrat.*

ginta solidis, ut teneant ipsam terram et francos diebus vitae meae, et post meum discessum similiter teneant usque in diem solutionis. S. Ascherii, qui fieri jussit. Testes Durannus, Arnalt, Doun.

N° **121.** *Notice lombarde de prise de possession.* (*An.* 911, *16 sept.*)

Kohler, Beitr. Heft 2, n° VI, p. 16.

In nomine domini nostri Jhesu Christi. Noticiam brevem recordacionis (pro futuris temporibus) ad memoriam retinendam. In quorum bonorum hominum presentia qualiter... hic subter leguntur, id est in presencia Gregorii filius Juvari ... et Gunt[ardi qui]... nuatto vocatur filius quondam Ermenulfi de loco Majas et (Teudiberti filii) quondam..... de Suzannio et Gisemperti filius Ursoni decani de Columniolas et Audiberti filius... tettoni de Florenciagas et Leodiberti diaconus filius quondam Adreberti de Noventas et Rodulfi clerici atque notarii et aliis plures.

In istorum suprascriptorum bonorum hominum presencia, quorum nomina superius scriptas esse videntur, qualiter revestivit se [1] Johannes presbyter et prepositus atque electus abbas monasterii sancti Zenonis qui est situs foris porta civitatis Veronensis, ubi sanctum corpus eius humatum quiescit in pace, de omnibus rebus illis tam terris casalivis et terris cum vincis supra se abet et terris aratoriis iuris suprascripti monasterii sancti Zenonis que positis sunt ipsis

---

1. *La* revestitio *est, en droit lombard, la prise de possession, qui est l'effet de la translation de propriété « per cartulam ». « En faisant la tradition de la* cartula, *l'aliénant manifeste matériellement qu'il consent à la prise de possession par l'acquéreur, en sorte que cette manifestation de sa volonté suivie de la prise de possession par l'acquéreur a le caractère de tradition » (V. Kohler, ib., p. 17, n. 3).*

rebus in finibus Veronensibus in valle Paltennate[1], locus ubi dicitur Virolas, et in valle Pretoriense, locus ubi dicitur Zellus, et in valle Longa Ze .n, locus ubi dicitur sub monte, et ipsas suprascriptas res iam ante hos dies per cartulam offersionis et donacionis[2] nomine da Gariberto Langobardo de civitate Verona in suprascripto monasterio advenit iuris proprietatis per mensuras et coherencias, sicut in ipsa suprascripta cartula offersionis et donaconis, quam ipse predictus Garibertus pro salute anime sue vel parentorum suorum offersit et donavit presenti die et hora in cibum monachorum in suprascripto monasterio servientes et orantes, continetur et legitur, in integrum. De ipsas res, sicut supra legitur, revestivit se suprascriptus Johannes presbiter et prepositus atque electus abbas presenti die et horam ad partem suprascripti monasterii sancti Zenonis ad eiusdem suprascripti monasterii proprietatis ad habendum tenendum et possidendum et faciendum exinde in omnibus de ipsis rebus ipse suprascriptus Johannes presbiter et prepositus atque electus abbas et successoribus eius, qui pro tempore fuerint in suprascripto monasterio, sicut et de aliis rebus ipsius monasterii facere visi sunt. Et ipsa suprascripta cartula offersionis et donacionis in presencia de suprascriptorum bonorum hominum in suprascripta valle Paltennate in loco ac fundo, ubi dicitur Virolas, ostendebat et ibidem legere faciebat[3]; et iuxta ipsa cartula offersionis et donacionis iu suprascripto loco Virolas investituram accepit[4] suprascriptus Johannes presbiter et prepositus atque electus abbas et introibit in suprascripto loco Virolas ibidemque vineas faciebat et ad radicem fodicabat et operas faciebat

1. *Vallée de Pantena, près de Vérone.*
2. *Voir p. 175, note 1.*
3. *« Pour montrer que la prise de possession est l'effet de l'acte de tradition, qu'elle n'est pas une prise de possession par occupation, mais par tradition. »(Kohler, ib., n. 4).*
4. *Prit, et non pas reçut.*

per potestatem[1], sicut in proprietatem monasterii sancti Zenonis facere debebat, absque alicuius contradictione hominis.

Et sicut investituram[2] accepit de suprascripto loco Virolas, similiter recepit et de alias res, sicut in ipsa suprascripta cartula offersionis et donacionis continebatur et legebatur, in integrum, ut supra dixi, sine omni contradictione hominum.

Factum fuit in presencia de suprascriptorum bonorum hominum, anno vero regni domni Berengarii regis vigisimo quarto sub die sexto decimo Kalendas Octobres indictione quinta decima.

Ego Gregorius ibi fui et manu mea subscripsi. Ego Leudibertus diaconus ibi fui et manu mea subcripsi.

Signum † manus suprascripti Guntardi, qui ibi fuit et in hunc brevem manum suam posuit. Signum † manus suprascripti Teudiberti, qui ibi fuit et in hunc brevem manum suam posuit. Signum † manu suprascripti Gisemperti, qui ibi fuit et in hunc brevem manum suam posuit. Signum † manus suprascripti Audiberti, qui ibi fuit et in hunc brevem manum suam posuit.

Ego Rodulfus clericus atque notarius ibi fui et hanc noticiam brevis[3] scripsi et complevi.

―――――

1. *Autres formes de prise de possession: per columna, per furca, etc.*
2. *Ici, signifie possession: Investitura proprie dicitur possessio, II Feud., 2 pr. (Kohler, cit. p. 18, note 1 et 2.)*
3. *C'est un breve ou notice pour servir, au besoin, de preuve instrumentaire, et non une charte.*

N° **122.** *Justice colongère ecclésiastique. Juridiction épisco-
pale. Réclamations de maires réclamant contre une augmentation arbitraire de cens. Enquête par l'archidiacre. Preuve
par témoins et serment.* (An. 912-923.)

Pérard, Rec. Bourg., p. 60.

Notitia qualiter et quibus praesentibus et ante eos qui subter firmaverunt, venientes quidam homines, servientes et
fideles Ecclesiae sancti Stephani Divionensis de Aqueducto
villa, in ipsum Divionem castrum, ante praesentiam domni
Garnerii Lingonensis Ecclesiae reverendi antistitis, ante
etiam honorabilem virum Archidiaconum et praepositum
ipsius Ecclesiae sancti Stephani, Ratherium, Canonicosque
eiusdem loci, Hedierius videlicet, maior praedictae villae
Aqueducti, et caeteri servientes ex eadem villa, conquesti
sunt et reclamaverunt humiliter, dicentes, quod quidam eorum
praepositi, Hergaudus videlicet et Helias, novello tempore,
post Nortmannicam invasionem, quoddam genus servicii ex
XIII eorum colonicis, per occasionem et potestatem, ultra
censum solitum quod legitime debebant, illis imposuerunt ;
modium videlicet musti, ad opus praepositum ex unaquaque
colonica vinum reddendi : quod numquam antea fecerant,
nec ipsi, nec patres, aut avi eorum, et per quosdem annos III
et potestate hoc ab illis extorserunt, eosque in hoc facto
afflixerunt ; affirmantes se habere plurimos et veraces atque
visores testes, qui hoc ita verum esse scirent, et super sanctorum reliquias et altaria sacramento comprobare possent,
quod tales Eulogias nullo modo deberent. Per commenda-
tionem ergo praedicti praesulis, hac causa diligenter a praefato Archidiacono veritatem satis bene amante, inquisita et
investigata, coram plurimis qui in causis aderant, repertum
est, ipsos servientes veritatem habere, et quod occasione
Eulogiarum ipsum modium musti pro vindemias nullo modo
deberent. Audito ergo sacramento, quod super altare sancti

Stephani, cumque quinque testibus profecerunt, id est (5 *noms*), et bene illo credito, concesserunt, et perdonaverunt eis praedicti seniores, causa pietatis, et aequitatis intuitu, et amore Dei, ut lege [1], cua temporibus domni Isaac bonae memoriae Episcopi, et antecessorum suorum vixerant, et de hac re nullo modo amplius molestarentur, atque in futuris temporibus sine aliqua repetitione manerent, pro eadem re, hoc auctoritatis suae scriptum, et rationis firmitatem eis fieri rogav..unt, quod propriis manibus roborantes, suis, etiam aliis firmandum tradiderunt. Guarnerius sanctae Lingonensis Ecclesiae humilis Episcopus, in Dei nomine roboravi et subscripsi. Obertus praepositus et Archidiaconus subscripsi.

N° 123. *Plait. Juges divers (souvenir des lois personnelles). Vicomte réclamant d'une abbaye des services et chevauchées. Preuve de propriété et de l'exemption de ces services. (An. 918, 16 juin.)*

Hist. Langued. t. V, Preuv., n° 43.

Cum in Dei nomine resideret Aridemandus episcopus sedis Tolosae civitatis, cum viro venerabili Bernardo, qui est missus advocatus Raymundo comite Tolosae civitatis et marchio, per consensu Odone comite genitore suo, una cum abbatibus, presbyteris, judices, scaphinos, et regimburgos, tam Gotos quam Romanos seu etiam et Salicos, qui jussis[a] causam audire, dirimere, et legibus definire ; id est Donadeus monachus, Bellus monachus, Amelius monachus, Adalbertus, Jodolenus, Donatus, Rumaldus, item Donatus judices Romanorum ; Eudegarius, Aicobrandus, Radulphus, Hugo judici Gothorum ; Oliba, Rotgarius, Aimenradus, Johannes, Aimo, Arloinus, Arimares, Ailenus judices Salicorum ; sive

a) *Lis.* jussi sunt.

1. *Non pas loi, mais le cens coutumier.*

et in praesentia Autario, Adalardo, Olibano, Arnulfo, Ugberto, Hugone, Gairaldo, Ossendo, Bellone, Baldefredo, Ischafredo, Malaignaco, Segebrando, Ariberto, Sanprognano, Bonemiro, Ostaldo, Salvardo sagione, et aliorum plurimorum bonorum hominum, qui cum eos residebant in mallo publico, in castro Ausona [1], in die sabbato. Ibique in eorum praesencia veniens homo, nomine Adalbertus, qui est mandatarius vel adcertor advocatus Bernardo vicario seniori suo, dicebat : Domne episcope et vos judices, jubete me audire et facite mihi justitiam de iste Arifonso, abbate S. Johannis Baptistae Castri Malaste, quae est situs in territorio Carcassense super fluvium Duranno. Iste jamdictus abbas et ipsa congregatio de jamdicto loco venerabile retinent vilare cujus vocabulum est Villa-Fedosi, quae alium nomen vocatur Elsan, cum terminis et limitibus et adjacentiis suis, qui est situs in territorio Ausonense in suburbio Carcassense. Fines vel adjacentias habet ipse jamdictus vilares, *etc...* : de quantum in istas totas affrontationes abet ipse villare constructo, cum terminibus, limitibus et ajacentiis suis, sic retinet iste jamdictus abba injuste et malum ordine ; unde servicius debet exire circa et quarta [b] et cavalcata, sicut alii Spanii debent facere de illorum aprisione. Tunc interrogaverunt ipsi judices supranominati jam dicto abbate : qui respondere vellis de ac causa, unde iste mandatarius Bernardo te interpellat. Tunc ipse abbas praesens stetit et dixit : Ego mandatario abeo qui pro me respondere debet. Et dedit ibi suum mandatarium vel adsertorem, advocatum nomine Soniarium. Et Soniarius ibi praesens stetit et dixit : Non retinet iste abbas nec ista congregatio jamdicta, cui ego vocem prosequor, ipsum villarem supra nominatum injuste et malum ordine, sed legibus eum acquisierunt antecessores sui per scripturas emtionis legalibus factus, et per judiciis ordinatis, qui fuerunt decreti in

b) *Lis.* circata.

1. *Alzonne, dioc. Carcassonne.*

civitate Carcassona ante Olibane comite, et ante Fredario vice-comite, sive ante aliis viris et bonis hominibus, et praeceptum habet ipsa congregatio ex regia auctoritate, quod adquisivit Ugbertus, qui fuit quondam, ante Odone rege, de jam dicto villare, et littera seu auctoritate habet ipsa congregatio vel alium praeceptum quod acquisivit Rainulfus abba, qui fuit condam, Carlo gloriosissimo rege, et privilegium iste jamdictus Arifonsus abba qui me mandatarium injunxit, et litteras dominicas de Romam et de beato Johanne papa sedis apostolicae sancti Petri, qui est mater omnium ecclesiarum, per quod nullum obsequium nec nullum servitium non debent facere de jamdicto villare nec de suum terminium ; sed omnia haec in alimonia pauperum et in stipendia monachorum. Cum autem ipse episcopus supranominatus, et ipse judices audissent Sonario mandatarium Arifonso abbate sic respondentem, decreverunt judicium ; et ordinaverunt Soniario mandatarium, ut aramiret suas scripturas et litteras dominicas, quod ille ibidem postulavit, sicut et fecit, et aramivit eas ad placitum constitutum. Iterum ad ipsum placitum constitutum venit Arifonsus abba et advocatus Soniarius cum suas auctoritates, in praesentia de jamdicto episcopo, et de supranominato vicario, et in praesentia de jamdictos judices vel auditores, et sic praesentavit ipsos praeceptos, et ipsum privilegium, et judicios, et auctoritates de supranominato vilare, unde alodes legitimum debet esse de jam dicta Casa-Dei et de ipsa congregatione superius nominata. Rursum vero nos episcopus et judices superius nominati, cum audissemus et vidissemus talem rei veritatis et tale legum auctoritatis, interrogavimus Adalberto, mandatario de jamdicto Bernardo vicario, misso Raymundo comite, si potebat habere scripturas aut testes aut ullum judicium veritatis, ut possit approbare, quod beneficius debet esse de seniore suo Bernardo per donativum vel consensu de jamdicto comite Raymundo, quam alodes de ipse venerabile loco superius nominato. Tunc ipse Adalbertus dixit : Quia non possum habere testes nec scripturas nec

ullum judicium veritatis, unde dicere nec probare possim
quod beneficius debeat esse seniori meo qui me mandatarium
injunxit, sed plus debet esse alodes legitimus de ipse venerabile loco jamdicto per istas scripturas, et per istas litteras
dominicas, et per istas regias auctoritates quae nos hodie
vidimus et audivimus in istum placitum legentes et relegentes,
quam beneficius seniori meo aut de quolibet homine..... Nos
episcopus et judices cum audivimus et vidimus tales regias
auctoritates ad istum mandatario Arifonso abbate, non
fuimus ausi nullam querelam litteris contra eum impendere :
sed per lege et justitia ordinavimus sagionem nostrum supra-
nominatum ut astringere fecisset Adalberto mandatario Bernardo, ut confirmasset suam conlaudatium adque exvacuatione de ipso supranominato villare vel de suum terminum.
Recognosco me, *etc.*.... Dato judicio isto XVI Kal. Julii,
anno XXI regnante Carolo rege. S. Daniel, S. † Adalbertus
mandatarius, S. † Gavarnal, S. † Aitarius, S. † Aidulfo,
S. † Jodoleno, S. † Aimone, S. † Aimone, S. † Leudgario,
S. † Ecbrando, S. † Olibane, S. † Rodgario, S. † Ra-
dramno, S. † Guilberto, S. † [Ful]chone, S. † Ratario,
S. † Donato, S. † Hugone, S. † Leutgario, S. † Rodulfo,
S. † Agileno, S. † Scafred, S. † Deudano, S. † Stephano,
S. † Johanne, S. Elizaco, S. † Bertranno, S. † Guntario,
S. † Eldefredo, S. † item alio Deudado, S. Agila, S. Emi-
dario, S. Amicaignago, S. Undelane.

N° 124. *Notice de tradition, sur les lieux mêmes, et mise en
possession, en présence de témoins, par un délégué du disposant, de manses situés dans divers villages. (An. 920, avril.)*

Cart. Cluny, n° 219.

Noticia tradituria qualiter vel quibus presentibus veniens
homo aliquis, nomen Hotkarius, in vicem Heccardo, in comitatu Augustidunense, in villa que dicitur Mulnet, ad illo

manso indominicato, et illo manso ubi Teodaldus commanet, seu et in alia villa Bramadio, ad illo manso ubi Merettus commanet, et in alia villa que dicitur Cisternas, ad illo manso ubi Martinus commanet, et alii manso ubi Berengarius commanet; et in alio loco, in villa que dicitur Mageleniaco, illo manso ubi Ercambaldus commanet, et illum ubi Magenelmus commanet, seu et illo ubi Druitbaldus commanet, et illo dimidio manso Advernolio, ubi Ildegarius commanet, et in villa quae dicitur Climensico, illo manso ubi Eltmarus conmanet, et unum quartarium. Sic tradidit jam dictus Otkarius in vicem ipsius Heccardo hominem[a] aliquo, nomen Vuinetario, ipsos mansos superius nominatos, vel mancipiis utriusque sexus, vel quicquid ad ipsos mansos aspicit vel aspicere videtur, totum et ad integrum rem per exquisita[1] per terra et erba et vuadio et andelango[2], et per ostium et axadoria[3], et per unum servum, nomen Adelgario, et per unum fistucum se in omnibus exinde exitum fecit, his presentibus qui subterfirmaverunt. S. (29 *noms*). Facta noticia in mense aprili, in anno XXIII regnante domno nostro Karolo rege. Ego enim, in Dei nomen, Adefredus presbiter rogatus scripsi et subscripsi.

N° **125**. *Biens revendiqués contre une abbaye comme faisant partie de l'hérédité d'un frère. Possession trentenaire, commune avec ce frère, opposée. Offre de prouver par bataille. Abandon. Notice. (An. 925.)*

Cart. Cluny, n° 251.

Noticia qualiter quibus presentibus bonis hominibus, qui hanc noticiam subterfirmaverunt, quoniam venit in illa Fracta

---

a) *Lis. homini.*

1. *Ici, probablement, par des objets pris sur les lieux mêmes.*
2. *Gantelet.*
3. *Huis et gond.*

Berno abbas, in ammodio*a* ante Adalardum, et Bertardum et Leutboldum, et Rotbertum et Aringaudum, et Alexandrum, et Ingelgarium, et Costabulum, et aliis bonis hominibus; |et interpellabat Arnoldum Ayduinum, advocatum Sancti Petri, de res que sunt site in pago Lucdunense, in fine Blaniacense, in quarta Fulciacense, de hereditate fratris sui Samson, et sunt site in Baldrasias villa ipse res, in Avinione, in Montaniaco, in illa Fracta; et Ayduinus in suo responso dixit quod XXX annis inter Samson et Sanctum Petrum de ipsis rebus et manopiis*b* vestiti legaliter fuissent; et unus e familie stabat paratus contendere cum eo ad batalium. Is Arnoldus auditus, et racione convictus in antea stetit, et verpivit, et legem fecit, his presentibus ꝶ S. Adalardi. S. Teutboldi. S. Bertardi. S. Aringaudi. S. Alexandri. S. Ingelgerii. S. Constabuli. S. (11 *noms*). Ego Girfredus monachus, ad vicem cancellarii, rogatus scripsi, datavi III nonas maii, anno secundo Radulfi regis.

N° 126. *Donation de sa part, dans des terres indivises entre deux frères, par l'un d'eux. (An. 927-942.)*

Charles Cluny, n° 333.

Charta qua Petrus dat monasterio Cluniacensi mansum in villa Boscos.

In nomine Verbi incarnati. Notum sit omnibus christianis presentibus et futuris, quod ego Petrus, reminiscens pondus peccatorum meorum, unde valde aggravatus sum, et timeo ut in eterno judicio patiar penas, propter hoc dono Deo et Sanctae Mariae, necnon et Sancto Petro et Paulo et omnibus sanctis, ac Cluniaco loco, pro anima mea et omnium paren-

---

a) Peut-être amodio *(accommodement). Ce n'est pas, ici, un plait régulier; il y a des « bons hommes », mais pas de comte. —* b) *Pour* manolpiis.

tum meorum, aliquid de rebus meis que sunt site in pago
Arvernico, in villa que dicitur Boscos : hoc sunt tres apen-
darie et unus mansus et terrae cum pratis et campis et silvis,
et quecumque ad ipsos pertinent, et de aliis terris que sunt
juxta istas supradictas, quas habeo in commune cum fratre
meo Artaldo, de silvis et de aliis terris dono similiter meam
partem, ut faciant ejusdem loci rectores quicquid eis placuerit. Si quis hanc donationem corroborare et custodire vel
gubernare voluerit, et injuste aliquid ibi requirere voluerit,
Dei ira veniat super eum, et cum Juda traditore et Datan et
Abiron pars ejus in inferno habeatur, nisi a stultitia et a
malicia resipuerit. S. Petri, S. Stephani, fratris mei, qui
mihi dedit partem suam quam ibi habebat. S. Artaldi, fratris mei, qui hoc laudavit et multorum aliorum nostrorum
fidelium[1], qui hoc laudaverunt et viderunt.

N° 127. *Supplique ou plainte adressée à un gouverneur de
château à l'occasion d'un titre de propriété perdu par cas de
force majeure. Juridiction gracieuse de cet actor ou defensator. Persistance des formes de l'enregistrement à la curie.
Notice. (Juin 928.)*

Cart. de Notre-Dame de Nîmes, XXXII.

De Tramiaco.

Priscarum legum et jure constituuntur, aut[a] omnis homo
in causis generalibus per aures munitiales[b] remedia conse-

a) *Lis.* ut ..... consequantur. — b) *Lis.* municipales.

1. *Ces « fidèles » interviennent dans l'acte par leur « signe » pour
l'approuver et déclarer, au besoin, qu'ils ont vu, simplement, mais leur
consentement n'est pas nécessaire à sa validité. A y regarder de près,
cette « approbation » ne relève pas du droit civil, mais du droit politique d'alors. Il n'est pas exact de dire que les suzerains ne pouvaient
faire une donation sans l'approbation de leurs vassaux. (Viollet, Précis, II, p. 545). — P. pouvait, d'ailleurs, faire la donation de sa part
indivise sans l'assentiment de son copropriétaire A.*

cuntur ; et multa naufragia, ab antiquis temporibus usque in novissimis diebus, per singulas quascumque provincias orbis terre, semper debeat pia consideratione princeps habere ; et legis doctores decreta fecerunt quod, si strumenta cartarum, per turbis hostium aut fures vel incendium aut per quodcumque ingenium genera naufragiorum distructas vel deperitas, hoc innovetur auctor curialium proponat ; et quos testati nullas seu et plancturia contra collecta, ad aures publice per biduum vel triduum appendat, ut auctor vel defensator Fredeloni de castro Andusiense [1], in ejus presentia, facimus plancturiam.

Ego Ugbertus, gratia Dei sedis Nemausensis episcopus, ed Ietor, mandatarius de jamdicta ecclesia Sancta-Maria, sedem principalem, adnuntiamus vobis, per nostram plancturiam, ut ipsam scripturam de homine Adalardo, vel uxori sue Helisabet, qua de Traminaco facta habebant, de ipsa medietate de ipsa villa, vel de ipsos villares ibidem pertinentes, perditam habentes habemus ; quare eam insimul commendavimus ad Lamberto, presbitero, et ipse mortuus fuit antea quam ipsam scripturam nobis reddidisset, et per hanc occasionem perditam habemus, et hoc vobis cognitum est. Sed precamur vos, domno Fredolo, actor vel de[fe]nsator, cum judices vestros vel ceterasque personas, possessio nostra per hanc occasionem non rumpat[ur].

Tunc ipse Fredolo vel alii homines dixerunt nobis : Bene est cognitum in veritate quod sic est veritas, quod vos nobis annuntiatis de ipsa scriptura. Unde laudamus te, vir laudabilis, defensor Fredolo, nec non et vos, honorati, que curas publicas agitis assidue [2], ut istam plancturiam firmare faciatis, quomodo nobis necessarium fuit. Facta planturia seu et

---

1. *Château d'Anduze, résidence du vicaire du comte.*

2. *La tradition de l'enregistrement à la curie ou insinuation est, ici, comme on voit, très bien conservée ; il n'est donc pas exact de dire, avec Viollet (Précis, II, p. 780), que « toute trace certaine d'enregistrement à la curie disparaît, ce semble, dans la seconde moitié du vii° siècle ; il n'en reste, à coup sûr, aucun débris au x° siècle. »*

appensa ista, in mense Junio, die Veneris, anno. XXX
regnante Carlo rege, post obitum Odoni regi. S. Fredelone.
S. (9 *noms*). Waldramnus, presbiter, scripsit sub die et anno
quod supra.

N° **127** bis. *Déposition des témoins qui ont assisté à la rédaction
d'un titre perdu par cas de force majeure en conséquence
de quoi a été dressée la « plancturia » ou « appennis » précé-
dente. Confirmation par serment de cette déposition. Juridiction gracieuse. Notice. (Juin 928).*

Cart. de Notre-Dame de Nîmes, XXXIII.

De Tramigo.

Noticia annunciationis seu et reclamationis necnon et
sacramentorum, qualiter veniens domnus Ugbertus, gratia
Dei sedis Nemausensis episcopus, cum mandatario suo Ictore,
ad castrum Andusiensem, in presencia Fredelone, misso
Raimundo comite[a]; A. preposito; A. vasso; R. comite[b];
necnon et judices : (3 *noms*), misso Fredelone; et alios
homines, id est (9 *noms*); vel aliorum bonorum hominum.
Veniens Ictor, qui est mandatarius de jamdicto episcopo, in
eorum presentia, cum sua testimonia. Et hec sunt nomina
testium qui causa ista testificant et jurant, id est : (5 *noms*).
Venientes in eorum presentia sic testificaverunt, sine ulla
varietate, quia de ipsa scriptura unde domnus U. et I. in
nostram presentiam fecerunt plancturiam vel adpensam, nos
ipsam vidimus et audivimus legentem et relegentem de
homine A. vel uxori suo II., quod ipsi pariter fecerunt insimul ad Sancta-Maria de ipsa medietate de ipsa villa Tra-
miaco, vel cum ipsis apenditiis, vel cum ipsos vilares, id est:
Valerianicus et Confinio, et Folgarias, cum molinares, vineis,
vineales, campis cultis at incultis, pratis, pascuis, silvis,

a) *Lis.* comitis. — b) *Lis.* A. vasso R. comitis.

garricis, arboribus pomiferis et impomiferis, aquis aquarum vel decursibus earum. Et continebat[ur] in ipsa scriptura [quod], dum A. et uxor sua H. vixissent, usum et fructum exinde habuissent. Post obitum vero illorum, ad prefatum locum Sancte-Marie revertere faciat sine ulla tardatione. Cum ista testimonia dixissent, intrantes in ecclesia Sancti-Stephani, in presentia supradictorum, mitentes manus super altarium ejus, dicentes: Per Deum Patrem omnipotentem et has reliquias Sancti Stephani, qui est fundatus juxta castro Andusie, ad ipso mercato ; sic est veritas quod nos in vestra presentia testificavimus, adjuravimus, et habebat ipsa scriptura annos VII quod facta fuerat. Tunc apertum[c] fuit domno U. episcopo et I. mandatario, quod exinde noticiam sacramentorum fecissent ; quod ita et fecerunt. Ilis presentibus actum fuit. Facta noticia annunciationis seu et reclamationis necnon et sacramentorum, in mense Junio, anno XXX, regnante Carlo rege, filio Ludoici, post obitum Odoni regis. S. (*les 5 témoins*), S. Fredelone, S. (11 *noms sur les 13 mentionnés plus haut*). Waldramnus, presbiter, rogatus scripsit, sub die et anno quod supra.

N° 128. *Objets de consommation injustement perçus par un comte sur un territoire privilégié. Plait. Juges divers. (An. 933, 11 mars.)*

Hist. Langued., t. V, Pr. n° 57.

Veniens Vibardus mandatarius Donadeo abbati et congregatio sancti Iohannis monasterii Castro-Mallasti, die veneris in civitate Narbonae, in praesentia domno Aymerico archiepiscopo et domino Pontione comite seu et marchione, vel judices qui jussi sunt causas dirimere et legibus deffinire, tam Gotos quam Romanos velut etiam Salicos, id est War-

---

c) *Lis.* oportu[nu]m.

narius, Abo, Rodgarius, Blastolco saione; sive in praesentia Lorio, Bernardo, Raniberto, Alarico, Rainiberto, Alarico, Aymerico, Roifredo, Adarz, Amblardo, Alphanio, item Abone, Belgarane, Euvaltario et aliorum multorum bonorum hominum, quicumque ipsos judices ibidem residebant, in mallo publico, in Narbona civitate, in eorum praesentia sic se proclamabat supra nominatus mandatarius de ipso abbate, de supra nominato comite, quia iste comes sive sui homines se prendiderunt panem et vinum et porcos, et aliis caeteris rebus[1] male ordine et injuste, quod facere non debuerant, de alode[2] quae vocatur Fraciano, et de alios alodes qui sunt in comitatu Narbonense de supradicto S. Ioanne. Et ego mandatarius privilegium in manu teneo de Romam quae est mater ecclesia, et praeceptum quod domni imperatores et reges fecerunt ad jamdicta Casa-Dei, et ipsa praecepta ipso mallo fuerunt ostensa et solemniter fuerunt relecta; et resonabat in ipso privilegio vel in ipsos praeceptos, quod nullus comes, seu vicecomes, nec vicarius, nec centenarius, nec ullus homo in eorum vocatione in illorum monitate[a] prendidisset nec boves, nec caballos, nec asinos, nec paratas, nec portaticum, nec telone, nec fidejussores tollendos, nec illorum homines distringendos, nec ullum obsequium facere non debebant : sed omnia sit in alimonia pauperum et stipendia monachorum. Tunc ipsi judices et ipsi auditores, cum audissent talem rei veritatis et tales regum authoritates, interrogaverunt ipso comite supradicto, qualem legem vivebat. At[b] quid responderet de causa, unde iste mandatarius requirebat[c] : sic fuisse non sciebam quod ipse abbas vel ipsa congregatio coenobitarum tales regales authoritates habuissent, unde perdonatum fuisse; et quantum ego feci, ignoranter hoc feci. Tunc ipsi judices et

a) *Lis.* immunitate, *ici territoire privilégié.* — b) *Lis. ...vivebat et quid...* — c) *Mots omis.*

1. *C.-à-d. des droits d'hébergement que le P. percevait en sa qualité de comte. Voir 2ᵉ partie.*

2. *Du domaine de F.*

ipsi auditores, cum audissent ipso comite sic respondente, decreverunt judicium, et ordinaverunt ipso jam dicto comite, quod conlaudasset ipsas scripturas dominicas, et vuadiasset legaliter[1], sicut in lege Salica continetur, ita et fecit. Oportunum fuit Donadeo abbate vel ipso jam dicto mandatario, ut notitiam conlaudationis scribere vel firmare rogassent, sic et fecerunt. His praesentibus actum fuit; et gaudeat se ipse abbas et ipso mandatarius, quod in nostro judicio illorum clarissima percepissent justitia. Dato judicio V. idus martii, anno IIII regnante Rodulpho rege post obitum Karoli regis. S. Pontione comiti et marchione, qui se exvacuavit. S. Richildis vicecomitissa, S. Jorius. S. Barnardo. S. Alarico. S. Aimerico. S. Adays. S. Amblardo. S. Alfarico. S. Waltario. S. Fortone.

Nº **129.** *Abbaye contre vicomte. Terres prétendues de la vicomté. Abandon de la prétention. Juridiction d'un suzerain. Notice. (An. 944, 28 mars.)*

Cart. Cluny, nº 656.

Notitia qualiter monachi Cluniensis monasterii venientes ante presentiam domni Hugonis, gloriosissimi marchionis, proclamaverunt se de Ademaro, Lugdunensi vicecomite, qui preceptum quod per supradicti principis consilium a rege acquisierunt ex Tosciaco et omnibus suis appenditiis, infringere nitebatur, et contra usum regalis potestatis, quod rex Deo et Sancto Petro dederat tanti principis consensu, in suos retorquere usus temptabat, dicens praescriptas res ex suo vicecomitatu esse. Quo circa audiens Ademarus tante auctoritatis preceptum, suumque seniorem partibus monachorum favere, et sentiens nichil se rationis in hoc habere, in presentia jam nominati marchionis et fidelium ejus quorum subter scribenda sunt nomina, partibus Sancti Petri dimisit

---

1. *Donnât son gage qu'il restituerait.*

peromnia, promittens se nunquam amplius inde prefuturum.
Quod ut semper inconvulsum maneat, et a nullo success-
sorum Ademari hec presumtio repetatur, nomine comitis hec
notitia confirmata est et suorum fidelium qui rationem audierunt monachorum. S. Hugonis comitis et marchionis.
S. Ademari vicecomitis. S. Leotaldi comitis[1]. S. Caroli[2]
comitis. S. Vuilelmi[3] comitis. S. (12 *noms*). Data per manum
Aimonis subdiaconi, V. Kal. aprilis, VII anno regnante
Conrado rege.

N° **130.** *Biens donnés à une abbaye puis à un laïque. Le donateur se refusant à garantir la donation postérieure, la première est seule valable. (An. 948.)*

Cart. Cluny, n° 719.

Notitia vuirpitionis apud Matisconum, sub die Jovis, IIII
nonas madii, ante presentiam domini Leotaldi comitis, una
cum fidelibus suis, Vualterium vicecomitem, Robertum,
Teudulfum, Ingelardum, Droconem cum ceteris : in eorum
presentia venerunt quidam viri et monachi, fideles Sancti Petri
Clunicenses, Hildebrannus nomine atque Maiolus, necnon et
Rainaldus ; in eorum presentia expellerunt cartas, seu et lege-
runt de nomine Aalardi, levite, qui ipsas res dedit Sancto Petro
in villa Verchesoni, et in Galna, seu in Petrolis ; proclamaverunt se de uno homine, nomine Vualterum, quod aliquid de
ipsa incartatione tenet malo ordine et injuste. Ipse Vualterus
in presentia ostendit ibi cartas de nomine ipsius Aalardi, et
fuerunt ibi relecte, et non invente bone, quia anteriores
erant carte Sancti Petri[4]. Ipse Aalardus in presente stetit, et

1. *De Mâcon.*
2. *De Vienne.*
3. *De Forez et de Lyon.*
4. *Et cependant V. était en possession. Je crois bien que V. avait
droit, mais qu'il abandonne volontairement.*

non auctorizavit cartas vel donationes quas fecit Vualterio.
Ipso Vualterius, ut recognovit eorum rectitudinem, vuerpivit contra illos totum quod de ipsa ratione tenebat, his presentibus : Signum Vualterii vice-comitis, S. Roberti.
S. Teodulfi. S. Aigulfi. S. Ingelardi. S. Hugonis. S. Oidelini. Data per manum Berardi, sub die jovis, IIII nonas madii, anno XI° regnante Ludovico rege.

N° **131.**   *Femmes agissant en justice. (An. 950, avril.)*

Cart. Cluny, n° 764.

Notitia reclamationis seu vuirpitionis apud Matisconum, sub die mercoris, in mense aprili, XV kalendas magii, in mallo publico, hubi resedit domnus comes Leotaldus et domnus episcopus Maymbodus, necnon et abbati Erveus et Emardus, Ado videlicet et Hubertus prepositus, cum ceteris nobilissimis resedentibus clericis et laicis, Elgaudum, Aquinum, Rotbertum, Ratherium, Nardoinum, Teodulfum, Henrycum, vel aliis plures, quorum nominare longum est, in eorum presentiam venerunt duas feminas sorores, quas una vocatur Agi, altera Ettela ; proclamaverunt se de dommum Aemardum abbatem vel actoribus Sancti Petri Cluniensi, quod rebus illorum in pago Matisconense, in villa Davagiaco, quod est medietas de unam ecclesiam, et in Vergeson atque in Jalnant, ipsi auctores Sancti Petri contendunt illis injuste. Advocatus Sancti Petri prudenter respondit quod Adalardus, clericus, frater illorum incartavit ipsas res Sancti Petri, et plus legibus debent esse ipsas res Sancti Petri quam illis reddere ; et ostenderunt ibi cartas legales, de manu ejus. Ipsas vero feminas, ut audierunt et viderunt directum Sancti Petri et actoribus ejus, vuirpiverunt ipsas res contra eos his presentibus : S. domni Leotaldi comitis. S. Rotberti. S. Humberti. S. Ratherii. S. Gontioni. S. Vualterii vice-

a) *Lis.* **XII** *(Bruel).*

comitis. S. Algaudi. S. Oydelardi. S. Teodoni. S. Aquini. S. Ingelardi. S. Romestagni. S. Hugoni. Data per manu Berardi, sub die Sabbati, XII Kalendas magii, anno XIII regnante Hludovici regis.

N° **132.** *Donation à un monastère avec réserve d'usufruit au profit de la femme du donateur qui devra payer un cens, sinon être dépossédée. Exécuteurs de la donation. Charte « levée en plein mall ». Droit frank salique. (An. 957.)*

Hist. génér. de Metz, I Preuv. 70, et Lœrsch, n° 77.

Quantum humanus intellectus valet mente sagaci excogitare, oportet ut unusquisque pro salute animae suae sollicite evigilet, quatinus districtus iudex neminem reperia imparatum, dum venerit, et ne inveniat quod dampnet, sed potius quod coronet; hoc est ut unusquisque, dum in propriae libertatis subsistit iure, de caducis et transitoriis in æterna tabernacula vitam sibi querat mercari perpetuam et retributionem sibi faciat apud Deum, ut inter iustorum consortium desiderabilem obtineat locum. Hoc etenim ego Raginbaldus, filius Ragimbaldi et Heriburgis, mente revolvens saepe, et quoniam, sicut scriptum est, res ecclesiae vota sunt fidelium, patrimonia pauperum et precia peccatorum, cogitavi ut aliquid de rebus a parentibus supradictis michi concessis ob remedium animarum suarum, et ut ipse veniam de peccatis meis adipisci queam, ac ut in die districti examinis securius adsistens illam desderabilem Domini vocem audire valeam : « Venite, benedicti patris mei, percipite regnum », ad partem sanctae Gorziensis congregationis darem, quod et feci. Tradidi namque per manus fidelium meorum lege Salica viventium, Vuinemanni videlicet et Vuachini atque Girivilfi, praedium meum in pago et comitatu Salnensi situm, Vitreneicurtim dictum, cum omnibus suis edificiis et appendiciis, tam in domibus quam in mansis, ecclesiis, campis, pratis, vineis, silvis, pomariis, villis villulis, mancipiis utriusque generis, pascuis, piscatoriis, aquis aquarumve decursibus, pontibus, ingressibus et regressibus, mobilibus et immobilibus et in cunctis quae dici vel nominari possunt, ad ipsam curtim pertinentibus, tam de concessis a parentibus quam a me adquisitis, ut, quemadmodum ego illis dictum tradidi alodium, ita ipsi parti altaris sancti Petri, quod est in prefato Gorziensi monasterio, ubi etiam venerabile pignus, corpus scilicet sancti Gorgonii, habetur, unde quoque sanctitatis memoriae Agenoldus esse dinoscitur abbas, traderent et vestirent : ea scilicet ratione ut, quamdiu Fredelindis, coniunx mea, vixerit, usu possideat fructuario, nullum ex eis habens pontificium minuendi, quin potius augendi, emeliorandi, restituendi, ac proinde annis singulis in festivitate sancti Gorgonii, quae est 5 idus Septembris, pro vestitura argenti libram persolvat. Post eius quoque discessum quandoquidem Deus voluerit, statim et absque alicuius contradictione hae res cum suis omnibus ad ius et ditionem abbatis dictae congregationis et ad prebendam monachorum inibi Deo degentium remittantur, habeantque talem ex eis potestatem, qualem de reliquis ad eorum prebendam pertinentibus. Si autem ex ipso censu negligens aut tarda extiterit legemque facere distulerit, similiter faciant. Deprecatus sum insuper, ut huius facti scriptum in pleno mallo levaretur et a comite, scabinis aliisque Deum timentibus firmaretur[1]. Si autem aliquis heredum meorum adversus hanc donationem a me factam insurgere voluerit eamque infringere temptaverit, prius iram Dei incurrat ac sanctae Dei ecclesiae, cui vim intulerit, libras auri 100, argenti 1000 persolvat et quod repetit evindicare non valeat. Actum in villa Dexteriaca in pleno mallo, anno ab incarnatione Domini 957 indictione 15, epacta 17, concurrente 3, anno 21 regni Ottonis imperatoris. S. Teutberti comitis. Isti sunt scabinii (14 *noms*). S. Ego Adelardus, presbiter indignus, ad vicem Nortmanni cancellarii scripsi.

---

1. *A rapprocher du n° 40 et voir p. 48, n. 1.*

Nº **133**. *Eglise revendiquée. Plait. Duel judiciaire. Jugement.*
(*An. 960, 13 juillet.*)

Cart. de Beaulieu, nº XLVII.

Noticia gurpitionis vel consignationis in eorum praesentia, qui ibidem adfuerunt, vel ante Regimundum comitem, vel ante alios nobilissimos viros, qui hanc notitiam subterfirmaverunt, qualiter venientes duo honorabiles viri, Bernardus videlicet et Gerbertus, ad ecclesiam S. Saturnini, die Veneris, III idus julii, ante jam dictum Regimundum comitem et ante alios nobiles viros, interpellabat quisque unus ecclesiam S. Medardi, cum ipsa curte quae dicitur Prisca, quam Rigaldus, pro remedio animae suae parentumque suorum, S. Petro Bellilocensi, in stipendiis et usibus monachorum ibidem servientium, dimiserat post mortem filii sui Geraldi. Illis siquidem inter se contendentibus, judicavit praedictus Regimundus et alii venerabiles et assistentes, ut ipsi duo praetaxati viri vicarios sibi duos eligerent, ad certamen expeditos, quo Dominus manifestare dignetur veritatem hujus rei. Quod ita factum; nam secunda diei hora certantibus usque ad solis occasum, neminem quippe cernerent eorum vincere, judicaverunt memorati Regimundus comes, caeterique ei in circuitu sistentes, cuiquam eorum Bernardi vel Gerberti nihil ad possidendum jure debere habere, in usus usurpare, sed potius domino omnium creatori et S. Petro Bellilocensi, apostolorum principi, in usibus monachorum inibi desidentium, expendi, cui praedictus Rigaldus, pro remedio animae suae, devoverat offerri. Judicaverunt iterum dictus comes, caeteraque ei assistens turba, quod exinde Deo et S. Petro gurpitionem Bernardus et uxor sua Stevena, et Gerbertus, facere deberent; quod ita et fecerunt. Facta gurpitio ista in mense julio, anno octavo sub Lotario rege. S. Bernardi et uxoris suae Stevenanae, et Gerberti, qui etiam, pro amore Domini et S. Petri, hanc gurpitionem fieri vel adfirmari rogaverunt. Aliis vero nobilibus viris praesentibus actum fuit. S. Regimundi comitis. S. Stephani. S. Ugonis. S. Malfredi. S. Rainulfi. S. Genesim.

N° **134.** *Fondation et charte de dotation d'un monastère par un comte et sa femme. Protection réservée.* (An. 966.)

Hist. de Lorraine, t. III, Preuv., p. 378.

In nomine Patris, et filii et Spiritus sancti. Ego Sigericus, cum conjuge mea Berta, cogitans pro remedio animae meae, nec non evangelica et apostolica perfectione, trado ad monasterium meum, quod construximus in honore sanctae Mariae necnon omnium Sanctorum, ubi sanctimoniales sub regula in habitu conversandum misimus, partem proprietatis nostrae quam ex ejus parentum successione adeptus sum in illis et istis locis, hoc est in comitatu Saraburg, ubi venerabilis Odacher cognoscitur praeesse ; in villa Widirgo Deldorf, octo mansos cum omnibus appendiciis suis et decimis, ecclesiam in honore S. Petri constitutam, molendinum unum, cum pratis, pascuis, sylvis, agris cultis et incultis, aquis aquarumve decursibus, exitibus et reditibus ; foeni videlicet duodecim carradas ; sylvam ad centum porcos saginandos, et in eisdem mansis partem vineae, quae omnia in dominicatura mea tenebam, cum banno [1] et omnibus commanentibus, praefato monasterio trado. Insuper Adgundirsdorff et Willardeldorff et Gebereldorff alios octo mansos cum commanentibus et totis appendiciis, ejusdemque banni [2] sylvam ad ducentos porcos saginandos, faenum ad viginti carradas. In villa Liezdorf tres mansos cum omnibus appendiciis suis, et partem decimae, foenum ad sex carradas ;

1. *Ici, ban ou droit (de « justice ») de contraindre ou d'empêcher, source de revenus.*
2. *Ici, territoire soumis à la « justice », au ban.*

sylvam ad trecentos porcos alendos. In villa Rorbach, mansum unum cum toto servitio ; pratum ad quinquaginta carradas ; forestum ad quinquaginta porcos pastinandos. In comitatu Dextroch, ubi Theodebertus praesidet, praedia quae eidem uxori meae jure dotis ab Hincmaro provenerunt. In villa Zuzelinga mansos viginti et unum, cum omnibus appendiciis suis cultis et incultis, vineis, etc. ; molendinum unum et bannum[1] simil.ter : item in eodem comitatu ad Dominum Juvinum novem mansos etc. In Tullensi parochia, in comitatu Mortima, ubi Regimboldus praeest, ecclesiam Roserolis, etc. Haec omnia super recitata ad praedictum coenobium ejusque habitatricibus inibi Deo servientibus, dono, trado atque potestativa manu transfirmo, ut habeant, teneant, atque jure perpetuo possideant, excolant et exerceant atque pro libitu in eisdem possessionibus supra adnotatis ministeriales suos, videlicet Villicum et Scabinionem[2], et caeteros officiales constituant. Ea tamen conditione, ut isdem locus sub nostra ad tuendum legitima in aevum procreatione habeatur, et filio nostro Deoderico et suis haeredibus hoc committimus, nulla illis[3] auferendi vel vendendi concessa licentia. Si quis *etc.* hanc traditionis cartulam fieri fecimus, coramque scabinionibus roborari stipulatione subnixa in publico placito. S. S. comitis qui haec fieri jussit S. dominae B. quae simul cum eo consensit. S. O. comitis. S. H. Scabinii, S. D. S. W. Testes S. A. S. R. S. A. S. Theothberti comitis. S. S. Scabinii S. L. S. E. S. R. comitis. Si. Scabinii Ruizelini S. R. Regnante Ottone Imp. primo, anno ab Inc. Dom. noningentesimo sexagesimo sexto. Ego Lambertus filius ipsorum jussu praedicti Ottonis Imp. ad vicem cancellarii scripsi et subscripsi.

1. *Voir (Et. prop. M. A.) La « propriété » et la « justice » des moulins et fours (T.) dans Rev. hist. 1886.*
2. *Intendant rural (maire) et scabin ou juge.*
3. *Illis se rapporte non pas aux fils et héritiers du comte, mais aux moines.*

N° **135.** *Fiançailles avec gage. Tradition symbolique de la femme. Contre-prestation. Caution. Peine conventionnelle. Arrhes. Bâton, symbole de tradition. (An. 966.)*

Codex diplomat. Cavensis, 2, 31.

In nomine Domini. Tricesimo anno principatus Domini nostri Gisolfi, glorioso princeps, mense Februarius, nona indictione. Memoratorium factu a me Maghenolfus, filius quondam Madi, eo quod in Nuceria ante subscriptorum testium per vona conbenientia et vona sua bolumtate guadia mihi dedit Petrus, filius Bisanti de locum Sarnu, et mediatorem [1] mihi posuit Petrus, filius [a] quondam Sadelperti de ex eodem locum Nucera, et Adelghisi diaconus, filius [b] Sarni presbiteri de ex eodem locum Sarnu, tali ordine, ut isto mense Februario stante diem una daret mihi at legitimam uxorem habendum Monda filia sua [c]. Et si ipsa eadem filia sua mihi legitimam uxorem in dictum constitutum mihi non dederit, obligavit se per ipsa eadem guadia at componendum nobis quinquaginta auri solidos constantinos, et per imvitis [2] ipsa filia sua mihi legitimam uxorem daret. Unde ividem presens per baculum ipse Petrus ipsa filia sua mihi legitimam uxorem tradidit et arre a me recepit pro ipsa filia suo soliaureum costantinum unum, et per ipsum eadem baculum ipsius Petri recommandavi ipsa filia sua usque in dictum constitutum, ut illam aput me legitimam uxorem remidteret ipsa guadia, sicut illam mihi guadia habui. Et hunc brebem scribi ego Ildericus subdiaconus et notarius qui interfui. Ego Petrus diaconus. Ego Romoaldo.

a) *Lis.* Petrum, filium. — b) *Lis.* Adelghisum diaconum, filium. — c) *Lis.* filiam suam.

1. *Fidéjusseur.*
2. *Peut-être* porluvitus, *malgré lui, c.-à-d. que le paiement de la somme ne le dispenserait pas de livrer sa fille. Voir T. Contrib. hist. D. Germ. (Revue histor. Droit, 1880) p. 459.*

Nº **138**. *Donation d'immeubles à un monastère. Profession de loi. Tradition. Investiture corporelle. Déclaration de délaissement (déguerpissement). Clause pénale. Parchemin élevé de terre avec encrier et livré au notaire. Charte: (An. 967.)*

Chartes Cluny, nº 1230.

In nomine Domini et Salvatoris nostri Jesu Christi. Otto, gratia Dei imperator, item Otto, filius ejus, rex, anno imperii et regni eorum, Deo propitio, hic in Italia sexto, quarto decimo Kal. augusti, indictione decima. Monasterio Sancti Petri, principis apostolorum, quod est constructum infra regnum Burgundie, in comitatu Matisconensi, in loco qui dicitur Cluniacus, ubi domnus Maiolus, abba preesse videtur. Ego Ingelbaldus, filius quondam Ansego, qui vocatur Ansegisus, qui professus sum ex natione[1] mea legem vivere saligam, presens presentibus dixi : Si quis in sanctis ac venerabilibus locis ex suis aliquit contulerit rebus, juxta auctoris vocem, centuplum in hoc accipiet seculo, et insuper vitam possidebit eternam. Ideoque ego Ingelbaldus dono et offero pro animae mene meorumque parentum salute, in jam dicto monasterio Sancti Petri, hoc est casis et omnibus rebus illis juris mei quas habere visus sum in jam dicto comitatu Viennensi, in loco et fundo Montenes, quam etiam per ceteris locis et vocabulis, cum capella una inibi constructa in honore sancti Juliani, cum omnibus rebus ad eam pertinentibus ac jacentibus infra jam dicto regno Burgundie, ad eandem capellam pertinentibus, ut dictum est, tam casis cum sediminibus et vineis, cum areis suarum[a], terris arabilibus et gerbis, pratis, pascuis, silvis majoribus ac stalarcis[2], rivis,

a) *Lis.* earum.

1. *Ici, peut-être,* nation; *originairement c'est la naissance qui fixe la loi de la personne. L'idée de « naissance » a contribué à conduire à l'idée de « nation », laquelle est, d'ailleurs, complexe.*

2. *Saussaies.*

rupinis ac paludibus, cultis et incultis, divisis et indivisis, una cum finibus et terminibus, ac accessionibus et usibus aquarum, aquarumque ductibus, cum omni jure, ac jacentiis seu pertinentiis earum rerum per loca et vocabula, ipsis casis et rebus seu capelle pertinentibus in integrum, ab hac die in eodem sanctum et venerabilem cenobium dono et offero pro anime mee meorumque parentum salute; insuper per cultellum, festucam notatum[1], per vuantonem et vuasonem[2] terre, seu ramum arboris parti jam dicti monasterii et immanus[b] domni Maioli, abbatis, legiptimam facio traditionem et corporalem vestituram, et me exinde foris expuli et exsortem reddidi et ex toto vuerpivi, et Cluniacensi monasterio ex toto concessi, ad faciendum quicquid gubernatores supranominati cenobii ex toto voluerint, sine omni nostra et eredum ac proeredum meorum contradictione vel repetitione. Si quis vero, quod futurum esse [non] credo, si ego ipse Ingelbal...s (quod absit!) aut ullus de eredibus ac proeredibus meis, seu quelibet opposita persona, contra hanc cartam donationis ire temptaverimus, aut eam per colibet ingeni infringere quesierimus, tunc conferamus parti jam dicti cenobii vel ei contra quem litem intulerimus, de auro optimo unciam unam, et de argento pondus quinque, et quod repetimus vindicare non valeamus, sed presens hec cartula donationis omni tempore firma et stabilis permaneat atque persistat et inconvulsa, cum stipulatione subnixa, et pargemenum cum atramentario de terra elevans mihi Liuprando, notario sacri palatii, tradidit et scribere rogavit, in qua subter confirmans, testibusque obtulit roborandam. Actum civitate Ticinum[3] feliciter. Signum Ingelbaldi, qui hanc cartam donationis fieri rogavit. Ampertus, notarius sacri palatii, rogatus subscripsit. Lanfrancus, judex sacri palatii, lege

b) *Lis.* in manus.

1. *Non pas pour* nodatum (*noueux*), *mais marqué d'un signe* (nota).
2. *Gaul et gason.*
3. *Cette charte, faite à Turin, est remarquable par les formes intéressant à la fois les diplomatistes et les historiens du droit.*

vivente saliga, rogatus subscripsit. Gerolimus, judex sacri palatii, subscripsi. Petrus, judex sacri palatii, rogatus subscripsi. Gisalbertus rogatus subscripsi. Dominicus, notarius sacri palatii, rogatus subscripsi. Gausbertus rogatus subscripsi. Vualfredus, filius Johannis, rogatus subscripsi. Ego Liuprandus, notarius sacri palatii, scriptor hujus cartule donationis, post tradita complevi et dedi.

N° 137. *Notice de délaissement en justice. Lois personnelles diverses. (An. 987.)*

Cartul. S. Victor de Marseille, n° 200.

Noticia guirpicionis vel diffinitionis, in Arelate civitate, publice, ante domno Wilemmo, inlustrissimo comite, et ante vassos dominicos, tam romanos quam salicos, una cum plurimarum personarum diversis legibus viventibus. Sunt nomina earum id est : Berengarius Judex, Poncius major (33 *noms*). Ibique veniens Honoratus, gratia [Dei] Massiliensis episcopus, ante domnum Willelmum comitem, seu eciam ceterorum hominum, quorum nomina jam supra scripta sunt, interpellavit aliquos homines, his nominibus, Garibaldum et Auvonancium, vel heredes illorum, de terra sancti Victoris, martyris Massiliensis, quo est in comitatu Aquense, in terminio de villa Stavello, id in vineis, campis, quod contra legem et malum ordinem invaserunt, tenuerunt ac possederunt. Et ipsi homines, Garibaldus videlicet et Avonancius, vel heredes illorum in presencia stabant, et in suis responsis dicebant : « De ista interpellatione unde Honoratus episcopus nos interpellavit, de ipsis vineis et de ipsis campis jam supra scriptis, melius debent nostras esse, ex projenie parentorum nostrorum, quam episcopi propter nullam causam sanctuariam[1] succedere ». Tunc comes prefatus et judex Berengarius judicaverunt ut episcopus perportare[2]

---

1. *H. invoque le droit de propriété de Saint-Victor (causa sanctuaria), les défendeurs, leur prétendu droit d'hérédité (causa alodis).*

2. *Faute de preuve directe, le comte et le juge décident que H. fera sou-*

fecisset ad servos sancti Victoris, hoc sunt homines, Letus, Avustus, Faraldus, Udulricus, Castellanus ; ibi fuint adepti qui volunt jurare, et perportare ipsas vineas et ipsos campos, quod melius eis succederet ex parte sancti Victoris quam ipsi homines ad tenendum propter causam alodis. Quod eciam episcopus paratus fuit. Videntes ergo predicti homines Garibaldus et Avonancius et heredes illorum, se recognoscebant quia nullum directum non habebant de ipsis vineis et de ipsis campis, et se guerpierunt et instipulaverunt, et in terra jactantes jactaverunt et calcaverunt[1] ; quod ita et fecerunt. Et si[c] legibus factum et diffinitam habui qualiter lex romana[2] comemorat, quicquid in presentibus partibus fuerit ordinatum habebit plenissimam firmitatem nec poterit immutari. Actum fuit, in Arelate civitate publice quorum corroboratione et signaculo subter tenentur inser-tum. Propteria oportunum fuit Honoratus episcopus ut noticia guirpicionis vel diffinitionis conscribere vel adfirmare rogasse ; quo[d] ita et fecit.

Facta noticia ista XIII Kalendas septembris, anno XXXI regnante Conrado, rege Alamannorum vel Provinciarum.

N° 138. *Accensement d'une aire de moulins et de ces moulins, avec faculté d'aliéner. (12 mai 988.)*

Chartul. S. Petri Carnotensis, Cap. III (57).

De area duorum molendinorum Falesiae ab Ardrado cano-nico censualiter empta.

In Christi nomine, Eirveus, qui abbatiam sancti Carauni

---

mettre des hommes de Saint-Victor à l'épreuve du jugement judiciaire (perportare), à mon avis, du combat, que refusent les défendeurs.

1. Jetèrent et foulèrent aux pieds (le fétu) en signe d'abandon de leur prétention.

2. Ce qui est faux. Il y a d'assez nombreux exemples de lois (surtout lex Romana) inexactement invoquées ou altérées. Prudence nécessaire : décider d'après le fonds et non d'après la loi invoquée.

per largitionem domni Odonis episcopi tenere videmur.
Notum esse volumus cunctis successoribus nostris et reliquis
Christianis fidelibus, qualiter cuidam canonico Sanctæ-
Mariæ, nomine Ardrado, et duobus fratribus suis Benedicto
atque Magenfredo, quamdam aream duorum molendinorum
cum ipsis molendinis ab Alcario suo avunculo constructis,
consentiente seniore nostro Odone, per manum firmam
censualiter concedimus. Est autem ipsa area in pago Carno-
tino, super fluvium Auduram, in loco qui dicitur Faliza,
cum uno manso de terra qui conjacet in valle sancti Carauni
et in alio loco qui dicitur a Lupo Vulto. Hanc itaque aream,
cum molendinis et praedicto manso de terra, ita eis ad censum concedimus, ut desuper securi edificent et, annis singulis, in festivitate sancti Carauni, quae est V Kalendas junii,
in censum solidos X persolvant. Si de hoc negligentes extiterint, legaliter emendent, et molendinos et terram non
perdant; set habeant licentiam vendendi vel dandi cuicumque voluerint; ita ut venditiones et census ad seniorem
perveniant, eisque amplius non requiratur in censum, nisi
quod superius est insertum. Quatinus autem haec carta
firmior sit, manu propria eam firmavimus et seniori nostro
ejusque fidelibus roborandam obtulimus.

Actum Carnote. Signum Odonis, praesulis. S. Suggerii,
decani. S. Eirvei, qui hanc cartam fieri jussit. S. A. presbiteri. S. O. presbiteri. S. E. presbiteri. S. Widonis, levitæ.
S. T. levitæ. S. J. levitæ. S. R. S. D. majoris.

Data IIII idus mai, anno XIII regni Clotharii regis. Gri-
muinus scripsit, ad vicem Suggerii.

N° **130.** *Donation d'une terre acquise, sur une forêt « commune » par défrichement et délimitation.* (An. 975-1001.)

Pez, Thesaurus novissimus, I, 3, et Mon. Germ. hist.
scrip., 17, 616, et Lœrsch, n° 79.

Papo etenim, urbis praefectus, offerens Liutolfum filium

suum in coenobium sancti Emmerammi et fraternam salariam [1], in praesentia abbatis Ramuoldi et fratrum seu etiam testium, ut semper sub regula sancti Benedicti, Deo donante, stabilis permaneret. Et non post longum tempus iterum idem Papo comes iam paratus Romam tendere, convocatis tam abbate quam et caeteris fratribus, tradidit super altare praefati sancti Emmerammi in silva communi [2] Nordwald nuncupata tale praedium silvaticum, quale ipse cum suis sequacibus [3] contra [4] suam proprietatem Stevininga prospiciens circumeundo sibi in proprium ad eundem locum Stevininga captivaverat cum uno tantummodo Wandalio colono institutum [5], quod etiam situm est inter rivum Franchinpah et montem vulgari vocabulo Vigo nominatum. Hanc quoque traditionem accepit praenotatus abbas Ramuoldus et advocatus Maganus, et isti sunt testes : Rudpreht comes, Richpolt, Erchanpreht, Engilmar, Rudpreht, Arripo, Lantpero, Adalo et ceteri.

Nº **140**. *Terre concédée à cens par une abbaye, à la prière du bénéficiaire. (An. 978.)*

Cart. de Corméry (Mém. soc. arch. Tour., t. XII, 1861), nº XXIX.

Donatio facta Constantino clerico.

In Dei nomine Daniel abbas et monasterio Sancti Pauli Cormaricensis. Notum et percognitum esse volumus omnibus sanctae Dei Ecclesiae fidelibus tam praesentibus [a] quam nos quidam clericus nomine Constantinus [b], cum duobus succes-

---

a) *A suppl.* quam futuris. — b) *A suppl.* adiit.

1. *Entretien d'un frère.*
2. *Voy. « Les Communia » cit.*
3. *Sur le sens, Ib., p. 137, n. 2 (in fine).*
4. *Vis-à-vis sa propriété.*
5. *Garni d'un seul colon.*

soribus, ut eis aliquis ex rebus Sancti Pauli ad censum concederemus ; quod et fecimus, videlicet per deprecationem
Adelardi militis, cujus beneficium esse videbatur, vel depre-
catione Gaufredi militis ejus, qui ipsum beneficium ab eodem
tenebat, concessimus eis unam quartam de terra cum omnibus quae in se continet, terris, pratis, silvis, aquis, cum
area ad molendinum faciendum. Est autem ipsa terra in comitatu Blesence, super fluvium Bevroino, in villa Aniliaco ;
et terminatus ex una parte terra Sancti Martini, alia vero
parte terra Sancti Petri, reliqua vero alodo[1] Landrici terminatur. Ea autem ratione concedimus eis ipsam terram ut
annis singulis ad forum Blesense in censum persolvant
denarios XII. Quod si de ipso censu tardi aut negligentes
extiterint, habeant licentiam legaliter emendandi et ipsam
terram non perdant ; sed habeant licentiam tenendi, possi-
dendi, aedificandi, plantandi, vendendi, emeliorandi, et quod
placuerit faciendi, salvo jure ipsius pagi[2]. Ut haec autem
manu scripta firma et stabilis permaneat, manu propria
subter eam firmavimus, manibusque nostrorum fratrum firmare rogavimus. Signum domini Danielis Abbatis. Signum
Ingelgirii decani et monachi. Signum Ramnulfi. Johannes
monachus Sancti Pauli scripsit et subscripsit. Data mense
septembri, anno XXIIII regnante Lothario rege.

N° **141.**   *Notice de déguerpissement. (An. 978 ou 984.)*

Cart. S. Victor, n° 654.

Notitia diffinitionis vel guirpitionis, in quorum presentie
in placito generale, Wilielmo comite, in Manoasca. Venit
episcopus Pontius sancte sedis Massiliensis ecclesie, et abbas

---

1. *Ici, la terre ou « héritage » de L.*
2. *Suivant la coutume du pays.*

sancti Victoris martiris Alardus; reclamaverunt se de Rodulfo episcopo et de Imone vel de ipsos heredes, qui ipsam terram tenent Camaricas. Fuit Heldebertus judices, Garbedus judices, in ipso placito, quia ipse Rodulfus et ipsi heredes ipsam terram malo ordine tenebant contra ipsam ecclesiam sancti Victoris. Venit episcopus Pontius et Adalardus abbas; voluerunt jurare et probare cum testibus suis, quorum nomina hec sunt : Arberto presbitero et Bernardo monacho. Venerunt ante altare sancte Marie, quod, si Deus illis adjuvasset, voluerunt jurare de illa villa Camaricas totam terciam partem, et ipsas colonicas tres absas, melius debet esse sancto Victori quam Rodulfo episcopo et Imone vel ipsos heredes qui ipsam terram tenebant contra legem. Postea recognoverunt se ipse Rodulfus et Imo vel ipsi heredes, guirpiverunt et in terra jactaverunt, et stipulaverunt in manu Pontioni episcopi, et in manu Adalrado abbato, in presentia Guilelmo comite et Heldeberto judice et Garbido judice, et Aicardo et Guilelmo et Pontione et Jonam et Amico et Tassilo et Leugerio et Leufredo et Pontione et Castone et aliis plures bonis hominibus, tam satellites quam pagenses, quidquid in presentibus partibus fuerit hordinatum, habebit plenissimam firmitatem nec poterit immutari. Si quis ante principe per judicium judicis fuerit definitum, nec poterit inmutari, sed postea temptare voluerit, X libras auri esse dampnandum.

Adalbertus presbiter, Warbidus presbiter.

Facta notitia ista in die mercoris, in villa Manoasca, ante ecclesie sancte Marie, IIII nonas januari, anno XLIIII regnante Conrado, rege Alamannorum sive Provincie. Emoni firmavit. Nortaldus episcopus firmavit. Radaldus episcopus firmavit.

N° 142. *Concession de terres par une abbaye. Cens annuel.
Faculté d'aliéner. Conditions. (An. 991-1000.)*

Cartul. de Marmoutier pour le Dunois, n° VI, (p. 7).

Notitia Gisbaldi et Guidonis de terra de Chamartio.

In nomine sanctae et individuae trinitatis, volumus ego
Bernerius abbas domni et piissimi Martini atque eximii
confessoris Majoris monasterii, seu omnis grex ejusdem loci
notum fieri et percognitum industriae sanctae dei ecclesiae,
nec non et fidelibus ejusdem, tam videlicet praesentibus
quam futuris, maximeque successoribus nostris, quia deprecatis nos duos ex nostris fidelibus videlicet Gisbaldus et
Guido, ut de terra quae pertinet ad alodum, qui vocatur
Caimarcus[1], situm vero illum in pago Dunense et quem in
proprio jure tenemus, partem aliquam ad edificandum[2],
sub constitutione annuatim censum reddendi, per notitiam
nostrae auctoritatis eis concederemus. Quorum etiam petitioni libenter consensum prebuimus. Continetur vero aliquid de eadem terra ad Petram quae vocatur Landaiaca.
Terminatur haec terra ex una parte Sancti Martini terra, a
villa Marboei, terminatur alio vero latere terra Sancti Aviti,
tertia parte Blanchae Viae terra, quarta videlicet parte terra
Sancti Johannis terminatur et quantum interioribus horum
confinum pertinere videtur, praeter XI^em arpennos, octo
videlicet de vineis et tres ex culta terra, qui adjacent inter
Blancam Viam et terram Sancti Johannis. In alio vero loco
de praedicta terra L. arpennos in villa Crispiniaco, eo scilicet tenore hanc terram eis concensimus, ut licenciam
habeant desuper operandi quidcumque voluerint in edifica-
tione et in melioratione, ut secundum antiquam consuetudi-

1. *Domaine de Chamars.*
2. *Pas proprement construire, mais exploiter.*

nem, æstivitate sancti Martini estivo tempore, studeant nobis censum reddere sive successoribus nostris, solidos scilicet XX. et eis amplius non requiratur ; et si de eodem censu negligentes aut tardi reperti fuerint, liceat emendare eis et quod tenuerint non perdant, et liceat eis, si necessitas fuerit, dare, vendere praedictam terram cuicumque voluerint, tamen salvo jure ecclesiastico[1]. Post eorum quoque obitum, licentiam habeant uni tantum heredi, quem majus elegerint, dimittendi. Ut autem haec auctoritas permaneat inconvulsa et inviolabilis nostris temporibus et futuris, propria manibus monachorum corroborare jussimus. S. S. prioris. S. (11 *noms*).

N° **143**. *Charte de donation par une femme qui, en se mariant, a pris « la loi » de son mari. Délaissement. Formes.* (An. 988, 26 mai.)

J. Ficker, Urk. Ital. Bd. IV, n° 34, p. 49.

[Anno] ab incarnationis domini nostri Iesu Christi nogenteximo octuageximo octavo, septimo Kalendas iunii, indictione prima, episcopio sancte Cremonensis ecclesie. Nos Gandulfus comes, filius bone memorie Riprandi itemque comes, et Ermengarda comitissa, filia quondam Wiberti, iugalibus seu Riprandus et Wilbertus iermani filii eorum iugalibus : qui professa sum ego ipsa Ermengarda cometissa ex nacione mea legem vivere Solicha, set nunc pro ipso viro meo legem vivere videor Langobardorum : ipse namque Gandulfus comes iugalis et mundoaldo meo cui supra Ermengarde et ienitor noster [cui supra Riprandi et Wiberti] consenciente et subter confirmante ; et iusta capitulare Langobardorum, in qua inter cetera continere videtur, ut sicut mulier cum viro suo abet potestatem res suas venum-

---

1. *Je comprends : sauf à payer le cens à l'abbaye.*

dandum, ita et donandum; ideoque ego que supra Ermengarda cometissa cum noticia de propinquioribus parentis [meis] que supra femine,. id sunt Ato filio meo de anterior vir et Gandulfus abiatico meo seu Giselbertus nepoto meo, in eorum presencia vel testium certa facio professione, quod nullam me pati violenciam quempiam ominem, nec ab ipso iugale et mundowaldo meo, nisi mea bona et spontanea voluntate. (*Suit le détail de la donation*). Que autem suprascriptas pecias de terra iuris nostris ..... in integrum ab ac die in eodem episcopio donamus et offerimus et per presentem cartulam offersionis ibidem ad abendum confirmamus. Insuper ego que supra Ermengarda parte ipsius episcopii exinde legitimam facio traditionem et vestituram per cultellum, fistuci notatum, wantonem et wasonem : ·re seu ramum arboris et me exinde foris expulli, warpivi et absasito feci, et parti ipsius episcopii eas abendum relinqui, faciendum exinde parti ipsius episcopii a presenti die proprietario nomine, quod voluerit, sine omni nostra et credum nostrorum ac procredumque mei cui supra Ermengarde contradictione vel repeticione. Si quis vero, *etc.* ... Et bergamena cum atramentario de terra elevavimus hanc paginam Sigefredi notarius sacri palacii tradimus et scribere rogavimus, in qua subter confirmamus testibusque obtulimus roborandam. Unde due cartule offersionis uno tinore scripte sunt. Actum in castro Munte Collere. Feliciter. Signum manibus Ermengarde et Riprandi seu Wiberti mater et filiis, qui hanc cartulam offersionis fieri rogaverunt, et eorum relecta est. Gandulfus subcripsi. Signnm manibus suprascriptorum Atoni et Gandulfi seu Giselberti, qui eadem Ermengarda ienetrix et avia seu amita eorum interrogaverunt ut supra. Signum manibus Adam et Wilielmi iermanis ambo legem viventes Salicha testes. Antoninus iudex sacri palacii rogatus subscripsi. Andreas iudex sacri palacii rogatus subscripsi. Autecherius iudex sacri palacii rogatus subscripsi. Arnulfus iudex rogatus subscripsi. Ubertus iudex rogatus subscripsi. Ego qui supra Sigefredus notarius sacri palacii scriptor huius cartule offersionis per data licencia Gisleberti comitis palacii post tradite complevi et dedi.

N° 144. *Charte par laquelle une femme libre se met volontairement, elle et ses enfants à naître, dans la dépendance d'un monastère. (An. 993, 19 oct.)*

Warnkœnig, Flandr. Staats- und Rechtsg. III, Urkund. 11, n° 8.

In nomine sanctae et individuae Trinitatis. Omnibus non habetur incognitum, sed pluribus constat manifestum, qualiter quaedam foemina nomine Folcrada, libera cum esset, tributariam se esse constituit cum omni posteritate ex se processura : in eo quidem rationis tenore, ut esset de familia beati Petri apostolorum principis, atque ad venerabilem nominis eius basilicam in loco Blandinio[1] constructam annis singulis in festivitate sancti Martini pro censu duos denarios solveret, in matrimonio[2] vero vel copulatione pro vadimonio solveret denarios sex ; nihilominus, cum vitae praesentis imminere sibi terminum conspiceret, de collaboratu et facultate propria denarios duodecim destinaret praenominato caenobio persolvendos ; mundeburdem vero vel defensionem alibi non quaereret, nisi a rectore vel advocato ipsius monasterii. Insuper addidit confirmans traditionem hanc et dicens : Si quis cuiusque personae huic traditioni contraire voluerit, nisi digne poenituerit reatui[3], offensae beati Petri apostoli se subiacere cognoscat, nec ullatenus praesens testamentum violationis damnum patiatur, immo fine tenus stabile maneat et inconvulsum cum stipulatione subnixa. Actum publice in Blandinio monasterio, 14 kalendas novembris, anno 7 regis Hugonis et 7 domini abbatis Adal-

1. *Le monastère de Blandinium près de Gand.*
2. *Si elle se marie.*
3. *De son méfait, délit.*

wini. Siguum Balduini marchisi, S. Walberti advocati, S. (12 *noms*). Ego Lanterus cancellarius, cantor quoque Blandiniensis coenobii, monachus indignus, interfui et annotavi.

N° **145.** *Collibert, sa femme (et leurs enfants à naître) asservis afin de leur éviter la peine de mort, encourue pour meurtre. (An.* 1013-1033.)

Chartul. S. Petri Carnotensis, XLII (p. 297).

De Viviano, Willelmi, pro cujusdam servi sui interfectione, servituti addicto.

Notum esse volumus tam presentibus quam futuris, ego Arnulfus abbas et omnis sancti Carnotensis cenobii mihi a Deo commissa congregatio, quod Vivianum nostrum collibertum, cum uxore sua, omnemque pecuniam ejus subjugamus servituti Willelmi militis, pro interfectione furtiva[1] cujusdam sui servi, quem ipse et uxor sua latenter interfecerunt, et eo tenore eos dimittimus, ne occidantur pro hoc scelere. Filios vero quos nunc habent ad nostros retinemus usus ; quos autem gemuerint posthac, ejus servituti, pro hoc nefario pretitulato, dimittimus. Signum Arnulfi abbatis.

N° **146.** *Remise en possession d'une « villa ». Ordalies. Mœurs. (Env.* 1020.)

Cart. de S. Vict., n° 27.

In nomine Domini Jhesu Christi, salvatoris nostri. Ad notitiam presentium, nec non etiam hominum sequentium, cupientes perveniri, et ad Dei scientiam volentium, villa que Carbillianus dicitur, et que antiquitus a nobilissimo

---

1. *Circonstance caractéristique du meurtre, souvenir des lois barbares.*

viro Sigofredo, cum Erleuba, uxore sua, cartis et indiciis evidentissimis, pro suarum redemptione animarum, sancti monasterio Victoris abbata in helemosinam traditur, iterum, longo post tempore, destructo monasterio, ab eodem loco sancto subtracta, et a quibusdam hominibus injuste diu possessa, modernis temporibus, qualiter, Deo auxiliante, et nobilissimis viris, Wilelmo scilicet et Fulcone, fratre ejus, zelo Dei accensis, id agentibus, eidem sancto loco sit restituta, his scriptis indere statuimus. Quadam itaque die, tempore Quadragesime, quando homines, qui christiano censentur nomine, solet religio nominis hujus non modo suadere pravis ab actibus, quin ymmo ab ipsis rerum terrenarum communibus temperare curis, residentibus hujusce causa religionis supradictis principibus, altero juxta sedem Massiliensem, altero in monasterio sancti Victoris ; quidam fratres monasterii ceperunt mutuo loqui, quod licentiam a Deo nobis collatam loquendi apud principes neglegimus, presertim cum reliquo totius anni tempore non suppetat facultas. Requirantur ergo carte que continentur in sacrariis, et videamus si forte quid repperiatur in eis de terris sanctuariis, quod diu substractum a jure altaris possideatur ab hominibus vite secularis, quodque, cum adjutorio Dei omnipotentis, et eorum prudentibus consiliis, possit restitui juri altaris. Quod ita, favente Deo, factum est. Nam quedam antiqua inventa est carta, in qua continebatur quod supradictus vir nobilissimus, Sigofredus, et uxor ejus, Erleuba, predictam villam, pro redemptione animarum suarum, dederant monasterio sancti Victoris, tempore Hlotarii imperatoris [1]. Qua perlecta, in auribus principum et eorum karissimarum conjugum, laudaverunt virum, qui tantum monasterio contulerat donum. Et promiserunt se, pro amore Dei et Sancti Victoris, ipsos homines prius justitiaturos quam inde colligerent fructus venturos [2]. Tercio namque die ante festi-

---

1. *C'est la pièce n° 28 de ce même cartulaire, du 24 juin 840.*
2. *A remarquer, plus bas, la prose rimée.*

vitatem sancti Johannis Babtiste, idem homines, qui se
dicebant alodarios, ante potestates fidejussores dederunt,
ut, transacta sancti apostoli festivitate Petri, redderent aut
defenderent. Quibus visum est quasi deliramentum, nec
curaverunt illud attendere plevimentum ; unde, illum trans-
gredientes terminum, petierunt sibi aliud spatium, in quo
possent facere exagium. Quo peracto, Dei juditium contra se
videntes, recesserunt dolentes. Adhuc aliud presumentes,
quandam mulierculam assumentes, jurare fecere, dicentes
quod illud predium justius essent illi possidentes, quam
advocarii sancti Victoris requirentes. Sed quia illa juratio
non fuerit justa, mox probavit manus mulieris exusta. Sed
illi aliud viderunt, aliud retulerunt, et, post sancti Victoris
sollempnitatem, placitum mutaverunt, atque in ipsam terram
se ituros dixerunt, ibique eam defendere aut reddere promiserunt. Monachi vero ut audierunt, archam sancti Victoris
illuc detulerunt, et tribus diebus totidemque noctibus illic
cum ea manserunt. Sed supradicti homines quod pro-
miserant non attenderunt. Domnus ergo episcopus civitatis,
audito de monachis ad revertendum induratis, consilio
utriusque potestatis, perrexit ad eos causa karitatis, et cum
eis loquutus est blande satis : « Quid, fratres mei, hic statis ?
Mandat vobis meus pater, et domnus Fulco, ejus frater,
cras, hora prima diei, reducite archam martiris in domum
Dei : et nobis revertentibus finietur causa hujus rei. » Quod
ita et factum est. Igitur, causa tanstisper dilata, et post
festa sancte Marie est translata. Verum, beate Marie mox
celebrata nativitate, monachi abierunt in civitatem, interpellantes de hoc utramque potestatem. Qui, hominibus
vocatis, loquuti sunt ad eos dure satis : « Inimici veritatis,
quousque servos Dei fatigatis ? Si vera est vestra possessio
hereditatis, precipimus ut statim defendatis. Quod si ita non
esse putatis, jam reddite in manu abbatis. » Quidam autem
eorum, per judicium veritatis cognoscentes se injuste eam
possedisse satis, continuo dereliquerunt in manu abbatis.
Sed alii, in obstinatione perdurantes, abierunt, fidem dantes

in crastino se non defuturos defensantes. Monachi vero,
altera die, matutinis celebratis, mox tulerunt archam Victoris beati, et venerunt ante civitatem in medium prati,
duoque secum advocati, cartam ipsius alodis defendere pa-
rati, cum ecce plurima multitudo ipsius urbis, utriusque
sexus, mixtis turbis, venerunt ad martiris archam popli-
tibus curvis. Tunc ita domnus Wilelmus vicecomes loquutus est ad illos alodarios omnes: « Admoneo vos ut servos
Dei ultra non fallatis, aut vestra calliditate decipere cupiatis,
ne forte iram Dei incurratis, et in conspectu ejus cadatis. »
Similiter domna Stephana, uxor ejus, et domna Odila, uxor
fratris ejus, fideles sancti Victoris, agebant omnimodis quatinus stabilis esset carta donatoris. Domnus Fulco non
poterat adesse propter alias causas que erant fieri necesse.
Sed domnus Wilelmus, frater illius, propter se et propter
illum, regebat sancti Victoris vexillum. Nec multipendebat
magnum aut pusillum, quia cupiditas non vicerat eum.
Cumque homines furibundi viderent se a potestatibus re-
tundi, timerentque virtute martiris confundi, accedentes
ad archam sancti Victoris tremebundi, reddiderunt ipsum
alodem verecundi. Sed duo adhuc obsistebant pestilentes,
qui videbantur plus agrestes. Hii itaque, contra Dei juditium
nitentes conquirere sibi adminiculum, quod eis magis fuit
in periculum, cunctisque audientibus ingens exstitit ridi-
culum. Tulerunt sibi de plateis unum parvulum, quem resti-
cula vincientes projecerunt in stagnulum. At, ubi eum viderunt aquam non receptum, cognovit se uterque deceptum.
Ac mox reddiderunt ipsum alodem retentum, quod diu
tenuerant per contemptum.

Adhuc autem pars maxima ipsius alodio captiva rema-
nebat, quam etiam vulgus sancti Victoris non episcopalem
esse dicebat. Pro qua interpellavimus domnum episcopum
civitatis, et tunc utique non fuit ejus voluntatis ut redderet
eam juri libertatis. Sed, post paucos dies hujus interpellationis, perrexit ad monasterium, causa vigilie et orationis.
Illucescente vero mane ipsius dominice resurrectionis, post

acceptam sportam sue peregrinationis, ob religionem pie devotionis, venit in medium congregationis ; ibique, coram omni fraternitate, ex canonica auctoritate, quidquid infra ipsos terminos continetur de monasterii hereditate, totum reddidit cum omni integritate et absque ulla diminutione, pro anime sue et parentum suorum redemptione, atque hanc cartam warpitoriam fieri jussit sua preceptione...., Si quis igitur ullus homo, *etc...*

N° 147. *Donation d'immeubles à un monastère. Consentement de la mère et du frère du donateur. Avoué. Charte « levée ».* (An. 1025.)

Cart. Savigny, n° 641.

Dum hujus mundi finem simulque terminum nostrum advenire non dubitamus, necesse est unicuique mortalium ut de terrenis ac transitoriis acquirere satagat, quatenus Deo in aeternum placere possit. Quapropter Ego Anselmus, cogitans animae meae remedium parentumque meorum viventium ac mortuorum, saeculum relinquens et Deo servire cupiens, laudante et consentiente matre mea Adalasia et fratre meo Gunfredo, per manum cujusdam Anselmi, cognati mei, atque advocati, tale alodium quale visus sum habere et possidere, et quod mihi provenire debet, cum servis et ancillis, in comitatu Vualdense, et in comitatu Augustudunense, et in comitatu Valense, et in comitatu Vuarasco, Sancto Martino, ad monasterium quod est in loco Saviniensi constructum, dono, lego atque transfundo, ut abbas illius loci, cum fratribus die noctuque Deo servientibus, habeant, teneat atque possideant, suisque posteris ad possidendum relinquat sine ullo contradicente. Si quis autem haeredum aut prohaeredum meorum est qui hanc donationem infringere voluerit, non valeat evindicare quod cupit, sed insuper sit culpabilis et impleturus camerae regis auri purissimi uncias triginta. Per jussum autem regis Rodulfi, et praesente regina Ermengarde, loco advocati, accepit hoc alodium ad partes Sancti Martini quidam liber miles eorum nomine Vuilhelmus. S. Anselmi advocati, qui hanc cartam de terra levavit[1] et scribi et firmari rogavit. S. Leuterii. S. Girini. S. Hugonis. S. Constantini. S. Vuilenci. S. Salierii. S. Helerae. Actum Lauzonnae[a], anno ab incarnatione Domini millesimo vigesimo quinto, regnante domno rege Rodulfo, anno trigesimo tertio. Ego Fochardus subdiaconus, in vice Pandulfi cancellarii, scripsi. Data in die Jovis.

N° 148. *Notice de déclaration d'abandon (déguerpissement) de biens-fonds vendus, dans la forme saxonne, puis dans la forme franque. Droit personnel et droit territorial. (An. 1027-1038, 19 oct.)*

Schannat, Vindem. lit. I, 41, n° 2, et Lœrsch, n° 83.

Fecit abnegationem comes Didericus et filius eius Gisilbertus praedii nomine Budenesheim quod est situm in Wedereiba, pro 50 talentis quae dederat Heinricus Babenbergensis abbas, in praesentia Ebirhardi, primi istius loci episcopi, et Huinfridi, Magideburgensis archiepiscopi, et Hazechonis, Wormaciensis episcopi, in Dribure, iubente et consiliante piissimo imperatore Cuonrado[2] primo incurvatis digitis secundum morem Saxonicum. Isti sunt Saxones qui hoc viderunt et audierunt: Bernhardus comes, Sigefridus comes, Luidold comes, Widekind comes, Gebehard, Hemezo, Diederich, Engilbraht, Gezo, Ruoderich. Et deinde abnegationem fecit cum manu et festuca more Francorum. Isti sunt orientales Franci qui hoc viderunt et audierunt: Otto comes, Adelbertus comes, Gumbertus comes, Albuvin comes, Elbo comes (*puis* 20 *noms*).

a). *Lis* Lausannae.
1. *Forme bourguignonne.*
2. *Lœrsch voit ici le tribunal royal; il ne me paraît pas indiqué.*

N° 149. *Concession de certains droits de justice, mêlés à d'autres faisant partie d'une hérédité. Concession du « service libre » de trois « militaires » dû par eux à raison de leur tenure bénéficiaire. Charte. (Avant 1028.)*

Chartul. S. Petri Carnotensis, cap. III (p. 108).

De rebus quas dedit Arefastus monachus Sancto Petro.

In nomine Domini. Ego Arefastus notum esse volo omnibus christianis, quia res hereditatis meae Sancto Petro concedo Carnotensi coenobio, pro salute mea et antecessorum meorum nec non et pro salute comitis Richardi et matris suae Gonnoridis, et filiorum utriusque, quorum consilio et favore id facio. Sunt autem ipse res in pago Constantinensi, provinciae Normanniae, per loca divisae[1], quarum nomina subscripta videntur. In villa scilicet quae vocatur Hams, sextam partem de omnibus reditibus quae de illa exeunt, videlicet de aecclesiis, et de silva, et de plano, et de marisco, excepto molendino et exclusa quam fecit Rogerius fieri. Set tamen in molendino illo, qua hora voluerint fratres, quibus haec concedo, molere poterunt, absque respectu, si dominica annona illius inventa non fuerit[2] cujus est molendinus, nullum inde emolumentum reddentes. Concedo etiam in aqua ejusdem villae, cui nomen est Uldra, duas piscarias ; et in eadem villa manentes tres milites concedo cum beneficiis suis, qui sic vocantur, Rollo et Angoht et Unboina, ut inde persolvant liberum servitium. Concedo etiam de Torgis Villa terciam partem, hospitibus exceptis duobus, Suedan et Anschetil nigro, cum illorum duabus salinis, quos meo nepoti Bosolino concessi ut de hoc

---

1. *(Ces biens sont) répartis.*
2. *Je comprends ainsi : que le grain du propriétaire soit ou non moulu à son moulin, il n'importe ; quand ils le voudront, les moines pourront y moudre sans payer de redevance.*

persolvat liberale servitium Sancto Petro. Ceterorum hospitum salinae, cum masuris suis, quas habent in illa tercia parte de Torgis Villa, Sancti Petri sint. Et unam piscatoriam in mari Sancto Petro concedo, et unum molendinum in ea villa quae dicitur Barna Villa. Si quis autem supradicti coenobii vel abbas vel minister, aliquid hujus donationis vel totum seu vendiderit sive dederit, Sancto Petro, cui ego dono et ille tollit, rationem reddere cogatur. Amen.

N° 150. *Serf libéré pour pouvoir être ordonné. La libération désirée par un « fidèle », approuvée par un autre « fidèle » (probablement le seigneur) est consentie et confirmée par un comte, chef-seigneur. (An. 1029-1031).*

Liber de servis Maj. Mon. L, (p. 48).

De Seherio servo libero facto.

In nomine regis aeterni, ego quidem comes Odo[1], qui ex rebus Sancti Aniani per largitionem domni Rotberti regis tenere videor, noscant cuncti fideles Christi praesentes et futuri quia, favente meo fidele Raginaldo de Reimorentino, ac deprecante Girardo suo fidele, quendam famulum, nomine Seherium, ex praedicti sancti familia ortum, ad sacros ordines promovendum, propter amorem Dei facio liberum. Sitque ab hodie liber, ac si ab ingenuis parentibus fuisset genitus ; habeat vias quadrati orbis apertas, nullo contradicente; eligat quemcumque vult advocatum, nemine reclamante. Et ut haec libertatis cartula firma sit, manu propria subter firmavi. S. Raginaldi qui hanc cartulam fieri jussit, vel affirmare rogavit. S. Geraldi. S. comitis Odonis †. S.(9 *noms parmi lesquels Arnulf et Hubert*). Actum Vindocino

1. *Eudes II le Champenois, comte de Blois, de Chartres et de Tours (1004-1037) et de Champagne (1019-1037).*
2. *Archevêque de Tours (1023-1052).*
3. *Évêque d'Angers (1010-1047).*

castro, anno XL° II° regnante rege Rotberto. Fulcherius
scripsit ad vicem Viviani signatoris.

N° 151. *Source du servage. Homme libre qui devient serf par
le fait de son mariage avec une serve. Devenu veuf, son second mariage avec une femme libre ne lui restitue pas son
état antérieur. (An. 1032-1084.).*

Liber de servis Maj. Mon. CVIII (p. 101).

De Otberto bergerio servo facto.

Otbertus bergerius, cum esset liber homo duxit uxorem
quandam ancillam Scti Martini; qua defuncta, duxit quandam liberam feminam uxorem. Cum hoc rescisset prior
noster tunc domnus Odo, misit eum in placitum, et calum-
niatus eum ad servum. Quam calumniam cum ille non posset
refellere, recognovit se servum Scti Martini, positis ex more
IIII°ʳ denarios super caput suum. Similiter et uxor ejus
Plectrudis nomine, nolens dimittere virum suum, et ipsa
posuit IIII°ʳ denarios super caput suum et effecta est ancilla.
Et quamvis non simul hoc facerent, ad utrumque tamen
testes isti affuerunt (10 *témoins*).

N° 152. *Procès d'état. Colibert ou serf. Preuve par le serment
et le jugement de Dieu offerte par le défendeur. (An. 1032-
1084.)*

Liber de servis Maj. Mon. CI, (p. 94).

De Engelrico sartore et fratribus ejus.

Nosse debebitis. — Hamelinum filium Gualterii de Vindocino, calumniam nobis de Engelrico sartore et fratribus
ejus intulisse. Cujus calumniae talem afferebat rationem, ut
diceret Gundracum de Vindocino, qui Guarinum patrem

eorum Scto Mart. et nobis in servum donaverat, non pro servo sed pro coliberto donasse. Unde placito apud Vindocinum constituto, presto ei habuimus quendam hominem nostrum de Scorcellis, Teelum nomine, qui sacramento et judicio Dei probaret, Gundacrium Guarinum patrem eorum lege servi prius, et nos postea dono ejus possedisse. Quod cum ipse dedicere non posset, sacramentum quidem recepit, sed judicium perdonavit. At cum hoc modo parum se obtinuisse cerneret, vertit se rursus ad aliam calumniam, et caepit calumniari pro ancilla Helenam matrem eorum, quam Fulbertus quidam de Vindocino cujus fuerat juris, semper pro coliberta habuerat. Cui etiam calumniae, per alterum nostrum hominem in eodem placito obviatum est, qui jure jurando voluit approbare, Fulbertum Helenam pro coliberta non pro ancilla habuisse. Quibus utrisque testibus convictus, Hamelinus cessit tandem concordie, et X de nostro acceptis solidis, omni dimissa calumnia, Engelricum et fratres ejus Scto Mart. et nobis perpetuo auctorizavit, sub his testibus qui interfuere. Sirus de Lengiacis, homo ejus. Archembaldus praepositus. Fulbertus teloncarius. Rainaldus de Rua Vassalor. (10 *noms*). G. medicus monachus qui placito affuit. A. de Vindocino, qui spinas ad judicium calefaciendum apportavit.

Nº **153.** *Vente d'une coliberte. Condition de la vente. Le seigneur du vendeur est présenté comme fidéjusseur et garant de toute éviction.* (An. 1032-1064.)

Liber de servis Maj. Mon. XXVIII, (p. 28).

De Gerlenda coliberta a Godefredo nobis vendita.

Nosse debebitis. — Godefredum quendam de Blesis, hominem Gilduini vicecomitis, filium Fulberti Rufi vendidisse nobis XII^{dm} solidis, per manum domni H. elemosinarii fratris nostri, quandam colibertam Gerlandam nomine, filiam quorumdam in nostra quondam terra apud Gilliacum habitantium hominum, Gumbaldi videlicet forestarii at que Guitburgis ; quam sub hac conditione nos emisse constat, ut non solum ipsa, verum etiam omnis ex ea nascitura progenies, pauperibus elemosinae serviat, vel alicubi ubi jussa fuerit. Unde ut sub hac servitute perpetuo manere possit, fidejussorem nobis pro ea praedictum vicecomiten Gilduinum dominum suum Godefredus dedit, ut ab omni eam adversum nos de ea insurgente calumnia acquietet. Hujus rei simulque venditionis testibus istis hujusmodi nomina habentibus. (8 *noms*).

N° **154.** *Serf libéré pour qu'il puisse être clerc. Restrictions mises à l'exercice de ses droits. Condition des enfants à naître.* (An. 1032-1064.)

Liber de servis Maj. Mon. XLIX, (p. 47).

De Radulfo libero servo[a] effecto.

Noverit posteritas quod d. ab. A. et Maj. Mon. fratres quendam servum Scti Mart., nomine Radulfum, liberum fecerunt et clericaverunt; tali ratione et convenientia, ut nunquam se a Scti Martini servitio ad alienos transiens auferat, sed sicut prius omni famulatu monachis ejus subiciatur. Quod si se substraxerit, revocetur ut fugitivus, et repetatur ut servus, ubicunque fuerit. Praeterea ut caste se agat, et pudiciciam tueatur; et si ad ordines ecclesiasticos promotus fuerit, nunquam ausu illicito mulieri societur, turpi cupidine illectus et nefaria temeritate, sicut nonnulli, deceptus, qui publicis fronte perdita nuptiis contra jus fasque, uxoribus sacrilegis immo scelestioribus adulteris copulantur. Sin vero clericus solum manens uxorem duxerit, fructus ejus, si scilicet infantes habuerit, cum omni

a) *Lis.* De R. servo libero e.

corum deinceps progenie, Scti Martini sit, servituti qua pater eorum antequam clericus fieret astringebatur addictus. Horum omnium fidejussores dedit (3 *noms*).

N° **155.** *Source de servage. Offrande de soi-même (et de sa postérité) à un établissement ecclésiastique. Cérémonial. Symbolisme juridique. (An. 1032-1064.)*

Liber de servis Maj. Mon. II, (p.3).

De Baldoneto servo effecto Sancti Martini.

Sicut omnis pictura vetustate obsolescit, nisi novis subinde coloribus reparetur, penitus obliteratur, sic omnis rei gestae noticia, nisi litterarum liniamentis quibusdam depingatur, evanescit; quoniam, sicut omne terrenum corruptioni proximum et omne corporeum temporalitati obnoxium, sic et omnis memoria mortalium, dumtaxat oblivioni proxima et opus fine deficiens. Proinde ne posteros nostros actuum nostrorum notione fraudemus, quod nesciri sit damnum durabilitati tradamus litterarum. Notum sit igitur universis successoribus nostris quod famulus quidam, ex parentibus liberis ortus, nomine Baldonetus, amore divino compunctus, ut sibi benignitas Dei, apud quem personae nullius acceptio, sed uniuscujusque respicitur meritum, propiciari dignaretur, semetipsum pro illius amore tradidit in servum Scto Mart. Maj. Mon.; ita videlicet ratione, ut, non solum ipse, verum etiam omnis ex eo nascitura progenies, jure perpetuo Maj. Mon. atque fratribus ejusdem loci conditione servili famuletur. Ut autem haec sui traditio certior et evidentior appareret, ipse, signorum etiam cordas collo suo circumferens et pro recognitione servi IIII°r de capite proprio denarios super altare Scti Mart. ponens, semetipsum omnipotenti Domino sic obtulit. Nomina vero testium qui traditionem hanc videntes et audientes affuerunt, subtus inserta sunt. (12 *noms*).

N° 156. *Donation, en qualité de serf, d'un fils mineur, par son père mourant, à un établissement ecclésiastique. Notice de la tradition. (An. 1032-1064.)*

Liber de servis Maj. Mon. XCVIII (p. 92).

De Vitale servo effecto.

Notum posteris nostris fieri volumus quia Letardus quidam bubulcus noster, in ultima mortis necessitate positus, vocatis filiis, unum minorem Vitalem nomine, Scto Mart. et nobis in servum contulit, assentientibus tam ipso puero quam reliquis fratribus suis. Et ne hujusmodi jugo se junctum quandoque negaret, tradidit eum pater per manum cuidam monacho nostro Ernaldo nomine. Testibus istis. (3 *noms*).

N° 157. *Autre source du servage. Jouissance de certaines terres entraînant avec elle la servitude du possesseur (et de sa famille).*

Liber de servis Maj. Mon. III, (p. 5).

De Bertranno Agnello servo effecto.

Notum sit quod Bertrannus Agnellus devenit servus Scti Martini, pro eo quod ei concessimus emere quandam domum in burgo nostro, quam emit a quodam servo nostro nomine Hademaro. Ipse et uxor ejus Ermentrudis et filius Rigaldus venerunt in parlatorium nostrum, et ibi positis, ex more, IIII[or] denariis super capitibus suis, tradiderunt se toti tres ad servos priori nostro domno Odoni, et omnem posteritatem. Hujus rei testes (7 *témoins*).

N° 158. *Charte de vente lombarde. (5 janv. 1034.)*

J. Kohler, Beitr. I, n° 2, p. 8.

In nomine domini dei eterni. Anni ab incarnacione domini nostri Jhesu-Christi millesimo trigesimo tercio, Chronradus gracia dei magno imperator augustus deo propicio hic in Italia anni imperii eius septimo, quinto die mense Januarii, indictione secunda feliciter.

Constat, me Bonushomo, filius bonae memoriae itemque Bonushomo, de vico... beto ex Langnobardorum genere[1] vendidissem et ita vendidit tradidissem et ita tradidit tibi vero Pedrevertus, qui et Karello vocatur, filius quondam Petroni, de vico Aderis, a presenti die et ora ad tuam proprietatem ad abendum; il est terra casaliva[2] in loco uno iuris proprietatis mee, quas ego abere et possidere visus sum, que posita est in finibus Veronensibus, in loco effundo Aderis prope ipsius castro; habet per longum perticas tres pede uno, lato de uno capite perticas tres pedes tres, de alio capite lato perticas tres pedes quattuor, ad perticas legitima de pedes duodecim ad extensis brachiis mensuratam; qui de uno latus via percurrentem, de alio latus Lanfranco iudex habet, de uno capite Baldevuino habet, de alio capite iura sancti Zenonis posidet; et infra designato loco vel eius mensuras seu et predictas cocrencias cum omnia super se habet ego iamdictus venditor exinde mihi nullam reservo huna cum ingreso comune. Et pro suprascripta mea vendicione accepi ego iamdictus venditor ad te supraclose hemptor precio finisto per argentum[3] et alia merce valentem denarios Veronenses solidos numeratos decem.

Quidem spondeo atque repromitto me ego iamdictus ven-

1. *Idée exprimée aussi et le plus souvent, par « natione ». Cf. n° 139.*
2. *Ou avita, terre patrimoniale.*
3. *Deniers d'argent et objets « appréciés ».*

ditor vel meis eredes tibi suprascripto hemptor vel ad tuos
eredes aut cui tu dederis, si de suprascripta mea vindicione
aliquando tempore molestare presumserimus et ab hunum-
quemque homine defendere non potuerimus, tunc tantum,
et in quantum suprascripta mea vindicio cum omnia super
se habet eo tempore in consimile loco melioratum valuerit,
duplare promittimus, et hac paginam vendicionis mee, sicut
supra legitur, omnique tempore firmam et stabilis inconvulsa et irrevocabilis permanead sine omni contradictione
hominum.

Actum in monasterio sancti Zenonis feliciter. Signum
† manu suprascripto Bonushomo, qui hac paginam vendicionis fieri rogavit, ad omnia suprascripte. Signum ✝✝✝
manibus Bonizo et Zeno et Johannes viventes lege Langnobardorum testes [1].

Ego Herardus notarius sacri palaci [2] rogatus, qui hac paginam scripsi et post tradita complevi.

Nº **159**. *Immeubles donnés avec consentement de l'héritier.
Abandon dans la forme saxonne. Soumission volontaire du
donateur à la condition de « lide ». Ces mêmes immeubles
reçus à titre de bénéfice. Rente constituée. Reprise en cas de
violation du contrat par le donataire. (An. 1049.)*

J. Mœser, Osnab. Gesch. (3ᵉ éd.) II, 241, nº 22, et Lœrsch,
nº 84.

Noverint omnes Christi fideles, praesentes scilicet et futuri,
qualiter quidam libertus [3], Werinbraht vocatus, cum laude et
consensu iusti ac proximi heredis sui Heio nominati, praedium suum subscriptum cum mancipiis subtus nominatis ad

---

1. *Comme les parties.*
2. *Il n'y avait plus alors de notaires de comté, mais seulement des
notaires nommés par le roi.*
3. *Cet « affranchi » agit cependant comme un homme libre ; remarquez aussi, plus bas,* libertatem.

ecclesiam tradidit Osnabruggensem. Delegavit namque in manum Alberici, eiusdem sedis episcopi, et in manum advocati sui, Wal dicti, praedia ista et mancipia haec nomina habentia, investituram eiusdem traditionis statim illi cum digito suo, sicut mos est, promittens : ad Buscon duas mansas, ad Tynon unam mansam, ad Walishem unam mansam, ad Hornsetehuson unam mansam, et haec mancipia : Gelo (*puis* 51 *noms*), et alia mancipia quae habuit et habiturus erat, quorum nomina nescivit.

Deinceps vero post breve tempus propter amorem ac dilectionem eiusdem episcopi seipsum cum omni bono suo, quod tunc habuit et post haec adepturus erat, ad eandem tradidit ecclesiam, et cum sacramento, sicut proprius liddo merito debuit, eidem ecclesiae et episcopo fidelitatem fecit. Econtra vero episcopus in praesentia fidelium suorum clericorum et laicorum cum manu advocati sui tradidit eidem Werinberhto in beneficium haec omnia quae ipse tradidit, et insuper decimae libras duas, et de servitio, quod sibi deberet[1] annuatim in circuitione[2] sua de bonis abbatis Corbeiensis, farris videlicet, sigulis[3], hordeae, avenae et brasii[4] libras duas, nec non per singulos annos vini karradas duas ; si autem vinum defuerit, quod saepe contingit, pro vino marchas duas, sive argenti sive farris ; et annuatim duas feras, id est cervum et cervam unam, aut ipse capiat aut ad capiendos det cuicumque sibi placeat : eo rationis tenore, ut ipse et uxor sua Hazucha traditum simul et acceptum usque ad finem vitae illorum absque omni molestia et famulatu possideant et obtineant. Sciant insuper omnes, quia idem Werinbraht hoc specialiter habet pactum, quod nullus episcopus neque alia persona eum cogat ire in expeditionem aut ad curtem regalem. Si aliquis episcopus vel advocatus, quod absit, hanc illorum pactionem infringerit sive destruerit,

1. *Lœrsch lit* deberetur.
2. *Dans ses environs.*
3. *Seigle.*
4. « *Grani species ex quo cerevisia conficitur* » (*Du Cange*).

cognoscant omnes Dei cultores, quod hoc firmiter pepige-
runt, ut libertatem et praedium et mancipia cum ceteris
cunctis bonis suis, sicut antea possederant [1], ita absque omni
contradictione libere atque potestative possideant et retineant.
Et ut hoc verius credatur, hanc paginam ad memoriam et
agnitionem illius rei scriptam episcopus idem sigilli sui
impressione signavit. Huius rei testes : Wal advocatus
(9 *noms*); de familia (8 *noms*).

N° **160.** *Revendication de liberté par un serf pour pouvoir
plaider contre son maître. Cour seigneuriale. Cour dominicale adjugée. (An. 1053-1088.)*

Liber de servis Maj. Mon. XI, (p. 12).

De eo quo Turbatus recognovit se servum
et de concordia cum eo.

Notum sit f. n. scil. monach. Maj. Mon. quod quidam
servus noster, quem appellant Turbatum, habebat querelas
adversum nos, et nos adversus eum. De quibus cum vellet
placitari nobiscum, negavit se esse servum nostrum, ut
posset habere quoscumque vellet adjutores contra nos ad pla-
citandum. Et pro hac re ipsa venimus ad placitum apud
Rupes, ante domnum Tetbaldum, et ibi habuimus unum ex
parentibus ejus, Joscelinum de Rupeculis, qui eum affir-
mans esse servum nostrum, arramivit de hac re bellum contra
eum. Sed ille, statim in eodem placito et in eodem loco,
recognovit et confessus est quod prius negabat, hoc est
servum se esse nostrum. Propter quod, judicatum est ibidem,
quod si vellet placitari nobiscum, necesse erat ei illiuc
venire, ubi nos vellemus. Hujus rei testes : Tetbaldus de
R. (6 *noms*): de nostris : G. campio, (2 *noms*). Postea venit,

---

1. *Comme ils (W. et sa femme H. et peut-être aussi leur proche héritier H.) avaient possédé.*

et habuimus simul placitum, in quo talem cum eo fecimus concordiam, ut, et nos dimiserimus ei omnes retro querelas, et ille similiter nobis omnes quas habebat contra nos et contra familiam nostram. De aliis autem hominibus si fecerit clamoren, faciet ei justitiam vel prior noster ad quem pertinebit. Hujus concordiae testes : (4 *noms*).

N° **161.** *Source de servage. Individus ne pouvant restituer une chose volée (plus généralement réparer un délit) se donnent en servage.*

Liber de servis Maj. Mon. CV, (p. 99).

De Radulfo et Gaufredo et Constantino servis effectis.

Nosse debebitis, si qui eritis posteri nostri Maj. scilicet hujus habitatores Mon. Scti Mart. Radulfum quendam, filium Radulfi, de villa quae dicitur Ricrox, in pago Biturigensi, ut a Deo libertatem consequatur aeternam, in servitutem sese tradidisse Scti Mart. et nostram, agentibus nunc nobis sub regimine domni abbatis Alberti, anno ab incarnatione M° LX° II°; ita scilicet, ut tam ipse, quam tota deinceps ex eo suisque, si qui unquam fuerint filiis ac nepotibus, per secula futura posteritas, sub eadem servitute pari jure permaneat. Quattuor itaque denarios ex more sibi supra caput posuit, quos inde domnus Fulco noster hoc tempore prior accepit. Eandem etiam servitutem ante menses aliquot, alii quidam duo subierant his nominibus G. et C. Quos cum in furto rerum nostrarum quas ipsi nobis servare debebant, deprehendissemus, et unde nobis redderent quod furati fuerant non haberent, scipsos in perpetuum servos Scti Martini tradiderunt et nostros. Acta sunt haec utraque et de R. illo scilicet et de duobus istis, pro diversitate temporis, testibus diversis, quos idcirco distincte placuit infra notare. (*Témoins*).

N° 162. *Homme libre se constituant serf de moines et leur léguant tout son bien, après sa mort, avec la restriction que s'il a des enfants d'une femme épousée au gré des moines, ces enfants recevront leur part d'héritage et les moines ce qui leur revient (droit de main-morte). (An. 1064.)*

Liber de servis Maj. Mon. XXI, (p. 143).

De Landrico effecto servo Maj. Mon.

Nosse debebitis — juvenculum quendam nomine Landricum, qui adhuc ingenuus apud Buziacum cellararium nostrum administrans nobis famulabatur, servum postea perpetuum devenisse Scti M. et nostrum, omniaque sua delegasse nobis habenda post obitum suum, nisi forte uxorem jussu quidem nostro acceptam habuerit, aut etiam filios, quibus suas accipientibus partes, nos illam accipiamus quae ipsi [con]tinget. Actum in capitulo nostro, anno ab inc. D. M. LX. IIII, presidente nobis donmo ab. Bartholomeo qui quatuor ex more denarios de capite Landrici ipsius accepit[1]. Testibus (5 *témoins*).

N° 163. *Serfs indivis. Donation d'une moitié. Confirmation de cette donation, puis donation (et non tradition) de l'autre moitié assurée par une contre-prestation (Gegengabe).*

Liber de servis Maj. Mon. VIII, (p. 10).

De Rainaldo servo et sorore ejus.

Notum sit omnibus quod Ulgerius de Carcere et frater

---

1. A. signifie, ici, non pas « reçu » mais « prit ». A rapprocher ceci du *Rotulus quorumdam servorum Maj. Mon.* (a. 1118) ib., p. 176 : Quidam homo — Odo nomine, venit in capitulum nostrum quem adduxit domnus G. ejusdem obedientiae prior, et positis IIII^{or} denariis super caput ejus concessit se hominem esse nostrum, quos denarios suscepit de super ejus caput domnus O. prior claustri tunc presidens capitulo. *L'aveu de servage est ainsi assuré par la perception d'une première redevance de 4 deniers (capitatio) qui sera renouvelée annuellement ; d'où le nom de recognitio qui désigne à la fois l'aveu et la prestation annuelle de 4 deniers.*

ejus habebant duos servos in commune, Rainaldum et sororem ejus. Ulgerii frater, quando venit ad finem suum, dedit Scto Martino suam partem de illis duobus servis. Postea contigit ut domnus abbas B. rediret Carnoto, et transiret per Lavarzinum. Unde cum exiret, comitatus est ei Ulgerius, habitoque sermone de predictis servis, dixit se libenter concedere donum fratris, et insuper suam partem dare. Convocatis ergo his qui cum domno abbate erant in quadam plateola, in ipso introitu Wastinae silvae, omnibus audientibus auctorizavit Scto Martino utrosque servos, id est et pártem fratris et suam, unam libram piperis pro hoc expetens et unas botas de cordoanno[1]. Hujus rei testes : (8 *noms*). .

N° **164.** *Serf livré par son maître en réparation d'un délit (ou dommage) causé jusqu'à concurrence de la valeur des services de ce serf. (An.* 1064-1084).

Liber de servis Maj. Mon. VI, (p. 8).

De Arnulfo Gazello.

Servus quidem de familia nostra, nomine Arnulfus, Gazellus cognomine, fuit quoddam forisfactum Teduino de Rupibus ; propter quod, idem servus cum non haberet unde illud posset emendare, traditus est ei loco emendationis, ita

1. *U. reçut une livre de poivre et des bottes de* (cuir) *cordouan. La donation est parfaite, ici, parce qu'il y a eu prestation réelle; c'est un contrat « re ». L'observation s'applique d'ailleurs à d'autres contrats et les exemples à citer seraient nombreux; en voici un, assez curieux, pris en Bavière. Il s'agit d'une transaction entre K. et S.; K. donne à S. son « hereditas », mais ajoute : si non donas* mihi unum pachonem (jambon) nihil est firmum *inter nos nec de* pace *nec de* traditione quam feci. Jussit itaque A. episcopus donare *ei illum* pachonem, et uterque manus posuit super ipsum et pacificati sunt eo modo. (Meichelbeck, hist. Frising. I, *n°* 159, *an.* 808.)

ut nichil ad nos ultra pertineret, quicquid de eo faceret
Teduinus. Postea cum jam aliquot annis egisset in servicio
ejus, interpellavit Teduinum domnus Odo prior, qui fuit
prepositus de Chamartio, de servo illo, et precatus est eum,
ut redderet Scto Martino hominem suum. Cujus precibus
adquiescens Teduinus, promisit se facere quod petebatur,
ita tamen ut servus daret ei non tam pro redemptione quam
bona voluntate XV solidos. Quibus datis, guerpivit eum
T. Scto Mart. solutum et quietum, sicut fuerat ante unum
diem quam ei traderetur. Audientibus et videntibus istis :
(6 *témoins*).

N° **165.** *Tradition de serfs. Le consentement des parents à une
aliénation de serfs n'est nécessaire que si ces serfs sont venus
par héritage à l'aliénant. Notice.* (An. 1064-1084.)

Liber de servis Maj. Mon. (p. 7).

De decem servis, quos dedit seu vendidit nobis Ainardus
de Sancta Maura, habitantes apud Loratorium.

Notum sit fratribus nostris scil. mon. Maj. Mon. quod A.
de S. M. venit in capitulum nostrum, et dedit Scto M. et
nobis X servos, inter[1] viros et feminas habitantes apud
Loratorium, quos tenebat de Haimerico de Fagia. Quos
quamvis non haberet ex hereditate, nec quisquam parentum
suorum jus in eis posset reclamare, promisit tamen quod
faceret hoc concedere quoscunque oporteret, et quod acquie-
taret eos nobis contra omnes calumnias. Ibi autem habebat
quendam nepotem, qui sicut ipse dicebatur Ainardus, qui
hoc ibidem concessit. Cumque accepisset beneficium[2] cum

1. *Tant hommes que femmes.*
2. *Signifie ici, non un bénéfice, mais le bénéfice d'être associé aux
bonnes œuvres des moines. Cette association était, la plupart du temps,
symbolisée par la remise d'un livre (de prières) par le prieur à l'associé.
A l'imitation du cérémonial séculier, il y avait là une sorte d'inves-*

illo, tradidit domno abbati Bartholomeo per manum unum
de predictis servis nomine Bernardum, qui solus tunc
presens erat, et per illum reliquos. Hujus rei testes (7 *noms*).

N° 168. (Cf. n° 157) *Réciproquement, le délaissement de certaines terres (serviles) par leur possesseur, serf réel, a pour
effet de lui rendre so? ancien état de personne libre. Serf
maire. (22 janv. 1069.)*

Liber de servis Maj. Mon. LXXVI, (p. 73).

Cyrographum de filia Conversae, libera facta.

Notum sit f. a. sc. mon. Maj. Mon. quod Otbertus qui fuit
major Scti Martini, tenuit quandam terram, apud Cedentem,
de Scto Mart. propter quam etiam ipse erat servus Scti
Mart. Post mortem autem illius, uxor ejus Maria Conversa,
cum de filiis suis non superessent ei, nisi unus filius et una
filia, caeteris mortuis, rogavit d. ab. B., ut ei filiam suam
liberam faceret, ut eam posset nuptum dare libero homini.
Quod domnus abbas promisit se facturum tali pacto,
ut ipsa et frater ejus dimitterent Scto Mart. supradictam
terram patris sui, propter quam etiam ipsi servi erant, ita
tamen ut frater puellae servus remaneret, et ipsa si unquam
nupserit servo vel coliberto in pristinam servitutem redeat.
Venerunt ergo in capitulum nostrum mater cum filiis suis;
et quia d. a. non poterat adesse, jussu ejus et vice ejus
confirmatum est a priore, cum assensu totius capituli hoc
pactum, sicut superius digestum est; videlicet illa et frater
ejus dimiserunt supradictam terram Scto Martino solutam et
quietam, et ipsa libera facta est pacto supradicto, fratre ejus

titure comme le prouve la notice *XLIV* (*p.* 169), a. 1102: Domnus —
abbas H. et nos — petitioni ejus libenter annuimus et tam ipsi, quam
militi suo cuidam — societatem nostram et participationem totius
benefacti nostri, per librum quemdam, tradidimus.

in servitute remanente, nomine Gausberto et ipsa autem dicta est Cecilia. Actum, etc. Testibus istis (7 *témoins parmi lesquels*) Ebulone fratre ipsius puellae de alio patre.

N° 167. *En mariage inégal — père serf, mère coliberte ou réciproquement — les enfants ne sont pas partagés et suivent la condition pire*[1]. *Procès, sur ce point, porté devant le seigneur du fief dont la coliberte fait partie. Serment gagé puis délégué à un individu de même condition. (An. 1070.)*

Liber de servis Maj. Mon. XXIX, (p. 151).

De calumnia super Hildradum servum et filios ejus.

Notum sit f. nost. scil. mon. M. M. quod quidam servus Scti Mart. et noster, nomine Hildradus, duxit uxorem quandam colibertam Hugonis filii Teudonis, de qua habuit IIII^or liberos. Post mortem H., filius ejus Guillelmus calumpniatus est nobis medietatem filiorum, propter colibertam patris sui. De qua re domnus Ascelinus mon. tunc prepositus obedientiae Buziaci, iniit placitum cum eo apud Montorium, in feria Scti Laurentii ibique judicatum est quod nati de servo et coliberta non debent partiri, sed patrem sequuntur omnes filii, ideoque calumniam ejus esse injustam; et cum ille contenderet illum fuisse colibertum, guadiavit ei domnus A. jurare quod ille servus fuerit, non colibertus, quod jusjurandum fecit ei fieri per unum hominem ejusdem familiae, nomine Alcherium de Villa Rella, apud Rupes Episcopi.

Placiti facti apud Montorium, testes sunt hi : Mathaeus de Montorio et frater ejus de cujus fevo coliberta fuit (8 *noms*); de nostris (6 *noms*).

Jurisjurandi testes (6 *noms*).

----

1. *D'où le brocard du moyen âge : « En formariage, le pire emporte le bon. »*

Nº **168**. *Prestations exigées à titre de « coutume » par un seigneur de la terre (justicier). Droit « naturel » invoqué. Charte d'abandon. (Avant 1080.)*

Chartul. S. Petri Carnotensis, cap. XLV (p. 172).

De prava consuetudine usurpata a vicecomite Hilduino.

In nomine *etc.* Ego Hilduinus vicecomes, auditor quidem dicentis, quia gaudium est angelis Dei super uno peccatore poenitentiam agente, notum esse volo tam praesentibus quam futuris sanctae Dei ecclesiae fidelibus, quoniam pascua terrae meae, more antiquo jureque perpetuo, omnibus bestiis terrae Sancti Petri Jociacensis cellae, tam in bosco quam extra boscum, reddo, ut, absque ulla contradictione, deinceps habeant et pascant aestu ac hieme ; pro salute scilicet animae meae et pro remedio animae patris mei Hugonis, qui, absente justitia, hanc pravam consuetudinem intulit, ut et herbam vetaret quam Deus de terra jussit omnibus bestiis producere, atque pro pastu ipsius herbae precem aratrum sive boum quasi per consuetudinem extorquere ab hominibus non timeret [1]. Pro hac, inquam,

---

1. 1º *Ce n'est pas en qualité de propriétaire, mais de seigneur justicier de la « terre » que le vicomte H. exigeait ainsi des prestations en retour de la concession de pâture ; en cela, à l'égard des hommes de Jouy-la-Celle, il n'agissait pas autrement, sans doute, qu'à l'égard des sujets ou « estagiers » de sa terre. 2º Les moines invoquent, ici, contre H., le droit « divin » (que nous appellerions, nous, naturel) et cela leur réussit ; « pour le salut de son âme », H. abandonne, mais remarquez que le droit « divin » n'est pas le droit positif ; or, en droit positif d'alors, H. était fondé à lever cette « coutume » comme son père l'avait fait. Cette observation vise, d'ailleurs, le principe (le droit) et non la quotité (le fait) de la « coutume » ; elle est appelée « prava » et « mala », mais ce sont ces moines qui parlent. J'ajoute que, dans leurs rapports avec leurs sujets, les moines étaient loin de toujours respecter eux-mêmes ce droit « divin » de pâture sur les terres dont ils étaient sei-*

consuetudine mala quam ipse post eum usque mane usur-
pavi, graviter me peccasse confiteor ; atque, Hugone fratre
meo annuente, sicut proposui, pro animabus nostris, coram
omnibus, relinquo. Hanc autem cartam manu propria cum
crucis signo corroboro, nomenque meum et nomina fidelium[1]
nostrorum subscribere jubeo. Si quis autem (*malédictions
ecclésiastiques*). S. Hilduini vicecomitis, qui hanc consuetudinem dimisit. S. Hugonis, fratris ejus. Nomina testium :
Gualeranus, monachus et praepositus, qui pro hac re XXX
nummorum solidos vicecomiti dedit ; Paulus monachus, qui
hanc cartam scripsit ; (9 *noms*), H. mercator, (5 *noms*).

N° 169. *Libre voulant épouser la serve d'une abbaye. Pour
l'affranchir il doit donner une autre serve en échange. Concession d'un domaine à cens.* (A ı. 1081-1105.)

Lacomblet, Urk. des Niederrh. I, 172, n° 256, et Lœrsch, n° 86.

In nomine patris et filii et spiritus sancti. Notum sit omnibus Christi fidelibus, qualiter quidam libere conditionis
vir, nomine Azzelinus, mulierem quamdam ad familiam pre-
positure in Fiuhuson pertinentem sibi cupiens in coniugium
sociare cum suis Gere prepositum familiaribus adiit et, ut
ipsam mulierem, facta permutatione, de servili conditione
ereptam ad altare sancti Liudgeri contraderet, fideli sup-

gneurs. Ce texte, à mon avis, n'a pas été compris par M. Viollet
(Etabl. Introd., p. 99, note 2); il est, en effet, fort instructif, mais à la
condition d'y voir, en réalité, ce qu'il contient. Il ne rappelle en aucune
manière « le caractère collectif des premières propriétés immobilières » ;
l'interprétation superficielle de M. Viollet tient à sa théorie, fausse
suivant moi, d'après laquelle « le droit de pacage se rattache » à
« l'antique communauté des terres » ou encore aux « antiques ori-
gines » (p. 98, ib., cf. Précis hist. D. f. 2, 476).

1. A remarquer la présence des « fidèles » du vicomte H. (c.-à-d. de
ses sujets) et le mot « j'ordonne », désignant H. comme seigneur justicier; enfin, les 30 sol. par lesquels les moines trouvent bon d'appuyer
leur argument de droit « divin ».

plicatione promeruit. Pro cuius beneficii[1] concessione quendam sue proprietatis mansum in Berghuson, 8 modios sili-
ginis cum totidem modiis hordei et unum mercatorium[2]
leguminis annuatim persolventem, ad supradictum delegavit
altare. Prepositus vero hanc eius bonam voluntatem hac
remuneravit mercede, ut, mox altera sui iuris ancilla, Evekin
nomine, pro eadem Imiza reddita, tam ipsi quam uxori eius
sive filiis eorum ipsum predium pro duobus per singulos annos
denariis ad item altare sancti Liudgeri persolvendis quasi
hereditario iure[3] concederet possidendum. Facta autem hec
conventio venerandi abbatis temporibus Oddonis, Gere pre-
posituram simul et altaris custodiam tenente, villico eius
Ebbe hoc concambium perficiente, coram utriusque sexus
personarum testibus, quorum nomina inferius ex parte cons-
cripsimus (10 *noms*) et alii perplures.

N° 170. *Donation et investiture symbolique. Notice. (An. 1090.)*

Biblioth. Ec. des Chartes, t. 36, 412, n° 18.

Notum sit successoribus nostris, quod Hubertus de Cam-
pania perdonavit sancto Florentio et eius monachis omnem
vicariam[4] terrae eorum circa Salmurum[5]. Et in testimonium perdonationis huius amputavit summitatem ligaminis
serici, quo pelles suae a pectore nectebantur, et cum illo

1. *Pour reconnaître ce bienfait du prévôt G.*
2. *Mesure qui m'est inconnue.*
3. *Qu'ils devaient posséder comme s'ils en avaient hérité, en propriété (sauf le cens).*
4. *Lærsch, n° 88, note 1, traduit inexactement ce mot par « Hun-
dertschaft » centaine, qui désigne une circonscription territoriale. Il
faut traduire simplement par vicairie ou « vaarie, voirie ». Il s'agit, ici
des droits de « justice », tels que les comporte la « voirie », sur leurs
propres terres, dont H. fait l'abandon aux moines, en sorte que ces
derniers en seront seigneurs à la fois, propriétaires et justiciers.*
5. *Saumur.*

secmento revestivit inde monachos, id est Isembardum pa-
truum suum, Iterium Goslenum ; et Isemberdum invenem,
consobrinum suum, dedit eis fideiussorem et defensorem
predictae perdonationis. Fecit autem hoc eo tenore, ut monachi faciant de eo, cum obierit, sicut de monacho suo,
Particula vero illa ligaminis huic scedulae insuta est. Actum
Toarciaci[1], anno ab incarnatione 1090.

N° **171.** *Autre source du servage. — Individu ne pouvant réparer le dommage qu'il a causé se constitue serf. Servage de
sa femme et de ses enfants. — Dénégation. Offre de l'épreuve
par le fer rouge. (3 janv. 1097.)*

Liber de servis Maj. Mon. CXXVII, (p. 117).

Notitia de Vitali servo.

Noverint omnes quod Otbertus bergerius combussit quandam grangiam nostram, et cum non haberet unde emenda-
tionem ejus nobis persolveret, devenit ideo servus Beati
Martini Maj. Mon. atque noster, una cum Pletrude uxore
sua, sicut in alia scriptum est carta. Cum ergo filium ejus
Vitalem, tunc puerum reclamaremus pro servo nostro, voluit
mater ejus probare per calidi ferri juditium, illum id est
Vitalem, antequam nostri fierent, jam natum esse ; sed inde
se recredidit, cum jam esset calefactum ferrum juditii. Non
tamen adquievit idem Vitalis recognoscere se nostrum esse
servum, sed tempore multo subterfugit nostrum dominium.
Cum ergo diu hoc fecisset, tandem penituit, et veniens in
capitulum nostrum, per IIII[or] denarios super capud suum a
se ipso positos recognovit nostrum se esse servum. Postea
vero negavit, et inde fecit multas injurias nobis et rebus
nostris. Tandem autem, anno dedicationis basile nostri monasterii ab Urbano papa facte, III nonas januarii rediit in

---

1. *Thouarce, au sud d'Angers.*

capitulum nostrum et confessus est se peccasse, et sic iterum per IIII[or] denarios a se capiti suo superpositos recognoscens esse se nostrum servum, filiumque suum quem solum tunc habebat similiter recognovit esse nostrum servum. Quod viderunt et audierunt (6 *témoins*).

N° 172. *Libre disposition des acquêts sans que les enfants du disposant y puissent prétendre. Contrat « re » (Vers 1114.)*

Bibl. Ec. Chartes, t. 36, 424, n° 26.

Memoriae tam praesentium quam posterorum commendare curavi, quod ego Petronilla, quae tunc Dei gratia Fontis Ebraudi[1] prioratum tenebam, dum uno die apud Pignonariam[2] paululum me recreassem, Helignandus de Longo Campo et Elisabet, uxor saepedicti Achardi, me visitandi gratia pariter ad me venerunt. Cumque satis plura dixissemus, haec intea cetera ipsi Elisabet reduxi memorie, ut filius suus Buccardus domno R. et feminis sibi subpositis concederet terram quam pater eius Achardus et ipsa perpetuo eis tenendum concesserat. Quae meis itaque verbis huiuscemodi verba respondit : quia praedicta terra de emptione sua et adquisitione fuerat, et cui ipsi voluissent eam libere vel quiete dare aut dimittere potuissent. Tunc ego Petronilla, nolens suis adquiescere dictis[3], consilio amicorum nostrorum et suo assensu ad locum qui vulgo Escharbot appellatur de patribus et secularibus hominibus huius rei gratia transmisi, quorum unus Bernardus de Saponariis ..... ibi interfuit, qui filio suo Buccardo sex denarios pro concessione donavit, sub testibus istis (9 *noms*).

1. *Fontevraud.*
2. *La Pignonière, près d'Angers.*
3. *C.-à-d. ne me contentant pas de cette déclaration.*

N° **179.** *Service d'ost et chevauchée prétendu sur les hommes d'un monastère. Juridiction ecclésiastique. Dégagement d'un objet engagé, par l'abandon solennel de la prétention qui avait été la première cause du nantissement. (Vers 1130.)*

Bibl. Ec. Chartes, t. 36, p. 429, n° 29.

Goslenus de Puiza monachos sancti Albini habitantes apud Sichilionem[1] inquietare coepit, dicens quia homines eorum ad praeceptum illius debebant ire in expeditiones et equitationes eius. Huic igitur sermoni cum monachi nollent obedire, praedas[2] eorum cepit, sed tamen eas per ecclesiasticam iusticiam gadiavit; et cum non posset eas ex integro reddere, loricam suam pro gadio apud monachos deposuit. Evolutis autem paucis diebus, recognoscens impietatem suam, venit in capitulum sancti Albini, ibique cum una virgula in manu Roberti abbatis predictam exactionem guirpivit[3] et eamdem virgulam super altare sancti Albini detulit; monachi autem loricam suam reddiderunt ei. Hoc viderunt et audierunt Bardulfus, Balduinus Bernardi, Calopinus de Essart; de nostris : Goffridus Magnus, Rubiscallus, Calopinus de Credone, Petrus coquus, Haimericus carpentarius.

---

1. *Séchillon en Anjou.*

2. *Des « proies », c.-à-d. qu'il leva des contributions en nature sur les hommes des moines.*

3. *La baguette, comme auparavant la festuca, intervient pour solenniser toute déclaration, ici, d'abandon de la prétention. Accessoirement, et seulement parce que l'intéressé la conserve en souvenir de la reconnaissance de son droit, elle joue le rôle de « gage provisoire » nom que lui donne Lœrsch, n° 99 (Wadia als interimistisches Pfand).*

* **Nº 174.** « *Livret* » *de dot constituée par un père à la fiancée de son fils.*

(*Z.* 15) Marc. Form. II (*R. G.* 223).

Quod bonum, faustum, filex prosperumve eveniat! De disponsandis maritandisque ordinibus hac procreatione liberorum causis quae fiunt, necesse est, ut omnes etiam donatio per scribturarum seriem pleniorem obteniant firmitatem[1]. Donat igitur illi honeste puelle, norae[2] suae lei, sponsa filio suo illo, ante die nuptiarum donantisque animo transferet atquae transcribit, hoc est in tanodono[3] villa nuncupante illa, sitam ibi, cum domo condignam ad habitandum vel omni integritate ibidem aspicientem, similiter et in dotis titulum alias villas nuncupantes illas, sitas ibi, mancipia tanta illos et illas, inter aurum et argentum et fabricaturas in soledos tantos, caballos tantos, boves tantos, gregem equorum, gregem armentorum, gregem porcorum, gregem ovium, ita ut haec omnia per manu sua ad suprascribta puella, noro sua illa, ante die nuptiarum dibeat pervenire ; et in sua dominatione revocare, vel quicquid exindae faoire elegerit, liberam habeat potestatem. Quod si quis contra hunc libellum dotis venire et eam infrangire conaverit, inferat partibus prefatae lei tantum *et reliqua.*

1. *Ce début se rapporte à la Lex Julia et Papia Poppaea, mais l'application en est maladroite, voy. Zeum., p. 85, note 1; il se rencontre dans quelques formules et je la retrouve encore au X° siècle par ex. dans une charte de dot bourguignonne, constituée cependant à une femme fiancée d'après la « loi salique ». (Charles Cluny, n° 86, a. 904 environ.)*

2. *A les deux sens de « fiancée » et de « femme » du fils, de même que, souvent sponsa signifie, à la fois, « fiancée » et « épouse ». Dans le S.-O., encore aujourd'hui, bru se dit « nôrö ».*

3. *Sur ce mot, dont j'ignore l'origine, voy. p. 29, note 1.*

*N° **175**. *Douaire coutumier en Bourgogne. Immeubles et tiers des meubles présents et à acquérir par collaboration commune. (An. 833?)*

Chartes Cluny, n° 7.

Cum Dominus omnipotens masculum et feminam ad propagandam multitudinem filiorum copulasset, dicens : « Crescite et multiplicamini, et replete terram », ipse idem per infinitam bonitatis sue clementiam nuptias adiit, a quas in unum convertit sponsos, atque convivas miraculo divine potentie exilaravit, atque per auctoritatem Evangelii confirmavit, dicens : « Quod Deus conjonxit, homo non separet. « His et aliis auctoritatibus munitus, ego, in Dei nomine, Eldebertus placuit atque convenit huic carissime et amantissime sponse sponse mee Gontare me ipsum conjungere ; sed quia et racio postulat et consuetudo exquirit ut sponsus sponsam et maritus uxorem dotare debeat, ideo cedo tibi atque dono per hoc dotalicium aliquid ex rebus meis, que sunt site in pago Lugdunense, in villa que dicitur Bandingas : hoc est mansum I cum vincis, terris cultis et incultis, pratis et silvis, et servum Madalgaudum cum uxore sua. Cedo etiam tibi terciam partem [1] ex omnibus rebus meis

---

1. *Dans une charte bourguignonne d'environ 904 (citée n° 174, note 1) constituée « justa legem salicam et consuetudinem per solido et denario » la dot porte sur la moitié et non le tiers, quotité d'usage à peu près général, à cette époque. — Les chartes des numéros suivants permettent de se faire une idée de la diversité des « lois » qui persistaient encore, du moins à l'état de souvenir, en Bourgogne, au X° siècle (il y en a de la fin de ce même siècle; erreur de M. Seignobos Rég. féod. Bourg., p. 3). Dans ces chartes la « loi » qualifiée de « salica » est bien une loi franque, mais c'est la loi des Ripuaires, Lex Rib. XXXVII (Mon. Germ. Leg., t. V, p. 232); la « loi » nommée « Gonbada » est Leg. Gundeb. XLII (Mon. Germ. Leg., t. III, p. 549) et la « loi » romaine est le droit romain plus ou moins altéré. D'ailleurs ces trois lois*

mobilibus quas modo habeo vel in futuro pariter acquirerere
poterimus, in omnibus rebus que dici vel nominari possunt.
Haec omnia sicut supra scripta habentur, tibi, dilecte con-
jugi mee Gontare, cedo, trado atque transfundo perpetualiter
ad habendum vendendi, donandi, seu liceat commutandi ; et
si quis contra hanc donationem dotis venire, dicere aut inquietare aliquid voluerit, non valeat vindicare quod repetit,
sed componat tibi tantum et aliut tantum quantum omnes
ipse res meliorate valuerint, et presens hoc dotalicium
firmum permaneat, cum stipulatione subnixa. Signum Elde-
berti, qui hoc dotalicium fieri et firmare rogavit. Signum
Vuitberge, que consensit. S. (2 *noms*). Ego Ermenteus, diaconus, subscripsi. Ego Uboldus, presbiter, rogatus, hoc dotalicium scripsi, datavi anno XX imperii domini nostri Lu-
dovici imperatoris.

*N° **176**. Constitution de dot. Loi « salique ». Tierce coutumière[1]. (An. 905, janvier.)*

Chartes Cluny, n° 88.

Dulcissima adque amatissima mihi conjuga mea, nomine
Sigerada, ego, in Dei nomine, Isaac, dum nos Deus iis diebus
ad legitimo conjugio sociare jusit, proterea cedo tibi tercia
parcione de omnes res, facultates meas quas visus sum abere
aut possidere, aut inantea una cum Deo omnipotentis adjutorio conquirere aut laborare potuero, tam in Lucdunense et
in Viennense, quam eciam et in aliis locis : oc est in edificiis,
casis astantibus, casaricis, ortis, areis, vineis, vinealis, com-
pis, pratis, silvis, pascuis, decimis, fontibus, arboribus
pomiferis et inpommiferis, aquis aquarumque decursibus,

<hr>

*sont devenues, en fait, des « coutumes ». Voy. aussi la note 2, p. 202
ci-dessus.*
  1. *Voy. n° 175, note 1.*

accessis, pecoribus tam majoribus quam minoribus, drapis tam lineis quam laneis vel siricis, aurum, argentum, omnia ex omnibus quiquit dicere aut nominare vel dominare potes, desub integritate tibi, dulcissima conjus mea Sigerada, tercio porcione sub integro tibi cedo et secundum mea lege salica manibus tibi trado, perpetualiter ad abendum, vendendum, donandum, seut liceat tibi commutandum, et sicut lex mea salica commemorat faciendum. Et si quis contra anc donacione ista, ego ipse aut ullus ex eredibus meis, venire, dicere, temtare voluerit, non vindicet, set sit culpabilis, et impleturis una cum fisco auri libras III, et antea ec donacio suam obtineat firmitatem, cum stipulacione subnixa. S. Isaac, qui donacione ista fieri et firmare in presente rogavit. S. Arenbodo. S. Agenfredo. S. (6 *noms*). Blitbodus rogatus donatione ista escripsit, datavit die martis, in mense jenoario, anno IIII regnante Ludovico imperatore.

N° 177. Dot suivant la loi « romaine ». Type de grand propriétaire. (An. 909, 3 sept.)

Charles Cluny, n° 105.

Divinis et humanis sanccitur institutionum auctoritatibus, ne qua forte petulantia aut vi subripiat luxum effrenis, at future conjunctionis signo pretendatur vinculum desponsationis. Et quia mutabilitas humana varietas mutanda est, nunc illud, nunc istud appetitur vel refutatur, in causa arrabonis[1] hanc scripturam placuit fieri, qua nostra communis muniatur voluntas. Igitur ego Fulcherius, superna adjuvante misericordia, future prolis intuitu, desponso michi juxta legem meam romanam Raimodis, amore dilectionis et osculo[2] precipui conjugii, hac federe copulationis perman-

---

1. *Pour que cette charte serve « d'arrhes ».*

2. *Osculo, baiser donné en même temps que la donation était faite;*

surae. Et do tibi, amantissima sponsa mea Raimodis, presentibus propinquis et amicis tuis, in sponsalicium, in
comitatu Aptense, villam meam Avsnavam sub omni integritate, cum omnibus adjacentiis et appendiciis suis, et in
ipso comitatu aliam villam nomine Serrubo, cum omnibus
appendiciis et adjacenciis suis ; item in ipso comitatu aliam
villam Leuculam, cum omnibus appendiciis suis, in comitatu
Aquense, in valle Reglana, villam Pinetam cum ecclesia in
honore Sancti Sisfredi ; in ipsa valle, alia villam Paludem
sub omni integritate, cum omnibus adjacentiis et appendiciis
eorum ; in comitatu Secus Tyronense, villam Alairacum cum
ecclesia in honore Sancti Petri, et aliam villam ad Ducellum,
cum omnibus adjacentiis et appendiciis eorum ; in comitatu
Regense, villam nomine Abia cum ecclesia in honore Sanctae
Mariae, et aliam villam nomine Paulimacum, et aliam villam
Valentiolam cum ecclesia in honore Sancti Maximi, et aliam
villam nomine Marigas, cum omnibus adjacentiis et appendiciis eorum. Et dono tibi, dilectissima sponsa mea, nomine
Raimodis, servis utriusque sexus qui mihi legibus obvene-
runt, quorum ista sunt nomina : Pontium, cum uxore sua
Gansinde, et filiis et filiabus eorum, Dominicum, Ayroardum,
Vineolascum, Rosteduno, Ayloara cum filiis et filiabus suis,
Eldetrude cum filiis et filiabus suis, Geile, Rotrude, Andream
cum filio suo Pontio et filiabus suis. Ista omnia confero tibi,
sponsa mea jam dicta Raimodis, ut ab hodierno die quicquid
exinde facere volueris liberam et firmissimam in omnibus
habeas potestatem, quicquid animo tuo placuerit ut facias.
Sane aut ego, aut de propinquis meis vel affinis, seu quilibet
opposita persona, contra sponcalicium istum hac donationem
ire temptaverit, componat auri optimi libras XXX, et quod
preciosum requirit non valeat vindicare, et hec presens

sponcalicium vel donatio firmum et stabilissimum omni tempore permaneat, stipulatione interposita, pro omni firmitate
subnexa. Actum Avenione civitate publice, anno Domini
nostri Jesu Christi incarnationis DCCCCVIIII, indictione
III, tercio nonas septembris, regnante Hludovico imperatore.
Signum Fulcherio, qui hoc sponcalicium fieri et firmare
rogavit. S. Hugone teste. S. Aigone teste. S. Rainoardo,
qui consensit. S. Geraldo, qui consensit. S. Alarico teste.
S. Odilone teste.

Fiunt in summa mansa centum, in sponsalitium istum, et
mancipia quinquaginta.

Ego Josue rogatus [scripsi] et subscripsi. Ego Marthoaldus,
humilis levita, sponcalicium hoc mense septembrio scripsi,
post traditum complevi.

***N° 178.** *Morgengabe (don du matin). Loi « Gombette »* [1].
(*A. 912, avril.*)

Charles Cluny, n° 189.

Dilectissima sponsa mea Dotano, ego Ermengerius, in
pro amore et bona voluntate, dono tibi aliquid de res meas
que sunt sitas in pago Matisconense, in agro Maciacens, in
villa Vitriago ; in primis oo est curtilus cum superposito, et
vinea insimul tenente, qui terminet de ambis latis et uno
fronte Otber, et in alio front via publica ; infre istas terminaciones de ipso curtilo terminato tercie part ad integrum
tibi dono, et de alias res que ad ipso curtil aspiciunt de la
tercie par tercie ad integrum tibi dono ; et dono tibi campo
ubi vocant ad Spinacies, qui terminet de uno latus terre
Petrono, de alio latus terre Rotbert, in uno front via publica,
et in alio front terre Rotbert. Alia peciola est ubi vocant
Elmon, qui terminet de uno latus et uno front terre Ermen-

1. *Voy. n° 175, note 1.*

gerio, de alio latus et uno front terre Rostanio ; infre istas terminaciones, parcione mea, secundum lege mea Gonbada in mergingiva ad integrum tibi dono ad abendum, et facies quidquid facere volueris in omnibus. Si quis vero, si ego tu ipsus, aut ullus omo, aut ullus de eredibus meis temtare vel calumniare presumserit, auri uncia I componet, et ec donacio ista in te facta firma estabilis permanead, cum stibulacione supnixa. Actum Crucilia, atrio Sancti Maria. S. Ermengerio, qui donacione ista fieri et firmare rogavit. S. Gisbal. S. item Gisbal. S. Teutbran. S. Rotar. S. Ermengerio. S. Leutbal. Aydus rogatus scripsit, subscripsit, superdadavit die jovs, in mense aprilio, in annos XV rengnante Karlo rege.

N° 179. *Douaire en Bourgogne. Loi « salique » invoquée* [1]. *Tiers des biens présents et des conquêts futurs. (An. 928, janv.)*

Charles Cluny, n° 358.

Dulcissima atque amatissima conjunx mea Rihelt, igitur ego, in Dei nomine, Sobbo vir tuus, in pro amore et pruncta bona volencia mea que contra te abeo, et per quod nos Deus omnipotens at legitimo conjugio nos junxit ; propterea dono tibi in dotalicio de omnem rem facultatem meam, hoc sunt res in edificiis, casis astantibus, casaricis, ortis, areis, vineis, vinealis, campis, pratis, pascuis, silvis, decimis, rivis, fontibus, arboribus pomiferis et impomiferis, aquis aquarumque decursibus, accessis, mancipiis, aurum, argentum, mobile et immobile, omnia et ex omnia, et quod in ipsas res est, in Bracosco, in Lopiano, et in Nucerias, et in Brenode quiquit visus sum aut possidere aut inantea conquirere vel laborare potuerimus, dulcissima conjux mea jam superius nominata, in dotalicio tercia portione tibi dono, sicut lex salica com-

1. *Voy. n° 175, note 1.*

memoret, et abendi, tenendi, donandi, seut liceat tibi commutandi ; et si quis vero, quod futurum esse minime credo, et si ego ipse, aut ullus omo, aut ullus ex heredibus meis, aut ulla aliqua persona qui contra anc dotalicio isto inquietare presumserit, non valeat evindicare quod repetit, set insuper sit culpabilis, et impleturus una cum fisco auri libera I componat, et inantea donacio ista omnique tempore firma permaneat, cum stipulacione supnixa. S. Sobbone, qui isto dotalicio fieri et firmare in presente rogavit. S. Ermengerio. S. (6 *noms*). S. Poncione, qui in omnibus consensit. Ego Eldebertus, jubente Barnardo, qui isto dotalicio scripsi, datavi die sabato, in mense jenoario, annos XXVIII regnante Ludovico imperatore.

*N° **180.** *Donation d'un courtil (manse) et des usages qui, économiquement et en droit coutumier, en dépendent. (An. 801.)*

Lacomblet. Urkund. des Niederrh. n° 22, p. 13.

Traditio *hrodulfi* in *englandi*

Notum fieri desidero omnibus et presentibus et futuris. qualiter ego hrodulfus filius quondam unibaldi. tradidi ad reliquias sancti salvatoris. et Sancte Marie semper virginis. et in manus liudgeri abbatis. particulam hereditatis mee. in pago. ·felum. in villa que dicitur englandi. id est curtile unum. et duodecimum partem in silvam. que dicitur braclog. cum pascuis et plena dominatione. que jure legali ad illud curtile pertinere compertum est[1]. Hec omnia tradidi in elimo-

---

1. *L'importance des droits d'usage (bois, pâture, etc.) dans les « communs » était proportionnée, en règle générale, à l'importance même du manse, unité économique, dans l'organisation agraire d'alors, en Allemagne, parfois encore, à l'importance du lot d'un propriétaire. Voy. les expressions « in silva iuxta formam howe (Hofe, manse) plene » et omnibus usibus ad ipsa curtilia in eadem marcha pertinentibus », et d'autre part, « de communi silva quantum ad portionem (lot de*

sinam meam. ad reliquias superius memoratas. et in manus jam dicti abbatis. traditaque in perpetuum esse volo. et per nulla temporum curricula ulterius inmutari. sed ad perpetuas usus eclesie dei. ipse abbas liudgerus quicquid exinde facere voluerit. liberam et firmissimam a me et ab omnibus habeat potestatem. stipulatione subnixa.

Acta est autem publice in loco qui dicitur in uuigtmundi ad eclesiam sancti salvatoris. anno. XXXIII. regni domni nostri relegiosissimi regis carli. VII. Kal. septembris. coram testibus ac manum missoribus. quorum nomina subtus notantur. et ut hoc traditionis testamentum firmius perseveret in eternum. notavi tempus diem locum quo scriptum est. ego thiatbaldus presbiter rogatus scripsi et subscripsi. Sig. hrodulfi. qui hanc traditionem dominante manu perfecit. et subtus firmavit. Sig. hildigeri. Sig. liudgeri. Sig. cuuruuini. Sig. liudgeri. Sig. meginberti. Sig. engilberti. Sig. oodhelmi. Sig. germundi.

proprièté) nostram pertinet ». et « *iuxta quantitatem hereditatis* in villa pastum porcorum aliorumque pecorum seu incisionem ligni habeat ». *Voy. Thévenin,* « *Communia* » *cit., p.* 128 *et suiv. et von Inama-Sternegg, Ausbild. der Grundhersschaften in Deutschl. Leipzig,* 1878, *p.* 16 *et* 46. — *Mêmes dispositions, d'après les* « *Leges* », *en Bourgogne,* 1º *Lex Gundeb. tit.* 67 : quicumque agrum aut colonicas tenent, secundum terrarum *modum* vel *possessionis suae ratam sic* silvam inter se noverint dividendam; *et* 2º *Lex Rom. Burg. tit.* 17, 4 : Silvarum, montium et pascui ius, ut unicuique *pro rata possessionis* subpetit, *esse commune.*

INDEX GÉOGRAPHIQUE

TABLE MÉTHODIQUE

DROIT PRIVÉ.

I

TITRE I

DES PERSONNES.

§ 1

ETAT DES PERSONNES.

I. — Libres.

Francus Homo. 36, 100. *Exercitales, arimanni.* 59.

a. Recommandation. 26. Patron et recommandés. 71.

b. Aliénation volontaire de la liberté (de tout son état), 12, 110, 155, 162. Vente de la liberté. 4.

c. Donation d'un enfant mineur comme serf par son père mourant. 156.

d. Engagement partiel et à temps de la liberté. 7 (*Caucio cessible* à un tiers), 28, 33. Engagement complet. 38.

e. Emprisonnement pour dettes. 12.

II. — Non libres.

a. Serfs. 71, 100. *Aldii.* 51.

b. Sources du servage. Naissance. 167. Offrande de l'état de libre à un protecteur. 110, 155, 162. Mariage. 151. Tenures serviles. 157, 166. Impossibilité de payer des dettes ou d'indemniser d'un dommage. 37, 86, 161, 175.

c. Procès d'état. 106, 152, 160, 171. Revendication d'un serf. 36.

d. Assimilation des libres asservis aux serfs de naissance. 37, 38.

e. Pécule. 10.

f. Prestations. 21, 74.

g. Délits des serfs. Responsabilité des maîtres. 67. 145, 161, Meurtre d'un serf. 145.

h. Aveu symbolique du servage. 162 (voir page 229, note 1). 171. Action pour l'aveu. 51, 66.

i. Procès entre maître et esclaves. 160.

j. Aliénation de serfs. Vente. 18, 31, 45, 50, 54, 78, 82, 159. Donation. 165.

k. Extinction du servage. Délaissement de terres serviles. 166. Possession de la liberté pendant 30 ans. 106. Concession spéciale. 10, 169.

l. Affranchissement. 11 (dans l'église), 20, 27, 34, 50, 66. (*reddita carta*), 67, 150, 151, 169, avec réserve de cens, 112, avec charges, 20, 154. Droit des affranchis. 11. Devoirs des affranchis. 20, 27, 34, 154. Enfants d'affranchis naissant ingénus. 11, 27, 112. — naissant esclaves. 154. Protection des affranchis. *Defensio Ecclesiae.* 11, 20, 34, 112, 160.

III. — *Etats intermédiaires entre la liberté et l'esclavage.*

a. Colons. 63, 74, 122.
Aliénation de colons. 54, 139.

b. Colibert. 145, 152. Délit commis par un colibert. 145. Vente d'un colibert. 153. Mariage entre colibert et serf. 167.

c. Lides. 74. Soumission volontaire à la condition de lide. 159.

IV. — *Libres en droit et dépendants en fait.*

a. Affranchis. Voir plus haut.

b. Tributaires. 144, 169. Droits et devoirs. 144.

c. *Amici Sequaces,* etc. 139 (voir page 204, note 3).

d. *Gasindus.* 21.

e. *Minores homines.* 86 (voir page 116, note 1).

§ 2.

CAPACITÉ DES PERSONNES.

Capacité de la femme. 47, 48. Femmes agissant en justice. 131. Veuve assistée de son *advocatus.* 113.

§ 3.

LA FAMILLE.

I. — Mariage.

a. Fiançailles et épousailles. 42 (au sou et au denier devant les parents), 47, 48 (fiançailles d'une veuve). 135 (fiançailles avec gage, arrhes et clause pénale. Voir page 198, note 2).

b. *Mundium.* Tutelle maritale. 47, 48, 51, 58, 143. *Mundoaldus.* 47, 143. En légitime mariage la femme suit la loi de son mari. 47.

TITRE II

DES BIENS.

§ 1.

DE LA PROPRIÉTÉ.

1. — Formes et démembrement de la propriété.

a. Propriété complète (sens restreint d'*immunitas*) 44, (voir page 53, note 1), 88, 115. Terres libres de toutes charges. 79 (*præter censum regis*), 84, 90, 119. Alleu, 65, 75, 90, 103, 108, 147. *Terra indominicata*, 75, 124. *Res inexquisita*, 42, 75. Territoire privilégié en vertu de *praecepta regis* et de lettres dominicales du pape, 123, 128.

b. Copropriété, 69, 163. *Communio*, 69. *Communio proximorum suorum*, 64. *Consortes*, 70.

c. *Communis marca*, 111. *Communis* ... 39. *Communitas* (jouissance commune), 115. Usage... bois, pâtures, etc. *Communia* (voir page 51, note 1), 43, 44, 70, 111, 180 (voir page 247, note 1).

d. Propriété indivise des cohéritiers, 126. Droits des héritiers avant l'ouverture de la succession (Héritier le plus proche consentant à une donation), 159.

e. Détention *sub pretexto alii*, 22.

f. Démembrement de la propriété. Usufruit, 22, 75, 82.

g. Eglises dans la propriété privée, 18, 60, 75, 75 bis, 76, 108, 114, 131, 133, 134, 136 (*capella*).

h. Bénéfices, 56, 71, 72, 75, 76, 82, 93, 101, 103, 159.

i. *Præstaria*, 56, 64, 75, 91.

j. *Præcaria*, 56. Possession *precario*, 43, 44.

k. *Præcaria oblata*, 54, 64, 82, 83, 113, 159, 169.

l. Concession à charge de cens, 21, 54 (redevances en nature),

56, 64, 75 *bis*, 138, 140, 142, 159. Nones à payer, 91.
Concession d'aires de moulin et de moulins à charge de
cens avec faculté d'aliéner, 138.

Cens récognitif de propriété, 113, 132, 169 (*pro vestiturâ*).
Concession héréditaire, 54, 83, 113, 142, 169.

Concession à temps limité, 56, 64, 82, 132, 159. Renouvellement de la concession, 56. Retrait de la concession, 54, 56,
91, 132, 159. Rachat du censitaire, 83, 113. Réclamation
de *maires* contre une augmentation arbitraire du cens, 122.

m. Rente constituée, 159.

n. Droits de justice, 80, 123, 128, 134 (*Bannus* d'un moulin,
voir page 107, note 1), 149, 168 (voir page 234, note 1),
170, 173.

o. Complant, 77 (voir page 105, note 1), 119.

p. Colonage partiaire, 5.

q. Concession de terres (*sicut hereditarius et princeps*), 65.

II. — Acquisition de la propriété.

a. Occupation, défrichement (aprisio, captura), 64 (voir page 78,
note 1), 69, 71, 81, 88, 93, 123, 139. Chasse, 159.

b. Prescription, 25, 93, 94, 101, 114, 125.

c. *Causa alodis*, 137, et voir *Successions*.

d. Voir *Donations, Obligations*.

III. — Tradition et mise en possession.

a. Tradition, 16.
Tradition de meubles, 19, 161, 163, 164. *per manus*, 31, 156,
165. Traditions symboliques, 38, 45, 110, 135, 155, 157.

Tradition d'immeubles, 16, 17, 54, 57, 58, 69, 84, 95, 97,
105, 117, 158, 160, *per manus*, 64, 75 *bis*, 105, 132, 134,
per scripturam, 48, 52, 60, 91. *super altare*, 139. *ipso
jure*, 87. Traditions symboliques, 29, 30, 98, 130.

b. Mise réelle en possession d'objets mobiliers ou de gens dépendants, 45, 78, 156.

Investiture réelle de choses immobilières, 78, 79, 82. Formes
solennelles, 29, 30, 52, 105, 117 (devant le comte), 121,
121, 136, 143. Investiture symbolique *cum digito*, 159.
Cum secmento, 170. Par remise de la *cartula*, 47, 52,

Communauté d'acquêts, 172. Libre disposition des acquêts, 172.
Acquêts de la femme libre épouse d'un serf (un tiers pour elle), 10.

e. Donation de biens propres de la femme avec le consentement du mari, 58.
Donation de biens faisant partie du douaire, 113.

f. Vente par un homme et sa femme d'immeubles hérités du père du mari, 117.

g. Donation par une veuve de biens ayant appartenu au mari, 119.
Restitution par une veuve de la moitié de la dot aux héritiers du mari, 48.

h. Donations entre époux, 40, 82, 132.
Donation de tous biens, 82.

II. — Successions.

a. Ordre de succession. Degrés de parenté, 46. Droits des héritiers les plus proches, 9, 159.

b. Représentation, 13.

c. Coutume excluant les filles de la succession de la terre patrimoniale, 14.

d. Principe d'égalité entre héritiers, 14, 16.

e. Aliénation d'un bien indivis, 70, 126.

f. Rapport, 13.

g. Partage, 13, 14, 16, 53, 85 (après transaction en justice), 108, (transaction en justice).

h. Procès au sujet de biens héréditaires, 63, 85, 125.

i. Hérédité entière conférée à des enfants naturels, 35.

§ 3.

DONATIONS ET TESTAMENTS.

I. Donations entre vifs.

a. Donations, 9, 15, 21, 51, 57, 58, 59, 60, 64, 69, 70, 73, 75, 75 *bis*, 82, 83, 84, 90, 92, 94, 98, 101, 113, 130, 132, 134, 136, 139, 143, 147, 149, 159, 163, 165, 170 (droits de justice), 180. Donation d'un courtil (manse) et des usages qui, économiquement et en droit coutumier, en dépendent. Voir page 247, note 1).
Donation *in elemosyna,* 64, 65, 75, 76, 90.

se constitue serf de moines, avec la restriction que, s'il a des enfants d'une femme épousée au gré des moines, ces enfants recevront leur part d'héritage et les moines ce qui leur revient (Droit de mainmorte), 162.

f. Enregistrement d'un testament à la curie, 18.

TITRE III.

DES CONTRATS ET CONVENTIONS.

§ 1.
DES CONTRATS EN GÉNÉRAL.

a. Formation des contrats.
 α. Contrats réels, 48, 163 (voir page 230, note 1), 172.
 β. Contrats formels: *fides facta,* 55, 108, 109, 112. Voir *festuca, wadium, etc.,* aux *Symboles juridiques.* Titre III, § 2.

b. Arrhes. 135.

c. Terme. 3, 7, 25, 33, 55.

d. Mise en demeure du débiteur avec avertissement, 7. Sans avertissement, 55.

e. Résolution de la convention en cas d'inexécution. 54, 56 (*absque ullius contradictione vel judiciaria consignacione*), 91, 159.

f. Convention d'une peine en cas de contestation par le contractant ou ses héritiers. 16, 23, 26, 37, 41, 52, 53, 54, 55, 59, 72, 73, 108, 118, 132, 135, 147.
 Convention d'une peine en cas de contestation par le contractant, ses héritiers ou une personne quelconque. 1, 4, 8 (*cum judice intercidente*), 9, 10, 12, 13, 15, 18, 19, 21, 22, 27, 33, 40, 42, 57, 58, 75, 87, 105, 117, 144.
 Convention d'une peine en cas de négligence, retard ou inexécution. 7, 28, 108, 112, 138, 140, 142.
 Peine fixée au double de la valeur de la chose. 7, 18, 28 (*sine judicis appellatione*), 59, 87.
 Peine fixée au double de la valeur de la chose améliorée. 1, 4, 52, 55, 72.

Transaction sur hérédité. 85, 108,

§ 2.

EMPLOYÉS DANS LA FORMATION DES CONTRATS, DANS LA PROCÉDURE, ETC.

1º *Andelangum* (gantelet). 42, 76, 117, 124.

2º *Anaticula.* 30 — *Axadoria.* 124.

3º *Arbusta.* 98.

4º *Atramentarium.* 50, 52, 136.

5º *Baculum.* 135.

6º *Brachium in collum, et per comam capitis.* 38.

7º *Claves.* 37.

8º *Cibum et potum.* 84.

9º *Cultellus.* 50, 52, 105, 136, 143.

10º *Corrigia ad collum.* 110 — *Cordas ad collum.* 155.

11º Denier. Sou et denier, 42. *Quatuor denarii super caput.* 151, 155, 157, 161, 162, 171.

12º Doigt : *incurvatis digitis.* 148, 159.

13º *Ensis.* 48.

14º *Festuca.* 16 (voir page 18, note 2), 20, 42, 52, 73, 103, 105, 107, 108, 124, 136, 143, 148. *Jactare et calcare* (le fétu), 137, 141.

15º *Fuste buxea.* 116.

16º *Herba.* 29, 30, 100 *ter* (et *cespitem*), 124.

17º *Gazon.* — Voir plus bas *Wasonem.*

18º *Launegild.* 48. *Camisia* 6. *Facetergis* (mouchoir). 61.

19º *Ligamen serici.* 170.

20º *Medella.* 70.

21º *Osculum.* 177.

22º *Ostium.* 30, 124.

23º *Ramum arboris.* 52, 136, 143.

24º *Radicem.* 121.

25º *Secmento.* 170.

26º *Terra.* 29, 30, 98, 124. Terre apportée, 79.

27º *Vinea.* 98. *Vineas faciebat et ad radicem fodicabat et operas faciebat per potestatem,* 121.

28º *Virgula.* 173 (voir page 239, note 3).

29º *Wantonem.* 48, 52, 136, 143.

30° *Wasonem terræ.* 52, 105, 136, 143.
31° *Wadium.* Constitution de gage. Voir *Nantissement.*

§ 3.

CHARTES ET NOTICES.

A.

ACTES DE DISPOSITION (Actes privés de disposition, Chartes).

a. **Chartes.**

Chartes de donation, 15, 21, 35 a, 40, 54, 57, 58, 59, 61, 64,
70, 75, 83, 84, 90, 92, 113, 126, 132, 134, 136, 143, 147.
Charte d'aumône, 76. Charte de dot, 42, 174, 175, 176,
177, (*in causâ arrahonis*), 178, 179.
Cessio, 1, 9, 39, 60.
Chartes de précaire, 56,61. Chartes de prestaire, 61, 19.
Chartes de concession à cens, 138, 140, 142, 149, 169.
Chartes d'échange, 62, 72, 95, 97. Chartes de partage, 16,
53, 108. Chartes de vente, 4, 19, 22, 45, 47, 52, 81, 87,
105, 117, 153. Charte d'aliénation en échange de rente viagère, 97. Charte de concession de terre, 65. Engagement
de terre (*caucio*), 120. *Epistola cautionis* 55 (prêt), 86 (*cirographum entsca*). *Cartula semiplantaria,* 77. *Erediuria de
creditate,* 35 c. Charte d'abandon d'un droit, 108. Chartes
concernant la succession d'un père, 13, 14.

Chartes d'affranchissement, 11, 20, 26, 27, 31, 50, 66, 67,
112, 150, 151, 158. *Carta conculcatoria,* 10. Charte de
recommandation, 26. Charte d'engagement, 7 (*caucio* avec
clause à ordre), 28. *Carta redemturia,* 12. *Caucio de clavis,*
37. *Caucio de infracturis,* 38. Soumission d'un libre dans
la condition de tributaire, 144. Charte de composition, 17
(charte de dot constituée après rapt). Charte d'adoption, 15.
Fiançailles, 48. *Libellum repudii,* 23, 41.

Expédition en plusieurs exemplaires 16, 22, 23, 26, 41, 53,
(trois exemplaires), 56, 76, 143. *Exemplar ex autentico
relevata,* 70. *Exemplar,* 60. Réunion des documents et des
contre-documents, 56, 61. Jonction de la charte avec *la*

B.

Instruments de preuve. — Notices.

C.

TITRE IV.

PROCÉDURE.

§ 1.

ACTIONS.

Actions cencernant des immeubles. 25, 39, 47, 88, 89, 94,
107, 108, 114 (revendication d'une église et de ses dépendances). 125, 129, 131, 137, 141, 146.

Actions concernant une hérédité. 46, 85.

Revendication d'immeubles comme faisant partie d'un bénéfice comtal. 71, 93, 101.

Réclamation d'usages de bois, pâtures, etc., par des *pagenses*
contre un monastère. 43.

Demande de mise en possession par un colon partiaire. 5.

§ 2.

PREUVES.

a. Preuve littérale (voir chartes et notices. Titre III, § 3).
Préceptes royaux et lettres papales. 123, 128. Préceptes
royaux. 71, 80, 88, 93, 102, 129.
Titres privés. 62, 66, 89, 91, 102, 114, 130, 131.

b. Preuve testimoniale. 8, 24, 36, 85, 89 (témoins jurés), 101,
106, 107, 115, 122, 141. *Conditiones sacramentorum.* Dépositions écrites. 68, 71, 93, 104.
Enquête. 6, 24, 43, 44, 80, 88, 115, 122.

c. Aveu. 36, 66, 89, 103, 137, 160.

d. Serment. 2, 5, 8, 24, 32, 49, 96, 100, 122, 141, 152. Délation
de serment. 5, 46. Serment délégué. 167. Contre-serment
(*vuidridum*) 100 *bis.* Serment non reçu par le demandeur. 3.
Cojureurs. 5, 24, 25, 32, 46 (*juret ipse qui appellatus est
cum suis sacramentibus*), 63, 80, 102, 108.

e. Epreuve du fer rouge. 171.
Preuve par la bataille. 49, 102 (concession spéciale, dans ce
cas, par le roi), 125, 160.
Duel judiciaire. 133.
Judicium Dei. 146.
Jugement de Dieu par la croix. 30.

d. Remise de la preuve par le demandeur. 90.

§ 3.

ORGANISATION JUDICIAIRE (*Voir la deuxième partie.*)

a. Mall public. 32, 36, 41, 80, 85, 100, 100 *bis,* 100 *ter,* 102,
104, 107, 108, 115, 123, 128, 131.

Plait. 37, 39, 62, 89, 94, 101, 133, 141 *(placitum generale)*, 152, 160, 167.

Conventus principum et vulgarium. 43, 44.

Cour seigneuriale. 160. Juridiction d'un suzerain marchion. 129.

Cour dominicale. 160.

Juridiction ecclésiastique. 5, 25, 73, 89, 122, 173.

Juridiction gracieuse d'un defensor de château. 127.

b. Personnages divers composant le tribunal dans ses différentes fonctions.

Missi dominici. 100, 100 *bis*, 100 *ter*. *Missi imperatoris.* 43. *Missi regis.* 44. *Vassi dominici.* 83, 137.

Comes palatii. 71.

Comes. 32, 36, 38, 40, 41, 43, 48, 62, 69, 71, 88, 91, 100, 100 *bis*, 100 *ter*, 101, 102, 106, 114, 115, 123, 128 (marchion), 130, 131, 133, 137, 141.

Missi comitis. 62, 63, 66, 96.

Vicecomes. 93, 96, 101, 102, 107, 114, 123, 130. *Vicedominus*, 68.

Vicarius. 36, 39 (président du plait), 80, 93, 102, 107.

Seniores. 6, 44.

Vassi. 114.

Judices. 21, 25, 59, 68, 71, 80, 88, 93, 91, 93, 101, 102, 104 103, 107, 114, 115, 123, 127, 127 *bis*, 141.

Judex sacri palatii. 134.

Scabini. 70, 63, 80, 85, 100, 100 *bis*, 103, 107, 115, 123, 131.

Rachimbourgs. 38, 40, 123.

Boni homines. 8, 24, 25, 32, 37, 41, 53, 68, 71, 80, 88 (quos causa fecit esse presentes), 101, 102, 104, 106, 114, 123, 127 *bis*, 128, 101. *Magnifici viri qui ibidem resedebant.* 36. *Probi homines.* 32. *Nobiles viri.* 89, 96, 133. *Majores natu.* 69. *Pagenses.* 39. *Fideles.* 130.

Saïon. 88, 93, 101, 104, 103, 123, 128.

Cancellarius, 108, 117.

c. Personnages ecclésiastiques.

Archiepiscopus. 96, 102, 128.

Episcopus. 33, 100 *bis*, 100 *ter*, 114, 131, 141.

Missus episcopi. 103.

Abbas. 62, 100 *bis*, 123, 131, 141.

Prêtres, diacres, clercs et lévites. 89, 96, 101, 104, 114, 123, 131.

Agent d'un saint. 9.

Vicedominus. 68, 71, 80 (voir page 110, note), 88.

Prévôt. 3, 85, 89, 95, 96, 114, 131, 167, 169.

REPRÉSENTANTS DES PARTIES.

Advocatus. 36, 38, 66, 68, 73, 78, 80, 89, 93, 96, 100, 100 *bis*, 100 *ter*, 107, 114, 115, 139, 150, 159.

Advocatus d'une veuve. 113.

Mandatarius. 36, 88, 94, 101, 104, 106, 114, 123, 128.

Praepositus d'un monastère. 53, 82.

Missus de partibus sancti. 62.

§ 4.

JUGEMENTS.

a. *Interpellare.* 2, 3, 5, 25, 36, 46, 49, 51, 80, 88, 96, 100 *ter*, 107, 114 (*mallando*), 118, 137.

Mallare. 71, 100, 100 *bis*, 109. *Interpellare et accusare.* 84.

Repetere. 37, 39. *Clamare,* 100 *bis.* *Proclamare,* 128, 129, 130, 131. *Tensare* (prétendre en justice), 66.

b. Interrogatoire. 25, 36, 66, 88, 94, 101, 107, 114.

Examen des pièces par le tribunal. 66.

c. *Solsadire.* 3. Plait gardé. 3 (*ille et germani sui solsadierunt*), 24.

d. Excuse légale, essoine. 100 *bis.*

e. *Arramire, achramire.* 36 (voir page 43, note 5), 96, 100, 107, 109, 114, 118, 123, 160 — (*aram emoni* (?) 102).

f. Jugements.

α Jugements préparatoires ordonnant preuve. 5, 24, 25, 39, 63, 68, 71, 85, 88, 89, 94, 100 *bis*, 107, 109, 114, 123, 133, 137, ordonnant renvoi à un autre plait, 62.

β Jugements définitifs. 36, 37, 38, 39, 73, 88, 89, 94, 96, 100 *ter*, 101, 103, 114, 115, 123, 128, 133, 167. Jugement déclarant l'incompétence, 160.

γ Jugements par défaut. 100 *bis* (*geitivus*).

g. Exécution des jugements. 12, 36, 37, 66, 80, 94, 100 *ter*, 101, 106, 107, 114, 123, 141, 167.

h. *Notitia judicati* sur acte de juridiction contentieuse, 5, 24, 25, 36, 46, 47, 48, 49, 51, 62, 63, 66, 73, 80, 85, 88, 89, 94, 96, 100, 100 *bis* (*notitia geist cartæ*) 100 *ter*, 101, 102, 103, 106, 107, 114, 115, 123, 125, 128, 129 (confirmée par comte et fidèles), 160.

Notitia constatant le résultat d'une enquête. 43, 122. *Notitia de cruce evindicate,* 39. Notice de serment (*breve sacramenti*), 2, 24, 25, 32, 68, 71, 93, 104, 109. *Notitia annunciationis et reclamationis et sacramentorum,* 127 *bis.* *Notitia twuirpitionis,* 130, 131, 133, 141. Notice de plait gardé, 3. Notice de désistement, 101, 106, 123, 129, 173. — volontaire, 73. Notice de reconnaissance d'un droit, 151, 171.

Notitia adfirmata, 133, 137.

Signature des auteurs du jugement, 88, 89, 93, 94. Signature des témoins de la notice, 63, 66, 68, 71, 75 *bis,* 78, 82, 85, 97, 98, 100 *bis,* 103, 110, 123, 125, 128, 130, 131, 133, 137, 141 (*Episcopus firmavit*), 160. Signature des témoins d'un serment, 2, 24, 25, 32, 63, 68, 71, 93. Signature des témoins qui ont fait une déposition écrite et de ceux qui ont assisté au témoignage, 68, 71, 93.

<h2 style="text-align:center">§ 5</h2>

DROIT CRIMINEL

a. Rapt. Charte de composition, 17.

b. Purgation par serment d'une accusation de vol, 2. Vol avec effraction, 38.

c. Homicide. — Légitime défense. — Serment. Transport du *judex* sur les lieux, 24.
De *homine forbattudo,* 24, 32.
Tentative de meurtre, 92.
Meurtre d'un serf, 145.

d. Attentat contre la propriété, 100.

e. Violation de territoires immunitaires, 98.

RÉCAPITULATION GÉNÉRALE

TABLE MÉTHODIQUE.

DROIT PRIVÉ.

TITRE I.

DES PERSONNES.

TITRE II.

DES BIENS.

TITRE III.

DES CONTRATS ET CONVENTIONS.

TITRE IV.

PROCÉDURE.

Chartres. — Imprimerie Durand, rue Fulbert.

9 782016 188040